基于高频数据信息的
波动率预测与波动率期货定价研究

乔高秀 ◎ 著

西南交通大学出版社
·成 都·

图书在版编目（CIP）数据

基于高频数据信息的波动率预测与波动率期货定价研究 / 乔高秀著. —成都：西南交通大学出版社，2022.7

ISBN 978-7-5643-8791-4

Ⅰ. ①基… Ⅱ. ①乔… Ⅲ. ①金融市场－经济波动－研究 Ⅳ. ①F830.9

中国版本图书馆 CIP 数据核字（2022）第 141084 号

Jiyu Gaopin Shuju Xinxi de Bodonglü Yuce yu Bodonglü Qihuo Dingjia Yanjiu
基于高频数据信息的波动率预测与波动率期货定价研究
乔高秀　著

责 任 编 辑	孟秀芝
封 面 设 计	GT 工作室
出 版 发 行	西南交通大学出版社 （四川省成都市金牛区二环路北一段 111 号 西南交通大学创新大厦 21 楼）
发行部电话	028-87600564　028-87600533
邮 政 编 码	610031
网　　　址	http://www.xnjdcbs.com
印　　　刷	成都蜀通印务有限责任公司
成 品 尺 寸	170 mm × 230 mm
印　　　张	16
字　　　数	227 千
版　　　次	2022 年 7 月第 1 版
印　　　次	2022 年 7 月第 1 次
书　　　号	ISBN 978-7-5643-8791-4
定　　　价	78.00 元

图书如有印装质量问题　本社负责退换
版权所有　盗版必究　举报电话：028-87600562

PREFACE 前言

　　金融资产的波动率是衡量金融市场风险的重要指标,在资产定价、风险管理以及货币政策制定等方面起着非常重要的作用。从1997年的亚洲金融危机到2007年的美国金融危机引起的全球金融市场动荡,再到2020年受新冠肺炎疫情和国际原油价格暴跌等因素影响导致的美股四次熔断,短短几十年金融市场发生了频繁和剧烈的波动,让投资者们认识到市场波动率的重要性。近几十年来,关于波动率的有效建模和预测受到学术界和业界的广泛关注,特别是日内高频数据的可获得性促进了应用计量经济学和金融学研究的新发展。高频数据包含更多的日内交易信息,其度量指标"已实现波动"是一种基于高频数据的非参数度量方法,不依赖任何模型,可以克服传统波动率模型估计困难的问题。在取样频率足够高时,已实现波动是真实波动率的无偏、一致且有效的估计量。

　　与此同时,随着全球金融市场频繁和剧烈的波动,基于期权价格计算的波动率指数成为学术界和业界关注的焦点。波动率指数又称为"恐慌指数",代表市场对未来30天波动率的预期,是度量股票市场波动率的基准指标。芝加哥期权交易所(CBOE)于1993年开始编制全球第一个波动率指数(VIX),并于2003年推出基于S&P 500股指期权改进的新方法。更重要的是,金融衍生品市场受到股票市场、宏观经济、市场情绪以及流动性等多方面的影响，波动率指数的发布也促进了与波动率直接挂钩的波动率衍生品的产生和迅速发展。2004 年 3 月、2006 年 2 月，CBOE 先后推出了以 VIX 作为标的资产的期货和期权合约。随着成交量屡创新高，这类合约成为交易所有史以来最成功的产品。目前，CBOE 发布了包含股市、原油、贵金属、货币、利率等在内的多个波动率指数，以及方差期货、利率波动率期货等多种类的波动率衍生品。为满足市场需求，全球各主要交易所也陆续发布了相应的波动率指数和衍生品。波动率指数的有效建模和预测能提高波动率预测与衍生品定价效果，对于对冲波动率风险的交易策略来说也是非常关键的环节。

　　本书主要从三个大的方面展开：第一，基于高频数据信息研究已实现波动预测，探讨波动率指数和跳跃波动的信息含量；第二，关于隐含波动率的代表性指标波动率指数的预测，探讨高频数据已实现波动对波动率指数预测的增量信息；第三，关于波动率衍生品的代表性产品波动率指数期货（简称波动率期货）定价研究，探讨已实现波动、波动率指数以及跳跃波动的信息含量。在研究对象上，本书从历史波动率（已实现波动）预测到隐含波动率（波动率指数）预测，进一步过渡到波动率衍生品（波动率指数期货）定价，串联在一个体系中，逐步深入。从基于高频数据信息计算的已实现波动预测，过渡到隐含波动率的代表性指标 VIX 的预测研究，探讨已实现波动对隐含波动预测的信息含量，然后进一步拓展到波动率衍生品的代表性产品波动率期货定价，同时考察高频数据信息对波动率期货定价的影响。特别地，由于波动率指数是基于期权价格计算的衍生指数，它在最底层标的资产股票价格指数、基于期权价格的波动率指数以及波动率衍生产品中处于中间层次。因此，本书关于波动率预测及相关衍生品定价的研究是国内外金融学研究领域的前沿和热点，书中所介绍的研究成果在风险管理和衍生品定价中均发挥着重要作用，对投资者和政策制定者都具有一定的参考价值。

本章内容共 7 章。第 1 章绪论主要介绍研究背景及意义，第 2 章为理论基础与文献综述，后面的五章是本书的核心内容，主要分为三大部分：已实现波动预测（第 3 章、第 4 章）、波动率指数预测（第 5 章、第 6 章）、波动率期货定价（第 7 章）。第 3 章以离散时间 HAR 模型为基础并进行拓展，深入研究金融市场已实现波动的建模和预测，并考察波动率指数和跳跃波动在已实现波动预测方面的信息含量。第 4 章从基于流动性跨市场信息和基于支持向量回归方法两个角度对已实现波动预测进行拓展，包括流动性对中国股指现货和期货市场已实现波动预测的跨市场非对称动态效应，以及基于非线性支持向量机回归方法与 HAR 模型来改善已实现波动的样本外预测效果。第 5 章、第 6 章以离散时间 GARCH 模型为基础进行拓展，将高频数据已实现波动的两种分解模式对应的信息分别加入模型进行建模，深入研究成熟市场隐含波动率指数的代表性指标 VIX 的预测。第 5 章将已实现波动的跳-扩散分解模式（已实现双幂变差和跳跃变差）引入 GARCH 模型研究 VIX 预测，第 6 章将基于已实现波动的已实现正-负半方差分解模式引入 GARCH 模型研究 VIX 期限结构（包含 VIX）预测，分别考察高频数据信息在波动率指数预测中的信息含量。第七章主要基于 HAR 模型提出 VIX 期货的直接定价法，并充分考虑模型的异方差效应，分别采用 HN-GARCH 模型和 VIX 自身的高频数据信息对 VIX 对数的条件方差进行建模，考察 VIX 自身的高频数据信息在 VIX 期货价格定价中的信息含量。

本书获得了国家自然科学基金（72001180）、教育部人文社会科学研究基金（17YJC790119）、四川省自然科学基金（2022NSFSC1851）以及西南交通大学研究生教材（专著）经费建设项目（SWJTU-ZZ2022-057）的资助。在此，感谢西南交通大学研究生院对本书出版的大力支持，感谢合作者李维萍、王璐、张高勋、腾宇欣、杨继宇、蒋龚月等对本书所做出的贡献。同时，本书能够顺利完成非常感谢我的博士生导师西南财经大学金融学院刘强教授，是他将我从数学专业引入金融领域，一步步引导我走上学术研究的道路。感谢西南交通大学经济管理学院马锋和郭姝辛老师在我的科研工作中给予的持续支持和帮助。

  由于笔者自身学识水平有限，加上缺乏实践经验，书中难免存在疏漏和不足，付梓之际心中反添了几多忐忑。学有涯，而知无涯。本书仅仅是我对金融市场波动率和相关衍生品定价的一点浅显认识，未尽之处恳请各位专家学者批评指正。

乔高秀

2022年2月于成都

CONTENTS | 目 录

第1章 绪 论 ·······001
1.1 研究背景 ·······002
1.2 研究意义 ·······004
1.3 研究特色 ·······006
1.4 研究内容和结构框架 ·······007

第2章 理论基础与文献综述 ·······011
2.1 波动率概念及特征 ·······012
2.2 波动率建模 ·······013
2.3 波动率指数及其衍生品定价 ·······020
2.4 我国金融衍生品市场发展现状 ·······027
2.5 已有研究评述 ·······028

第3章 基于高频数据信息的已实现波动预测研究 ·······033
3.1 问题的提出 ·······034
3.2 已实现波动计算及分解 ·······036
3.3 模型设定 ·······039
3.4 模型预测 ·······045
3.5 实证分析 ·······050
3.6 小 结 ·······070

第 4 章　基于高频数据信息的已实现波动预测扩展研究 ……… 075
4.1　基于流动性跨市场信息的已实现波动预测 ……………… 076
4.2　基于支持向量回归方法的已实现波动预测 ……………… 094

第 5 章　基于高频数据信息的波动率指数预测：跳-扩散分解视角
………………………………………………………………… 117
5.1　问题的提出 ………………………………………………… 118
5.2　简单 GARCH 模型下的 VIX 计算 ………………………… 120
5.3　DJI-GARCH 模型下的 VIX 计算 ………………………… 122
5.4　参数估计 …………………………………………………… 125
5.5　实证分析 …………………………………………………… 128
5.6　小　结 ……………………………………………………… 141
附录 A：简单 GARCH 模型下的 VIX 计算 ………………… 143
附录 B：DJI-GARCH 模型下的 VIX 计算 …………………… 146

第 6 章　基于高频数据信息的波动率指数预测：
　　　　已实现正-负半变差分解视角 ……………………… 149
6.1　问题的引入 ………………………………………………… 150
6.2　模型设定 …………………………………………………… 152
6.3　参数估计及误差度量 ……………………………………… 154
6.4　实证分析 …………………………………………………… 155
6.5　MoP 策略 …………………………………………………… 166
6.6　小　结 ……………………………………………………… 176
附录 A：RV-ud-GARCH 模型风险中性变换 ……………… 177
附录 B：RVM-ud-GARCH 模型下的 VIX 期限结构计算 ……… 181

第 7 章 基于高频数据信息的波动率期货直接定价法 …… 185
7.1 问题的提出 …… 186
7.2 模型设定 …… 188
7.3 参数估计和误差度量 …… 194
7.4 考虑异方差效应的期货定价实证分析 …… 197
7.5 基于高频数据信息的期货定价实证分析 …… 208
7.6 小　结 …… 212

附录 A：HN-GARCH 模型下的 VIX 期货定价 …… 213
附录 B：HAR 模型下的 VIX 期货定价 …… 215
附录 C：HAR-GARCH 模型下的 VIX 期货定价 …… 216
附录 D：HAR-RV-GARCH 模型下的 VIX 期货定价 …… 218
附录 E：HAR-DJI-GARCH 模型下的 VIX 期货定价 …… 220

参考文献 …… 222

第1章 绪 论

1.1 研究背景

金融资产的波动率是衡量金融市场风险的重要指标，在资产定价、风险管理以及货币政策制定方面起着非常重要的作用。从1997年的亚洲金融危机到2007年的美国次贷危机引起的全球性金融危机，再到2020年受新冠肺炎疫情和国际原油价格暴跌等因素影响导致的美股四次熔断，短短几十年金融市场发生了频繁和剧烈的波动，让投资者们认识到市场波动率的重要性。近几十年以来，关于波动率的有效建模和预测受到了学术界和业界的广泛关注。Bollerslev（1986）提出广义自回归条件异方差（GARCH）模型，该模型能捕捉到波动率的聚集效应等，但其估计大多基于日数据。近年来，日内高频数据的可获得性促进了应用计量经济学和金融学研究的新发展。高频数据包含更多的日内交易信息，对市场参与者来说非常重要。Andersen 和 Bollerslev（1998）首次提出基于日内收益率的平方和计算已实现波动[①]。"已实现波动"是一种基于高频数据的非参数度量方法。由于已实现波动不依赖于任何模型，易于计算，可以克服传统波动率模型估计困难的问题。在取样频率足够高时，已实现波动是真实波动率的无偏、一致且有效的估计量。已实现波动最重要的特征是它提供了对资产价格波动率的一致非参数估计，并且受测量误差的影响较小。与基于日数据的 GARCH 模型相比，已实现波动不依赖于任何模型。随后，学者们陆续开展对已实现波动建模和预测的研究。其中最典型的研究是，为了刻画已实现波动的长记忆性，Corsi（2009）基于异质性市场假说构造了异质性自回归模型（Herogeneous Autoregressive Model，HAR 模型），用不同滞后期的已实现波动表示波动率的三种异质性市场驱动因素。研究表明，该模型能成功拟合金融数据波动率自身的长记忆、厚尾等特征，模型结构简单且易于估计。目前，HAR 模型的各种扩展形式被研究者广泛使用

---

① 已实现波动是资产价格波动率的表示变量，实际上计算的是"已实现方差"，在本书中"已实现波动"和"已实现方差"相互替代使用，不再特别说明。

（Andersen 等，2001，2003，2007，2011；Patton 和 Sheppard，2015；Sévi，2014 等）。目前关于已实现波动建模的研究还主要集中在使用常系数回归 HAR 模型，本书将时变系数模型应用到 HAR 模型研究我国金融市场波动预测，并探讨流动性对中国股指现货和期货市场已实现波动的跨市场非对称动态效应，以及数据驱动的非线性支持向量机回归方法对已实现波动的预测效果。

与此同时，随着全球金融市场频繁和剧烈的波动，基于期权价格计算的波动率指数成为学术界和业界关注的焦点。波动率指数（Volatility Index）又称"恐慌指数"，代表市场对未来 30 天波动率的预期，是度量股票市场波动率的基准指标。芝加哥期权交易所（CBOE）于 1993 年开始编制全球第一个波动率指数（VIX），并于 2003 年推出基于 S&P 500 指数期权改进的新方法。VIX 的编制方式基于用期权投资组合来对冲波动率风险的理论，具有坚实的理论基础。波动率指数比通过期权定价模型得到的隐含波动率包含的信息更多，能够更有效地预测已实现波动。更重要的是，金融衍生品市场受到股票市场、宏观经济、市场情绪以及流动性等多方面的影响，波动率指数的发布也促进了与波动率直接挂钩的波动率衍生品的产生和迅速发展。2004 年 3 月、2006 年 2 月，CBOE 先后推出了以 VIX 作为标的资产的期货和期权合约。随着成交量屡创新高，这类合约成为交易所有史以来最成功的产品。目前，CBOE 发布了包含股市、原油、贵金属、货币、利率等在内的多个波动率指数，以及方差期货、利率波动率期货等多种类的波动率衍生品。为满足市场需求，全球各主要交易所也陆续发布了相应的波动率指数和衍生品。波动率指数的有效建模和预测能提高波动率预测与衍生品定价效果，对于对冲波动率风险的交易策略来说也是关键环节。关于波动率相关衍生品定价的研究是国内外金融学研究领域的前沿和热点。因此，本书所介绍的研究成果在风险管理和衍生品定价中均发挥着重要作用，对投资者和政策制定者都具有一定的参考价值。

波动率指数作为关于波动率的风险中性远期度量指标受到广泛欢迎，它的有效建模和预测是研究波动率衍生品定价、构造对冲交易策略的关键。近年来，国内外在波动率指数预测及相关衍生品定价方面成果丰硕。但是，早期相关研究主要基于连续时间随机波动率模型，近几年来部分学者开始将两类经典的离散时间波动率模型，即 GARCH 族模型和 HAR 族模型应用到该领域。衍生品定价中关键的一项技术是对标的资产的有效建模，由于标的资产受多种因素的影响，文献中借助引入更多的外部信息或提出更复杂的建模方式来提高波动率预测或相关衍生品定价效果，其中引入日内高频数据已实现波动信息成为一个主流方向。已有关于期权定价的研究发现，已实现波动加入 GARCH 模型能有效地提高定价效果，其已实现双幂变差（连续波动）和已实现跳跃变差（跳跃波动）的分解模式可以刻画金融市场的跳跃波动，已实现正-负半变差的分解模式能刻画金融市场波动率冲击的不对称性，将它们引入 GARCH 模型能更加显著地降低期权定价误差。已有文献也证明了将高频数据已实现波动信息加入模型研究波动率指数预测和波动率衍生品定价的重要性。基于该研究现状，本书以 GARCH 模型为基础，将已实现波动的两种分解模式分别引入 GARCH 模型进行扩展来探讨 VIX 的预测效果。与此同时，关于波动率衍生品定价的已有研究大多是对最底层标的资产股指建模，用 HAR 模型对波动率建模并应用到衍生品定价中还处于探索阶段。由于波动率衍生品最直接的标的资产是波动率指数，而不是最底层标的资产股票价格指数，所以直接用 HAR 模型对波动率指数建模来研究波动率衍生品定价也是值得深入思考的问题。理论上来说，由于波动率衍生品仅含有关于波动率的风险暴露，采用 HAR 模型来直接刻画波动率指数的风险中性动态变化具有合理性，并且更简单直接。

1.2 研究意义

本书主要从三个大的方面展开：第一，基于高频数据信息研究已实现波动预测，探讨波动率指数和跳跃波动的信息含量；第二，关于隐含波动率的代表性指标波动率指数进行预测，探讨高频数据已实现波动对波动率指数预测的增量信息；第三，关于波动率衍生品的代表性产品波动率指数期货（简称波动率期货）定价进行研究，探讨已实现波动、波动率指数以及跳跃波动的信息含量。

本书关于已实现波动—波动率指数—波动率衍生品进行研究，在研究对象和研究方法上层层递进，逐步深入。本书的研究主题在风险管理和衍生品定价中均发挥着重要作用，对投资者和政策制定者都具有较高的参考价值。其研究意义和价值总结如下：

1）理论价值

提供对金融市场波动率建模和预测的新方法，不仅能丰富波动率预测的研究视角，而且拓展了波动率指数在波动率预测中的运用范围，将高频数据和波动率指数所含信息有效地融入参数估计中能有效提高预测效果，具有较强的学术价值；提供对波动率指数预测的新方法，将高频数据和波动率指数所含信息有效地融入参数估计中能有效提高预测效果，该研究为进一步优化波动率指数计算提供依据；提供对波动率衍生品定价的新方法，这种建模方法跳出了传统的对最底层标的股指建模的框架，可以有效地丰富波动率衍生品定价的理论体系，同时将波动率指数所含高频数据信息有效地融入参数估计中能有效提高定价效果。本研究为我国金融市场风险管理提供强有力的理论和技术支持，具有较高的理论价值。

2）实际应用价值

为我国金融市场风险管理和衍生品市场健康快速稳定发展提供有力的理论和技术支持。本书与我国资本市场的发展战略高度吻合，能为金融市场风险管理和衍生品市场快速健康稳定发展提供强有力的理论和技术支持。在国家政策层面，国务院公布的《金融业发展和改革"十二五"规划》和央行发布的《中国金融稳定报告》均提出要积极稳妥发展衍生品市场创新；党的十九大报告再次强调，要不断丰富衍生品市场平台和层次，为实体经济运行提供综合性的风险管理服务。上海证券交易所于2015年推出上证50ETF期权并发布基于该期权的波动率指数，标志着我国证券市场正式步入"期权时代"。继2015年上证50ETF期权上市，2019年12月，深300股指期权和沪深300ETF

期权上市交易，标志着我国金融衍生品市场呈现"加速"发展状态，市场中的避险工具更加充足，风险管理体系更加完善。无论是从金融市场发展过程还是从投资者需求的角度来看，伴随着国内金融衍生品市场的纵深发展，未来也必然会推出基于这些期权的波动率指数及相关衍生品。同时，波动率指数的有效建模和预测能提高波动率预测和衍生品定价效果，对于对冲波动率风险的交易策略来说是关键环节。因此，对波动率及相关衍生品进行前瞻性的研究具有很强的实际应用价值，能为我国衍生品市场保持高效运行与正常的功能发挥提供有效信息，也为深入研究"金融化"市场下期货定价和运行机制带来重要经验。

1.3 研究特色

在研究对象上，本书从历史波动率（已实现波动）预测，到隐含波动率（波动率指数）预测，进一步过渡到波动率衍生品（波动率期货）定价，并串联在一个体系中，逐步深入。由基于高频数据信息计算的已实现波动预测，过渡到隐含波动率的代表性指标 VIX 的预测研究，并探讨已实现波动对隐含波动预测的信息含量，进一步拓展到波动率衍生品的代表性产品波动率期货定价，同时考察高频数据信息对波动率期货定价的影响。特别地，由于波动率指数是基于期权价格计算的衍生指数，它在最底层标的资产股票价格指数、基于期权价格的波动率指数以及波动率衍生产品中处于中间层次，关于波动率指数的研究起到承上启下的作用。国内外尚无著作对此进行全面的总结和研究拓展。

本书的研究视角较新。以高频数据已实现波动两种分解模式（连续-跳跃波动或正-负已实现半变差）所含信息为切入点，重点关注两种分解模式下的不同的建模方式，以及两类信息对已实现波动、隐含波动率、波动率期货影响的差异。高频数据已实现波动的两种分解模式所含信息不同，在波动率预测和衍生品定价中均发挥着重要作用，是影响波动率和衍生品价格的一个不可或缺的维度。金融学界已经开展多维度的研究，但既有文献仍存在不足，如已有定价理论大多基于连续时间模型展开，并且集中于股指期权和期货市场。本书以这两类经典的离散时间波动率预测模型为基础，率先提出综合考虑已实现波动分解信息来研究波动率预测及相关衍生品定价的新方法，可丰富和扩展金融衍生品定价的理论体系，为该领域的研究提供新的研究视角。

本书的研究内容与金融市场紧密结合，可以直接用于指导现实。深刻践行"理论源于实践，并用于指导实践"的思想，按"从实际问题出发—构建数学模型—进行数理推导—开展数据驱动的参数估计—实证分析—应用到中国市场"的研究思路和解决问题的方式展开，这是本书的显著特色。

1.4 研究内容和结构框架

本书核心内容主要分为三大部分：已实现波动预测（第3章、第4章）、波动率指数预测（第5章、第6章）、波动率期货定价（第7章）①。第1章绪论主要介绍研究背景及研究意义，第2章为理论基础与文献综述。

第一部分是关于已实现波动预测的研究。第3章以离散时间HAR模型为基础进行拓展，深入研究金融市场已实现波动的建模和预测，并考察波动率指数和跳跃波动在波动率预测方面的信息含量。该章主要研究我国市场新推出的隐含波动率指数iVX是否包含有关波动率预测的增量信息。利用中国沪深300指数及其股指期货的高频数据来计算已实现波动率，然后估计各种常系数和时变系数HAR模型，最后采用向前一步和平滑多步的滚动预测方法评估预测误差。实证研究表明，样本内和样本外预测误差都发现iVX对波动率预测起着至关重要的作用，将连续波动、跳跃波动和iVX信息结合起来可以获得最佳预测效果。时变系数HAR模型的预测能力优于常系数HAR模型，更适用于多步预测，而将iVX作为回归变量的常系数模型在向前一步预测中效果更好。以iVX为驱动因子的时变系数HAR模型更适合于股指波动率预测，

---

① 本书讲解的内容大部分来源于作者与其合作者发表于 *International Review of Financial Analysis*, *Journal of Futures Markets*, *The North American Journal of Economics and Finance* 和 *Applied Economics* 上的成果。

以时间为驱动因子的时变系数模型对股指期货波动率预测效果更好。MCS 检验进一步证实了所选模型在波动率预测中的优越性。该研究提供了一个用于检测我国波动率指数信息含量以及在时变系数 HAR 模型下研究已实现波动率预测的框架。

第 4 章对已实现波动预测进行拓展，分别考察基于流动性跨市场信息的已实现波动预测和基于支持向量回归方法的已实现波动预测。第一节主要研究流动性对中国股指现货和期货市场已实现波动的跨市场非对称动态效应，以及流动性与跳跃波动的交互效应。研究发现，在控制了已实现波动的长记忆特性后，指数流动性对期货市场波动率的影响显著为负，并在危机后变得更加强烈。期货市场流动性对股票波动率的正向影响相对较弱，并在危机后变得不显著。本节的研究揭示了不同于一般信息传递的影响机制，即新信息更迅速地反映在期货价格和波动率中。控制跳跃波动后，跨市场动态效应是时变的。第二节主要研究非线性支持向量机回归与 HAR 模型结合（SVR-HAR）能否提高已实现波动的样本外预测效果。基于沪深 300 指数的高频数据进行实证分析，采用两种新的组合方法，并与 SVR 方法的预测能力进行比较。实证结果表明，SVR-HAR 模型优于单个模型和所用到的组合方法。特别地，以已实现正-负半变差为回归变量的 HAR 模型的预测误差最低，这证实了非线性 SVR 方法和已实现正-负半变差的预测能力较强。经济意义检验结果也进一步表明采用非线性 SVR 方法进行波动率预测的模型有更高的经济价值。

第二部分是关于波动率指数预测的研究。以离散时间 GARCH 模型为基础进行拓展，深入研究成熟市场隐含波动率指数的代表性指标 VIX 的预测。将高频数据已实现波动两种分解模式对应的信息分别加入模型建模，并考察不同的高频数据信息在 VIX 预测中的信息含量。第 5 章通过结合高频数据信息来表征动态跳跃强度，其中条件方差和跳跃强度与已实现双幂变差和跳跃变差有关（DJI-GARCH 模型）。与简单的 GARCH 模型不同，DJI-GARCH 模型隐含着 VIX 平方是条件方差的线性函数，通过条件方差和跳跃强度组成的向量的向前迭代关系推导波动率指数的解析表达。然后，通过 VIX 预测误差的对数似然函数或收益率和 VIX 预测误差的联合对数似然函数来估计风险中性参数。实证结果表明，就样本内和样本外预测而言，新模型在整个样本和平稳期内的表现均优于其他 GARCH 模型。这些结果也表明将已实现双幂变差和跳跃变差加入模型，并综合波动率指数信息可以获得更准确的波动率指数预测。另外，结果也表明如果市场状况发生重大变化，采用更复杂的模型可能无法获得所需的样本外预测结果。该研究结合已实现跳跃变差来刻画跳跃，提出的模型和方法可以将高频数据和波动率指数信息有效地综合到参数估计中，同时克服了连续时间模型中的参数估计困难，更易于实现；该研究还表明有必要从已实现波动中分离出跳跃部分来提高波动率预测能力。

第 6 章将基于高频数据的已实现正-负半变差（即好波动率和坏波动率）引入离散时间 GARCH 模型中，考虑波动率对正、负冲击的非对称响应来研究 VIX 预测，并进一步扩展到 VIX 期限结构预测中。首先推导了新模型的风险中性形式，并计算 VIX 期限结构的解析表达式；其次用最大似然法估计参数；最后将 Wang 等（2018）提出的可预测性动量策略（MoP）应用于 VIX 期限结构预测。实证结果表明，为了获得更准确的预测，需要考虑高频数据和已实现方差的非对称冲击。MoP 策略的应用进一步证明了综合多个单独模型的优势对 VIX 期限结构预测的优越性。

第三部分主要是关于波动率指数期货定价的研究。第 7 章基于 HAR 模型提出 VIX 期货的直接定价法，假设在风险中性测度下对数 VIX 遵循 HAR 模型，滞后一天的对数流动性作为外生变量加入 HAR 模型中。随后充分考虑模型的异方差效应，采用 HN-GARCH 模型对 VIX 对数的条件方差进行建模。最后加入 VIX 自身的高频数据信息对 VIX 对数的异方差效应建模，借鉴对最底层标的资产建模的 DJI-GARCH 模型（见第 5 章）来刻画 VIX 的异方差。这种建模方式充分融合了 VIX 自身的高频数据信息，将 VIX 自身已实现方差分解的跳跃波动来刻画 VIX 的跳跃。通过推导滞后对数 VIX 的向前迭代关系得到解析表达式，并利用最大似然估计得到风险中性测度下的参数。实证结果表明，采用 VIX 期货价格估计模型参数时的误差低于仅用 VIX 估计模型参数时的误差，VIX 期货价格比 VIX 包含更多信息。更重要的是，新模型无论在样本内还是样本外都表现出较好的定价能力。这也表明为了获得更准确的定价结果，需要结合 VIX 高频数据，尤其是将已实现跳跃变差与已实现方差相分离。

第 2 章 理论基础与文献综述

2.1 波动率概念及特征

波动率(Volatility)是资产价格对市场中信息做出反应而引起的波动程度，用来刻画市场的风险大小。资产收益率是不可预料的，但是波动率更容易预测。波动率在现代金融理论和应用中起着至关重要的作用，是资产定价、投资组合和风险管理的核心要素。金融市场中由于波动率风险管理不善致使投资者遭受巨大损失的事例不胜枚举。2008年爆发的全球金融危机进一步促进了学术界和实务界对波动率建模的研究。已有研究关于波动率的基本特征达成了一些共识，比如波动率通常表现出聚集性、杠杆效应及长记忆性等特征，本节首先对此进行简要介绍。

（1）聚集性（Clustering），收益率往往表现为在较大的波动后面伴随着较大的波动，较小的波动后面伴随着较小的波动，反映波动率正的自相关性。

（2）杠杆效应（Leverage Effect），表现为资产价格（收益率）与波动率的负相关性，最早由Black（1976）提出，金融资产波动率在价格下跌时的反应往往比在价格上升时的反应更加迅速和剧烈，即波动率对市场中"好消息"和"坏消息"存在不对称反应，其中"好消息"指正向冲击，"坏消息"指负向冲击。利用莫迪利亚尼-米勒（Modigliani-Miller）原理解释如下：市场中出现负向冲击时会降低公司的股价，从而导致公司的资产负债比上升，加大持有该公司股票的风险，这会使得未来的期望波动率上升。但是，实证研究还发现，"杠杆效应"并不能完全解释波动率对市场中价格变化的不对称反应。因此，有学者提出"波动率反馈效应"（Volatility Feedback Effect），指出投资者如果预期未来的波动率增加，要求提高未来的期望收益来补偿这一风险，从而导致当前时刻的股价下降。"波动率反馈效应"认为波动率的变化导致股价的变化，收益率与波动率呈现正相关性。

（3）长记忆性（Long Memory），即波动率序列具有自相关性，可以用过去的波动率来预测未来的波动率，波动率的自相关系数缓慢衰减，比如以双曲线形式衰减到零。有效市场假说（EMH）认为，资产价格应该遵循一个鞅过程，在历史信息已知时收益率的均值为零。但是，实证研究发现，收益率序列并不是完全不相关，不仅观测值之间会表现出某种相关性，对波动率的研究也发现了类似的特征。

（4）均值回归，即波动率不会一直增大或减小下去，而是总会在达到某个点之后向长期均衡水平回归。

2.2 波动率建模

波动率的建模和预测是金融市场研究的一个重要任务。关于它的研究可以追溯到几十年前，人们提出各种模型和方法来研究波动率的建模和预测，并得出了不尽相同的结论。总体来说，已有对波动率的建模主要分为三类：第一类是根据历史信息预测未来的波动率，也称历史波动率（Historical Volatility）模型，包含自回归条件异方差（ARCH）模型及扩展形式 GARCH 族模型、随机波动率模型（Stochastic Volatility，SV）；第二类是基于非参数方法计算的已实现波动率（Realized Volatility，RV），是随着信息技术手段的提高，基于日内高频数据计算出来的当天的波动率；第三类是隐含波动率（Implied Volatility）模型，根据期权价格提取出市场对未来波动率的预期。

2.2.1 历史波动率模型

ARCH 模型最早由 Engle（1982）提出，它的扩展形式 GARCH 模型由 Bollerslev（1986）提出，是一类用来描述金融时间序列波动性的离散模型。GARCH 模型以它自身独特的优势受到研究者的青睐。首先，GARCH 模型将波动率视为过去信息集的确定函数，可以得到精确的似然函数。因此，它的参数能够很容易地用资产价格的历史数据估计出来，这样就避免了连续时间模型下的离散化误差问题。其次，GARCH 模型是连续时间随机波动率模型的一种精确的离散逼近模型。但是，GARCH 模型假定资产收益和条件方差具有相同的扰动项，随机波动率的不确定性仅仅来自资产收益，因此这一模型不能很好地抓住波动率独立于资产收益部分的风险，也就意味着不能很好地描述波动率风险溢价。

　　Tauchen 和 Pitts（1983）、Taylor（1986）最早将随机波动原理应用到金融时间序列分析中，形成随机波动率模型。Hull 和 White（1987）采用随机波动率模型研究期权定价问题。与 GARCH 模型不同，随机波动率模型假定条件方差是由一个潜在的不可观测的随机过程决定的，即在波动率方程中引入一个新的扰动项，该扰动项与收益率的扰动项可以是相关的。该模型能够很好地描述波动率的均值回归行为，更重要的是，它能够抓住资产收益与波动率的"杠杆效应"，而这种相关性在解释收益率的偏度效应方面至关重要。另外，连续时间跳-扩散模型为基于日内高频数据的已实现波动率模型提供了坚实的理论基础。但是，由于随机波动率模型增加了新的随机扰动项，波动率是潜在变量，不能直接观测，涉及的似然函数和无条件矩需要通过高维积分来计算，所以构造似然函数比较困难，这就给参数估计带来很大的困难。随机波动率模型可以基于历史数据通过滤波方法进行估计，或者使用样本期内的所有数据（包含将来的）通过矩估计法或 MCMC 方法进行估计。随着计算机技术的发展，基于贝叶斯分析的马尔可夫链蒙特卡洛（MCMC）方法可以通过贝叶斯分析软件包 WinBugs 顺利实现参数的估计，这在很大程度上促进了随机波动率模型的发展和应用。

　　另外，这一模型基于很多严格的假设，如收益率扰动项服从正态分布、收益率与波动率是不相关的等，这些理想的假设与现实不符，后续不断有学者从各个方面对该模型进行了扩展。如 Jacquier 等（2004）引入服从 t 分布的收益残差序列来解释收益率的厚尾特征。Cappuccio 和 Lubian（2004）提出了基于厚尾分布的偏 GED 随机波动模型同时刻画收益序列的厚尾性和非对称性。

　　连续时间模型源于 Merton（1969）的投资组合理论、Black 和 Scholes（1973）在期权定价中的应用，他们的研究显示了扩散模型在处理动态资配置和金融衍生产品定价时的灵活性，因此在金融领域得到广泛的应用。Heston（1993）引入均值回复的随机波动率模型，并且允许资产收益率与波动率具有相关性，从而能够很好地抓住波动率的偏度效应。但是，基于扩散过程的随机波动率模型无法刻画资产价格的大幅变动，也就无法解释收益率在较短时间内急剧下跌或上升的现象。研究者对扩散模型不断进行扩展，加入跳跃过程来刻画金融资产价格特征。Merton（1976）最早将跳跃引入期权定价模型，假设跳跃服从泊松过程，股票价格的动态变化分成两部分：一部分是可以预测的扩散部分，另一部分是不可预测的跳部分。假设跳风险为非系统性风险，可以分散化。任意一种以股票为标的的衍生产品都可以通过构造股票和衍生产品的投资组合得到，并且投资组合的期望收益率为无风险利率。Bates（1996）检验发现期权价格隐含波动率的参数与用时间序列估计的波动率参数不一致。Bates（2000）发现波动率的高阶矩与扩散模型假设不一致，提出在波动率中加入跳跃过程。Duffie 等（2000）、Eraker（2003）等研究收益率和波动率同时包含跳跃过程的连续时间随机波动率模型。Eraker（2003）对 S&P 500 和 Nasdaq 100 指数波动、跳跃大小和跳跃次数进行估计，研究发现跳跃过程在收益率和波动率中均显著存在。Eraker（2004）扩展了 Duffie 等（2000）的随机波动率跳-扩散模型来研究期权定价问题，允许跳跃频率依赖于波动率。Asgharian 和 Bengtsson（2006）利用随机波动率跳扩散模型来研究多个国家股票指数之间的跳跃溢出行为，并给出指数发生跳跃的实际次数和大小。国内也有学者采用连续模型研究期货市场，如刘庆富等（2011）对恒生指数期货与现货市场之间跳跃溢出行为进行了研究。

2.2.2 已实现波动率模型

关于波动率的建模，早期大部分文献都是基于日数据进行研究，采用 GARCH 模型（Engle，1982；Bollerslev，1986）或者随机波动率模型（Taylor，1986）来建模。但是，资产收益率的条件方差不可直接观测，需要通过极大似然法、矩估计或者 MCMC 等复杂的计量分析方法来估计模型参数。更重要的是，大部分的波动率模型不能很好地刻画金融时间序列波动率的一些典型特征，如波动率的长记忆、尖峰和厚尾等特征，这就迫切需要一种能够充分估计和预测波动率的新方法。计算机技术的迅猛发展，极大地降低了数据记录和存储成本，人们可以比较容易地获取金融市场一天内的交易数据，如 1 分钟、5 分钟甚至更高频率的实时交易数据，这就使得通过非参数方法计算已实现波动率模型成为现实，因此关于它的研究也取得蓬勃发展。由于低频数据不能完全反映资产收益率的日内变化特征，如何从高频数据中挖掘出对波动率有用的信息，成为学术界和实务界关注的热点。

已实现波动率是一种基于高频金融时间序列的非参数度量方法，关于它的研究最早可以追溯到 Merton（1980）。Merton（1980）发现如果数据的取样频率足够高，任意区间的方差都可以通过收益率平方和来得到一个精确的估计。Andersen 和 Bollerslev（1998）在资产收益率服从连续模型的假设下，基于二次变差理论提出用日内收益率平方和来计算已实现波动率。这是一种不依赖任何波动率模型假设的非参数度量方法。他们研究发现，采用 5 分钟频率的收益率平方和来计算外汇市场波动率的估计效果最好。如果不考虑测量误差，通过这种方式定义的已实现波动率不再是潜在的不可观测变量。高频数据的使用极大地提高了在不依赖模型的条件下直接观测潜在波动率的可能，推动了对资产价格波动率的实践研究，同时也为随机波动理论在金融市场微观结构方面的应用提供了保障。

由于已实现波动率不依赖于任何模型，易于计算，可以克服 GARCH 模型和 SV 模型估计困难的问题。同时，在日内取样频率足够高时，已实现波动率是真实波动率的无偏、一致且有效的估计量，不存在 GARCH 模型和 SV 模型依赖于历史数据的问题。Andersen 等（2001a，2001b，2003）的研究表明，汇率和股票收益率的已实现波动表现出长记忆、不对称等特性，其样本外的预测能力远远超过 GARCH 模型和 SV 模型，并且指出对数形式的已实现方差非常接近正态分布，其长记忆特征更明显。波动率的长记忆性说明资产价格波动具有持续性，滞后期波动对当期波动具有显著影响。Andersen 等（2003，2007）将已实现波动分解成连续波动和跳跃波动两部分，并发现大部分可预测的波动率都趋近于接近连续波动的轨迹。Corsi（2009a）基于异质市场假说提出异质性自回归模型，用不同滞后期的已实现波动表示三种异质性市场驱动因素。研究表明外汇市场已实现波动的日、周和月效应均显著，HAR 模型能成功拟合波动率的长记忆性，模型简单且易于估计。HAR 模型通过波动率自回归过程描述了不同时间段的异质交易行为。虽然它不是一个真正的长记忆模型，但它能很好地拟合波动率的长记忆特性，在已实现波动预测中得到了广泛的应用。

进一步地，Andersen 等（2007）将跳跃波动作为解释变量加入 HAR 模型中并对已实现波动建模，分别考察连续波动和跳跃波动的长记忆性，研究发现波动率主要来自连续部分，跳跃部分对于波动率的预测能力较低。Andersen 等（2011）对连续波动、跳跃波动分别进行建模和预测，在 HAR 模型中同时考虑两种波动滞后项的影响。Corsi（2009b）将收益率作为影响因素加入 HAR 模型中，研究发现连续波动、跳跃波动及收益率的"杠杆效应"对波动率均具有显著影响。Bollerslev 等（2009）采用联立方程对收益率和波动率建模，发现 HAR 模型在刻画收益率与连续波动之间的"杠杆效应"方面更有优势。目前，HAR 模型的各种扩展形式被研究者广泛使用（Andersen 等,2011；Patton 和 Sheppard，2015；Sévi，2014 等）。

另外，已实现波动率存在着测量误差和市场微观结构噪声。理论上讲，样本的取样频率越高，波动率估计越精确，但是现实中市场存在市场微观结构噪声（即市场交易价格与均衡价格之间的差异），如买卖盘价差、非同步交易、到期日效应等，市场微观结构噪声随着抽样频率的升高而增大。抽样频率较高时，高频数据受到市场微观结构噪声的影响，会导致日内收益率序列表现出较强的自相关性，从而产生测量误差。但是，如何寻找最优取样频率以减弱微观噪声对波动率的影响，已经成为一个非常重要的研究方向，如 Bandi 和 Russell（2006，2008），Barndorff-Nislsen（2008）等的研究以及 McAleer 和 Medeiros（2006）的总结。

2.2.3 隐含波动率模型

隐含波动率是根据 Black 和 Scholes（1973）的期权定价公式，由期权的市场价格倒推出的波动率，反映了人们对标的资产未来波动率的预期。对同一标的资产而言，具有同一到期日但不同执行价格的期权有着不同的隐含波动率，波动率呈现出关于行权价的非线性形式即波动率微笑。早期对隐含波动率的研究主要寻找一个最优的加权机制来加总不同行权价对应的隐含波动率。

1987年的全球股灾引起金融市场的剧烈波动，为了保持股市的稳定性并保护投资者的利益，达到降低市场波动性的目的，纽约证券交易所（NYSE）于1990年引进了熔断机制。但是，人们对于市场波动率达到什么程度时才启用熔断机制的意见不一。随着对市场波动率认识的深入，投资者渐渐产生了对市场波动率动态建模的需求，因此，市场中迫切需要一种可以动态反映市场未来波动率的指标。Whaley（1993）提出通过编制市场波动率指数来衡量未来的波动率。在此背景下，1993年芝加哥期权交易所（CBOE）根据 Whaley（1993）提出的波动率指数编制方法，发布了全球第一个在交易所公开发布的波动率指数——VIX指数。在指数编制初期，由于 S&P 100 指数期权合约的成交量占据了股指期权市场总成交量的75%，而 S&P 500 指数对应的期权成交量仅占16.1%。因此，VIX 指数最初以 S&P100 股指期权价格为基础编制，通过计算近月和次近月共8个看涨期权和看跌期权的隐含波动率来预估 S&P 100 指数未来30天的波动率，并利用期权的历史数据倒推计算出从1986年开始的 VIX 指数。在随后几年中，S&P 500 股指期权越来越受投资者的青睐，成为市场的主要交易品种。为了更准确反映市场的运行情况，CBOE 与高盛在2004年对 VIX 指数的计算方式进行了改进，推出了以交易更为活跃的 S&P 500 股指期权为基础的新的 VIX 指数，并将更多不同执行价格的期权价格考虑进来。原来的 VIX 指数更名为 VXO 指数[①]。新的计算方式可以避免 VIX 指

[①] 在1993年推出 VIX 指数时，选取了8个平值期权来计算 VIX，主要是因为在当时的市场背景下，平值期权交易最为活跃，而价外期权往往关注和参与的投资者较少。但是进入2000年后，随着市场投资者成分的变化，组合投资者逐渐占据股指期权市场的主要份额。除平值期权外，他们也会选择购买价外期权来对冲市场风险，显然价外期权包含了关于组合投资者的重要信息，这就需要将其纳入考虑范围。

数由于对某一期权敏感程度过高导致操纵市场行为的发生，具体方式参考 CBOE 关于 VIX 计算的白皮书。目前，VIX 指数已经成为衡量股票市场波动率的基准指标。

近年来，由期权市场价格提取的隐含波动率引起了广泛的关注。实证研究表明，隐含波动率包含关于未来波动率预测的重要信息，并且比基于历史数据的时间序列波动率模型能提供更多信息（Carr 和 Wu，2006）。隐含波动率指数 VIX 是隐含波动率的无模型估计量，通常用于衡量股市 30 天前波动率的市场预期，参见 Brenner 和 Galai（1989）、Whaley（1993）、Fleming 等（1995）和 Whaley（2009）等早期的分析。作为隐含波动率的风险中性度量，存在大量研究证实 VIX 存在关于波动率预测的信息。因此，学者们考虑用 VIX 作为预测变量来研究波动率预测。例如，Giot 和 Laurent（2007）发现，VIX 提供了历史波动率的额外预测信息。Frijns 等（2010）发现，澳大利亚隐含波动率指数包含重要信息，并且优于 GJR-GARCH（1，1）模型和 RiskMetrics 方法。通过 VIX 与已实现波动和 GARCH 模型的比较，相关研究进一步证实了这一结论（Kamboroudis 等，2016；Kourtis 等，2016）。Seo 和 Kim（2015）基于期权隐含信息探讨了投资者情绪对波动率预测的影响，发现隐含波动率依赖于投资者情绪表现出不同的预测能力。Pan 等（2019）提出一个新的 GARCH 模型来检测 VIX 对波动率预测和期权定价的有效性，并发现 VIX 对股票波动率样本内和样本外具有预测能力。Wang 和 Yen（2018）、Chang 等（2019）指出波动率指数期限结构包含有关波动率预测的二外信息。同时，也有研究指出，VIX 不是已实现波动率的无偏预测，因为它表示风险中性波动率，包含了风险溢价的信息（Jiang 和 Tian，2005）。Becker 等（2009）、Wu 等（2015）指出风险溢价调整后的隐含波动率是对波动率的无偏有效估计。Pati 等（2018）指出波动率指数是已实现波动的一个有偏预测，但包含对已实现波动的相关信息。

2.3 波动率指数及其衍生品定价

2.3.1 波动率衍生品市场简介

波动率指数将市场情绪以数量化的方式体现出来，是金融市场中一个非常重要的前瞻性指标。由于波动率指数本身并不能直接进行买卖，波动率指数衍生品被发明出来，以应对市场中的各类交易需求。国际成熟市场已推出以波动率指数为标的的金融衍生品，其中以针对股票市场的波动率指数期货和波动率指数期权最为广泛。2004 年，美国 CBOE 推出全球首个波动率指数衍生品——S&P 500 波动率指数期货。此后，这种全新的金融产品在全球范围内得到蓬勃发展，不仅成交量持续攀升，交易品种也不断丰富。欧洲、日本等成熟市场相继推出了波动率指数衍生品（简称波动率衍生品），例如欧洲市场的 VSTOXX 波动率指数期货、VSTOXX 波动率指数期权和日本的 Nikkei 255 波动率指数期货等。近年来，波动率指数衍生品市场发展速度很快，也表明这类产品得到了市场投资者的广泛认可，满足了投资者精细化管理投资风险的需要。为了满足更多投资者的需求，2015 年 7 月 CBOE 又推出了周度 VIX 指数期货产品。

从概念上来说，波动率指数是衡量投资者情绪和市场风险的关键性指标。因此，波动率指数衍生品的出现，使得人们有机会去交易与市场情绪相关的波动率指数，这在传统的股票投资中是很难实现的。波动率指数衍生品的投资收益特征与传统金融产品也有很大的区别，可以满足不同投资者的风险偏好。从境外经验来看，市场下跌时投资者避险需求增加，期权隐含波动率通常会上升，因此波动率指数与大多数金融资产存在负相关性，如果把波动率指数衍生品加入投资组合中，可以起到很好的分散化投资的效果。

从本质上来说，波动率指数衍生品是在期权隐含波动率的基础上开发的更深层次的衍生品，可以与传统避险工具形成有效互补。一方面，波动率指数衍生品可以为基础的金融资产提供避险保护，缓解下跌行情时的现货市场抛压，平抑市场波动。另一方面，与期货、期权相比，波动率指数衍生品还具备传说中的"长尾系统性风险避险能力",在极端行情中可以提供很好的避险效果,抵御市场的巨幅波动。有研究显示,传统金融资产在重大危机发生时,相关性会大幅上升,分散化投资在系统性风险面前会显得不堪一击。而波动率指数刚好相反,在金融危机时与传统资产的负相关性进一步提高,可以起到很好的对冲甚至超额保护的效果。在系统性风险的对冲上,使用波动率指数衍生品更加方便,且成本低廉。因为波动率指数是将不同到期时间和执行价格期权的隐含波动率加权计算,是比较综合性的市场情绪指标,对冲起来非常简便。波动率指数衍生品本身不对市场方向进行判断,投资者通过让渡方向性机会可以节约对冲成本。

2.3.2 波动率指数及其衍生品定价综述

1)波动率指数预测研究

由于波动率指数是基于期权价格计算的衍生指数,它在最底层标的资产股指、基于期权价格的波动率指数以及波动率衍生品中处于中间层次,关于它自身的研究本身就比较特殊,主要体现在既可借助时间序列预测方法,又可借助衍生品定价的思想。波动率指数作为关于波动率的风险中性远期度量指标受到广泛欢迎。目前关于波动率指数预测及信息含量探讨的研究也主要从这两个方面展开。如从时间序列预测角度,Fernandes 等(2014)指出 HAR 模型可以刻画隐含波动率的长记忆性;Campos 等(2017)发现 HAR 模型能很好地拟合原油波动率指数。从衍生品定价角度对波动率指数的早期研究主要是基于连续时间随机波动率模型对最底层标的资产建模,将 VIX 平方表示为瞬时方差的线性函数。如 Duan 和 Yeh(2010)采用跳扩散随机波动率模型提取关于波动率风险和跳跃风险溢价的信息;Luo 和 Zhang(2012)采用类似的带跳跃模型研究 VIX 期限结构预测;Zang 等(2017)采用仿射跳扩散模型直接对波动率指数建模,研究发现跳跃显著。波动率指数比通过期权定价模型得到的隐含波动率包含更多的信息,在波动率预测和衍生品定价中都发挥着重要作用。波动率指数能有效地预测已实现方差(Carr 和 Wu,2006),对已实现波动率以及GARCH模型预测能力的比较也证实了该结论（Kambouroudis 等，2016；Kourtis 等，2016）。也有学者发现波动率指数同时包含历史跳跃和未来跳跃的额外信息（Becker 等，2009），波动率指数的预测能力依赖于投资者情绪（Seo 和 Kim，2015）。Zheng 等（2017）修正的中国市场波动率指数能更好地反映投资者情绪，更有效地预测已实现波动率。Wang 和 Yen（2018）、Chang 等（2019）指出波动率指数期限结构隐含着关于波动率预测的额外信息。波动率指数信息也可以用来提高期权定价效果（Kaeck 和 Alexander，2012；Kanniainen 等，2014；Pan 等，2019）。

2）波动率衍生品定价研究

波动率衍生品作为一类基于波动率衍生指数的创新产品，对波动率的建模要求更高。近年来国内外相关研究成果丰硕，早期的文献也主要基于连续时间随机波动率模型，并将其转化为与瞬时波动率的关系，普遍存在估计方法复杂、计算量大等问题。关于波动率指数期货定价研究，Zhang 和 Zhu（2006）首次研究 VIX 期货定价，发现 VIX 平方可以表示为瞬时波动率的线性函数；Zhu 和 Zhang（2007）基于方差期限结构理论得到 VIX 期货的无套利定价模型；Lin（2007）研究表明收益率含有跳跃时短期 VIX 期货定价效果较好，波动率包含跳跃能显著降低中长期样本外定价误差；Zhang 等（2010）将长期平均方差加入平方根均值回复过程，发现在市场正常时期 VIX 期货定价效果较好；Zhu 和 Lian（2012）用带跳的随机波动率模型计算 VIX 期货价格，研究发现加入跳跃能显著提高定价效果。

关于波动率指数期权及联合定价的研究总结如下：Goard 和 Mazur（2013）指出 3/2 波动率模型对 VIX 期权定价最优。Lin 和 Chang（2009）、Lian 和 Zhu（2013）分别采用带跳的随机波动率模型研究 VIX 期权定价。Lin（2013）在以 VIX 期货为计数单位的远期概率测度下推导 VIX 期权的无套利定价表达。部分学者关注能同时刻画两个市场风险的联合定价模型。如 Grunbichler 和 Longstaff（1996）、Sepp（2008a）、Psychoyios 等（2010）等采用（带跳）均值回复平方根模型、Park（2016）采用带跳的仿射模型分别研究波动率指数期货和期权的联合定价。也有学者研究股指期权和波动率指数期权的联合定价。Cont 和 Kokholm（2013）从 VIX 期限结构中提取信息进行研究。Kokholm 和 Stisen（2015）在跳-扩散随机波动率模型下提出一个统一的定价公式。Song 和 Xiu（2016）研究两个市场的定价核和波动率风险。Sepp（2008b）、Zhang 和 Huang（2010）基于连续时间波动率模型分别研究以已实现方差为标的期权和方差期货定价。

实际上，离散时间 GARCH 模型以其自身独特的优势在期权定价中受到学术界的广泛青睐，学者们在参数估计和模型设定上的持续改进有效地提高了定价效果，如提出非参数扰动法或方差依赖定价核法更有效地刻画方差风险溢价（Barone-Adesi 等，2008；Christoffersen 等，2013），或加入波动率指数信息来估计参数（Kaeck 和 Alexander，2012；Kanniaineen 等，2014；Pan 等，2019）等。由于标的资产受多种因素的影响，文献中采用的建模方式越来越复杂，最典型的是通过跳跃刻画标的资产价格的极端变化，如学者提出具有动态跳跃强度的 GARCH 模型来刻画跳跃风险溢价提高定价效果（Christoffersen 等，2012；Byun 等，2015）。近年来学者们在借助 GARCH 模型对标的资产建模时采用一种新的思路是引入收益率之外的有效信息，其中加入已实现波动成为一个主流方向。已实现波动可以分解为已实现双幂变差和跳变差两部分（Barndorff-Nielsen 和 Shephard，2004，2006；Andersen 等，2003，2007），也可分解为已实现正、负半变差（Barndor-Nielsen 等，2010）。关于已实现波动预测的大量文献已经证实已实现波动的分解含有对波动率和收益率预测的信息，且金融市场正、负冲击具有不对称性（Andersen 等，2011；Patton 和 Sheppard，2015；Ma 等，2019；Audrino 和 Hu，2016；Qiao 等，2019）。更重要的是，将已实现波动加入 GARCH 模型能提高期权定价效果（Corsi 等，2013；Christoffersen 等，2014；Huang 等，2017）。特别地，对已实现双幂变差和跳变差分别建模（Christoffersen 等，2015）或者对已实现正、负半变差分别建模（Feunou 和 Okou，2019）来扩展 GARCH 模型从而研究期权定价均取得较好的效果。

虽然基于离散时间 GARCH 模型研究期权定价取得如此大的进展，但是近几年学者们才开始将其应用到波动率衍生品领域。相对连续时间随机波动率模型，GARCH 模型有很多优势，参数估计也更简单方便。研究发现，该模型不仅能提高预测波动率指数预测效果，而且可以有效地降低波动率期货定价误差。关于波动率指数的研究，如 Hao 和 Zhang（2013）首次探讨了多个 GARCH 模型下的 VIX 预测问题；Huang 和 Wang（2012）指出已实现 GARCH 模型能灵活刻画收益率和波动率的双重冲击，在 VIX 预测中优于 GARCH 模型；Hansen 等（2015）提出采用已实现 GARCH 模型和方差依赖定价核法也能较好地预测 VIX；Liu 等（2015）基于三类 GARCH 模型研究 VIX 预测取得较好的样本外预测精度；Lalancettte 和 Simonato（2017）用非高斯分布 GARCH 模型说明条件偏度和峰度对 VIX 有影响；Qiao 等（2020b）将已实现双幂变差和跳变差加入 GARCH 模型，研究发现在市场正常期新模型的预测能力均明显优于简单 GARCH 模型。关于波动率期货定价的研究，如 Wang 等（2017）基于 HN-GARCH 模型研究 VIX 期货定价取得较好的定价效果；Yang 和 Wang（2018）基于 IG-GARCH 模型推导显示解，发现新方法更适合于中长期 VIX 期货定价；Yang 等（2019）采用仿射跳跃 GARCH 模型和方差依赖定价核法研究 VIX 期货定价；基于 GARCH 或 GJR-GARCH 模型对 VIX 期货定价研究，发现其定价效果优于 HN-GARCH 模型（Guo 和 Liu，2020；Xie 等，2020）。目前，仅有 Huang 等（2019）将 GARCH 模型形式与 HAR 模型结合引入长期已实现波动研究 VIX 期货定价，并指出加入高频数据信息的必要性。基于以上对文献的梳理可以发现，以 GARCH 模型为基础引入已实现波动的分解信息来研究波动率指数及相关衍生品定价非常有必要。

3）风险溢价计算及应用

风险中性测度下期权价格隐含波动率高于经验测度下已实现波动率，二者之差为方差风险溢价（Variance Risk Premium），即由经济不确定性所要求的补偿，是市场参与者风险厌恶的度量指标。但是，当市场跳跃波动较高时，

VIX 经常偏离真实波动率，并且偏离度与跳跃强度成比例。因此，波动率指数实际上还包含一部分由于价格剧烈波动所要求的补偿，这称为跳跃风险溢价（Jump Risk Premium）或尾风险溢价。除基于期权价格计算风险溢价之外，波动率指数可以更加方便地计算方差风险溢价（Bollerslev 等，2009），直接从 VIX 中提取方差风险溢价和跳跃风险溢价的信息更简单（Duan 和 Yeh，2010）。学者们指出方差风险与跳跃风险有关（Todorov 和 Tauchen，2011），方差风险溢价的大部分可以通过负跳跃的尾风险溢价来解释（Bollerslev 和 Todorov，2011），对波动率建模时有必要同时刻画方差风险和跳跃风险（Cremers 等，2015）。但是，方差风险和跳跃风险所隐含的信息不同，波动率指数所代表的市场恐慌情绪主要通过跳跃风险来体现（Bollerslev 等，2015）。

与此同时，近年来很多学者关注风险溢价对资产收益率的预测性。Bollerslev 等（2009）发现与传统预测变量相比，方差风险溢价可以很好地预测短期收益。Bekaert 和 Hoerova（2014）将波动率指数分解为条件方差和方差风险溢价，发现两部分表现不同，条件方差影响金融稳定性，而方差风险溢价预测收益率。Feunou 等（2018）采用非参数方法度量向上和向下的方差风险溢价，发现向下的方差风险溢价与股权溢价的关系起主要作用。Kilic 和 Shaliastovich（2019）将方差风险溢价分解为向上和向下的两部分，分别表示对市场好、坏不确定性的补偿，同时发现两部分可以显著预测未来长期超额收益，预测方向相反。Chow 等（2018）指出 VIX 不仅是二阶矩波动率的度量指标，在风险中性测度下还是市场收益率高阶矩的多项式组合，尾风险溢价是收益率的重要预测变量。Li 和 Zinna（2018）研究发现方差风险溢价的水平值、斜率和期限结构可以提高短期收益预测效果。

另外，隐含波动率包含关于已实现波动率预测的额外信息，但是隐含波动率对已实现波动率的预测并不是无偏的（Jiang 和 Tian，2005），这可能是由于风险溢价的存在导致隐含波动率出现预测偏差。Becker 等（2009）提出加入风险溢价修正隐含波动率的预测偏差。Wu 等（2015）在跳-扩散模型下用风险溢价对隐含波动率进行调整，指出方差风险溢价和跳跃风险溢价对预测偏差均有影响，调整后的隐含波动率是波动率的无偏有效估计。

4）国内研究现状

国内学者在隐含波动率建模方面做了很多研究。如黄薏舟和郑振龙（2009）利用恒指期权数据研究无模型隐含波动率所包含的信息；郑振龙和黄薏舟（2010）比较 GARCH 模型和隐含波动率对波动率的预测能力。陈蓉和方昆明（2011）、吴鑫育和周海林（2014）对方差风险溢价进行探讨。

当然，国内期刊也有不少文献是关于波动率指数及相关衍生品定价方面的研究。在波动率指数方面，周海林和吴鑫育（2013）通过建立 VIX 指数与 GARCH 模型隐含波动率之间的关系推导 VIX 隐含波动率风险溢价；鲍群芳（2013）、夏艺恒（2017）基于对数均值回归模型研究 VIX 建模；罗海月（2015）利用 VIX 估计非高斯 GARCH 模型并应用于套期保值；侯瑞琪（2019）讨论了 VIX 及其衍生品的创新之路；李雪飞等（2018）比较波动率指数在中美市场的应用；沙楠（2015）借鉴利率期限结构的理论分析研究了 VIX 期限结构的特征；屈满学和王鹏飞（2017）探讨中国波动率指数的预测能力。

在波动率衍生品定价方面，闫沁雪（2009）最早探讨了 VIX 期货定价时的参数估计方法；鲍群芳等（2012）、柳向东等（2015）、曾敏（2017）、贾兆丽（2014）、王骋翔等（2015）、林炜（2018）、马长福和许威（2019）等均在连续时间随机波动率模型下研究波动率衍生品定价；刘希玉（2017）系统研究了 VIX 期权定价；李延军等（2012）、杜琨等（2012）对方差互换定价进行探讨。关于流动性或已实现波动在衍生品定价中的研究，国内文献集中在股指期权定价上，如郑惠民（2016）、吴鑫育等（2017）、李超（2018）、瞿慧和何佳诺（2019）基于已实现波动探讨上证 50ETF 期权的定价；丁一（2012）、史昊坤（2015）、李哲（2018）、吴鑫丞（2019）研究对标的资产进行流动性调整的期权定价。总体来说，国内学者已经在相关研究方向进行了很多的积极探索，这对本研究的顺利开展具有一定的借鉴意义。

另外，也有很多学者应用带跳的 GARCH 模型研究金融市场动态，如对股票（陈浪南和孙坚强，2010）、期货（赵华和王一鸣，2011）或期权定价（吴恒煜等，2013）等的研究。国内在以上相关方向的若干研究也对本书具有一定的借鉴意义，不再一一列举。

2.4　我国金融衍生品市场发展现状

随着我国股票市场的不断发展和壮大，市场对能够有效防范和规避系统性风险的金融衍生工具的需求越来越强烈。近几年我国高度重视金融衍生品的创新，金融衍生品市场获得了良好的发展。2006 年 9 月 8 日，中国金融期货交易所在上海正式挂牌成立，标志着我国资本市场从此步入一个新的时代。2010 年 4 月 16 日，国内第一个股指期货品种沪深 300 股指期货正式上市交易。沪深 300 股指期货上市为我国资本市场引入"做空"机制，结束了中国股市长期单边运行的状态。股指期货不仅给机构投资者带来规避系统性风险的工具，也给广大的中小投资者提供了认识股票价值的新视角。随后，政府监管部门及期货交易所不断完善股指期货市场准入规则和交易机制，在监管层的正确引导和投资机构规避风险的需求下，股指期货市场运行质量、投资者结构、成交持仓量等方面都有了很大改善，股指期货在安全、公平的环境下平稳运行，市场日趋成熟。

近年来，我国金融衍生品市场不断扩容，交易品种不断丰富，交易额高速增长。2015 年 2 月 9 日，上海证券交易所挂牌交易我国第一只标准化金融期权上证 50ETF 期权。2015 年 4 月 16 日，中金所相继推出上证 50ETF 和中证 500 股指期货。2017 年 3 月，我国第二只规范化场内期权豆粕期权在大连商品交易所挂牌。2019 年 12 月，我国陆续推出沪深 300ETF 期权、铁矿石期权、PTA 期权、甲醇期权、黄金期权，2020 年 1 月，推出菜籽粕期权。根据美国期货业协会（FIA）汇总的全球 80 多家交易所相关数据的统计分析，2020 年全球期货和期权成交量创下 467.68 亿手的新纪录，其中新兴市场的高速增长成为关键推动力。与 2019 年相比，巴西、中国和印度成交量分别增长了

62.5%、55.3%和35.4%，成为推动全球成交创历史新高的关键驱动。中国市场的增长主要是受到商品期货成交增加的推动。2020年中国期货和期权累计成交量为61.53亿手，占全球期货和期权总成交量的13.2%。大连商品交易所在全球交易所期货和期权成交量排名中位列第7，上海期货交易所、郑州商品交易所和中国金融期货交易所分别位居第9、第12和第27。农产品方面，中国内地商品交易所的品种占据了全球农产品合约前10强的10席。大商所包揽农产品前4强，其中豆粕期货连续9年全球农产品成交量排名首位。

历史上，金融衍生品在高速发展的同时，自身的高风险对金融市场的影响也如影随形，如巴林银行事件、法国兴业银行事件、爱尔兰联合银行外汇亏损、2008年金融危机等历史事件，曾一次又一次给我们敲响警钟，我们必须予以高度重视。对金融衍生品的投资风险进行研究并进行有效控制有着重要意义。

2.5 已有研究评述

（1）基于高频数据或日数据信息对金融市场波动率建模和预测的研究由来已久，但是将高频数据跳跃波动信息和隐含波动率指数所含信息同时融入参数估计中来研究波动率预测还相对较少。一方面，由于跳跃波动难以计算，高频数据分离的跳跃波动给实证研究提供了可行的思路，但其信息含量与日数据识别的跳跃波动相比有所差异；另一方面，金融衍生品价格隐含的风险中性信息不仅包含以隐含波动率指数为代表的的二阶矩，还包含风险中性偏度和风险中性峰度等高阶矩信息。因此，后续研究可以进一步深入探讨如何更加充分地融入日数据和高频数据隐含的跳跃波动信息，以及如何更好地加入衍生品价格隐含的风险中性信息来提高波动率预测效果。

（2）已有关于波动率指数信息含量的研究对象大多针对发达国家市场，并且均发现波动率指数具有丰富的信息含量，能用来预测已实现波动率及其自身预测。但是我国股指期权上市时间较短，目前国内市场也缺乏可靠的波动率指数信息。因此，待后期国内金融衍生品市场深化发展后进行更深入的研究，并与国际成熟市场结果作比较，也是后续的研究方向。同时，除了波动率指数，探讨关于波动率预测的其他影响因素及其交互作用，如与市场微观结构有关的流动性指标，也已经被证实与波动率具有较强的相关性，探讨流动性与跳跃波动、波动率指数对波动率预测的交互影响，以及哪个指标效果更强，也是后续的研究目标。

（3）关于波动率指数预测及波动率衍生品定价，在研究过程中还存在很多尚未克服的问题。比如对最底层标的资产建模时，无论是基于已实现方差的跳-扩散分解视角还是正-负半变差分解视角对 GARCH 模型进行扩展，模型过于复杂时参数估计对初值比较敏感，不同的初值选取会影响最后的定价结果。尽管作者和团队成员进行了多种方式的尝试，并对某些特定重要的参数初值通过网格搜索法，结合 VIX 预测误差或者 VIX 期货定价误差最小寻找最优参数。但是，这种方式需要进行大量的计算，普通计算机运算速度较慢，只能求助于高性能的服务器来运行。

（4）近年来，随着数据科学技术在各领域的广泛应用，学者们开始尝试将数据驱动的机器学习或深度学习方法应用到金融市场预测的研究中。因此，在金融市场中如何运用最新的人工智能技术进行预测和数据分析成为迫在眉睫的问题。目前最具代表性的研究，Gu 等（2020）[1]采用较为全面的机器学习方法研究资产收益的可预测性。总体来说，虽然已有学者结合不同类型的机器学习算法研究波动率预测和衍生品定价，包括支持向量机、蒙特卡洛模拟和神经网络等方法，但将机器学习或深度学习方法应用到波动率预测和相应的金融衍生产品定价中还处于起步阶段。由于传统的参数定价模型只能描述衍生品价格与输入变量之间的静态非线性关系，不能根据市场变化进行及时调整。同时，参数估计方法需要通过期权价格校正得到模型参数，当模型较复杂时计算量大，参数估计困难，也很难尽可能多地考虑影响期权价格的因素。因此，数据驱动的机器学习或深度学习方法由于具备很强的非线性拟

---

[1] 该成果发表于金融学顶级期刊 *The Review of Financial studies*.

合能力和特征捕捉能力，在金融数据预测方面具有更强的优势。鉴于参数模型复杂时，参数估计存在结果不稳定、估计困难等问题，参数模型在实际应用中存在很多的局限性，比如在金融衍生品定价领域需要推导模型的风险中性变换形式以及衍生品价格的显示表达，无法引入更多的外部信息。因此，为了更充分地挖掘外部数据信息，提高定价的灵活性，后期可以进一步考虑将机器学习或深度学习方法与传统的参数模型方法结合，以达到在克服传统方法建模复杂和参数估计困难的问题的同时，也能有效地克服深度学习方法解释性不强等缺陷，从而在预测或定价效果与计算效率上均取得较好的提升。

（5）在金融预测领域，传统研究通常假定经济系统是稳定的，而时间序列具有一些特殊的性质，如较强的自相关性等。因此，预测问题的最大挑战来自考虑市场发生结构突变时存在预测模型的不确定性和估计参数的不稳定性。受到政治、经济、环境等多方面的影响，金融市场数据市场可能因为一些极端事件引起结构突变，使得时间序列的数据特征受到影响，从而导致模型的不确定性和参数的不稳定性。在金融时间序列数据存在结构突变时，通常使用突变后的数据进行预测，这会由于数据有限导致模型存在较高的不确定性。因此，已有研究提出多种方式来克服这一问题，包括滚动估计、时变系数模型、马氏状态转移模型等。近年来，学者们更加关注多个模型的组合预测来克服参数估计不稳定性，这类方法选取一系列模型或算法的预测价格进行平均，能较为有效地平滑不同算法的误差，比较常用的方法如算数平均、贝叶斯模型平均、加权平均等（Ma 等，2019）。Zhang 等（2019）指出弹性网络和 LASSO 回归优于传统的组合预测方法，基于单个模型的非线性支持向量回归方法对波动率的预测能力也优于传统的组合预测方法（Zhang 和 Qiao，2021），这意味着机器学习技术对单个模型的预测性能会优于基于传统方法的组合预测。与此同时，学者们也开始关注时间序列本身独有的特征，考虑数据的时间维度特征对预测的影响，Wang 等（2020）提出时间加权最小二乘回归方法，通过为距离预测时间越近的样本赋予越高的权重来解决参数的不稳定性。Zhang 等（2020）提出窗口平均预测方法，将在不同估计窗口长度上计算的同一模型进行平均，并指出这是一种在参数不稳定和结构突变情况下简单而可靠的方法。因此，后期可进一步将最新的数据驱动的集成方法应用到波动率预测和衍生品定价中，并充分考虑期权价格的多维度特征，在深度学习混合模型定价基础上探讨有效的衍生品集成定价方法。

第 3 章
基于高频数据信息的已实现波动预测研究

CHAPTER 3

3.1 问题的提出

2015年2月9日，我国第一只交易所交易型期权——上证50ETF期权在上海证券交易所上市，这是中国金融衍生品市场发展的必然结果。2015年6月26日，我国发布了基于上证50ETF期权价格计算的第一个波动率指数，并在2016年11月28日由上海证券交易所和中国证券指数公司正式推出，称为中国波指（iVX）。该指数不仅可以反映投资者的情绪，还可以作为管理风险的重要工具。然而，大多数已有文献的研究都集中在美国市场波动率指数信息含量上。作为一个新的波动率指数，探讨其包含的对波动率预测的信息含量具有一定的研究价值。Zheng等（2017）在广义半鞅过程下提出了一种改进的无模型隐含波动率指数，并认为它是隐含波动和投资者情绪的指标。但是，由于我国股票市场的流动性、市场微观结构、公司治理和监管框架等很多方面与发达国家市场不同，发达市场的结果不能直接推广到新兴市场。本章主要研究我国这一新的波动率指数是否包含有关波动率预测的增量信息。

与此同时，大多数关于已实现波动预测的研究均基于普通最小二乘回归方法估计HAR模型及其各种扩展形式，这可能导致波动率预测不够灵活。基于此，学者们在波动率预测中采用了更复杂的时变系数方法估计模型来提高预测能力。例如，Bollerslev等（2016）提出HARQ模型，允许参数根据估计的测量误差方差随时间变化，并发现HARQ模型与传统的HAR模型相比具有显著优势。其研究发现，HARQ模型在预测中国股市不同风险水平的VaR方面优于其他HAR类模型（Liu等，2018）。Wang等（2017）指出以VIX为驱动因素的时变系数HAR模型可以更好地拟合已实现波动的动态变化。Tian等（2017）提出了一个时变HAR模型来预测中国农产品期货市场的已实现波动率，并指出他们所提出的具有时变稀疏性的HAR模型显著提高了预测性能。Chen等（2018）通过提出一种灵活的数据驱动的非参数方法来研究已实现波动预测，假设HAR模型的系数是随时间变化的，并证实了这种新模型在波动率预测中的优越性。Bekierman 和 Manner（2018）允许 HAR 模型的自回归参数由潜在高斯自回归过程驱动，以生成对已实现波动的更优的预测。

本章采用沪深 300 指数和股指期货的五分钟高频数据来计算已实现波动及其分解，样本期为 2015 年 2 月 9 日至 2017 年 3 月 29 日。首先根据已实现波动的分解，对连续波动的各种变量进行回归。为了考虑时变效应，进一步采用时变系数模型（记为 TVC-HAR 模型），其中驱动因子分别取为 iVX 和时间 t。最后应用向前一步和向前多步平滑预测方法来研究模型的预测误差，并使用 MCS 检验来评估样本外的预测效果，同时分析 iVX 是否包含关于已实现波动的预测信息。

本章的创新性总结如下：首先，提供了一个在 TVC-HAR 模型下研究已实现波动预测以及检测中国波动率指数信息含量的框架。对于已实现波动和连续波动的预测，iVX 的系数为正且具有统计显著性。然而，已实现波动的预测能力受 iVX 的影响，在将 iVX 作为回归变量加入模型后，股票指数和期货连续波动的日、周和月影响变弱，尤其是月效应。该结果证实，波动率指数确实包含有关波动率预测的重要信息。样本外预测误差表明，iVX 在预测波动率方面起着至关重要的作用，将连续波动、跳跃波动和 iVX 信息结合起来可以获得最佳的预测效果。

其次，首次明确指出选择时变系数模型来研究波动率预测的合适情形。对样本外预测误差和 MCS 检验的分析表明，用 iVX 作为回归变量的常系数模型对于向前一步预测具有最佳效果。但是，TVC-HAR 模型优于常数系数模型，更适用于多步预测。研究发现，沪深 300 指数和期货市场已实现波动的预测取决于不同的驱动因素，以 iVX 为驱动因子的时变系数模型更适合于股票指数已实现波动的预测，而以时间为驱动因子的时变系数模型对股指期货已实现波动预测的表现更好。MCS 测试也进一步证实了本章所提出的模型在波动率预测中的优越性。

另外，本章的研究与跳跃波动率预测的文献相关，与连续波动和波动率指数相比，跳跃波动对已实现波动的预测能力要低得多；也与波动率指数是否是已实现波动无偏预测的文献相关,并指出波动率指数不是已实现波动的无偏预测。

3.2 已实现波动计算及分解

连续时间扩散模型是已实现波动计算的理论基础,基于连续时间跳-扩散过程的模型为已实现波动分解为连续波动和跳跃波动提供了理论依据。本节首先介绍连续时间跳-扩散模型。假设资产的对数价格 $p(\tau)$ 服从以下方程:

$$p(\tau) = \mu(\tau)\mathrm{d}\tau + \sigma(\tau)\mathrm{d}w(\tau) + \kappa(\tau)\mathrm{d}q(\tau), \quad \tau \in [0, T] \quad (3\text{-}1)$$

式中,$\mu(\tau)$ 表示漂移系数,为局部有界的连续变差过程;$\sigma(\tau)$ 为瞬时波动率,严格为正;$w(\tau)$ 是标准布朗运动;$\kappa(\tau)\mathrm{d}q(\tau)$ 表示资产价格的跳跃部分;$\kappa(\tau)$ 表示跳跃幅度;$q(\tau)$ 服从强度(单位时间内跳跃发生的次数)为 $\lambda(\tau)$ 的泊松过程。如果资产价格在时刻 τ 发生跳跃,则 $\mathrm{d}q(\tau)=1$,否则 $\mathrm{d}q(\tau)=0$。

由式(3-1)可得,第 t 天的收益率为

$$\begin{aligned} r_t &= p(t) - p(t-1) \\ &= \int_{t-1}^{t} \mu(\tau)\mathrm{d}\tau + \int_{t-1}^{t} \sigma(\tau)\mathrm{d}w(\tau) + \sum_{j=1}^{N_t} k_{t,j}^2 \end{aligned} \quad (3\text{-}2)$$

其中,最后一项表示资产价格跳跃过程对收益率的影响。

由半鞅理论,Barndorff-Nielsen 和 Shephard(2004,2006)指出二次变差(Quadratic Variation,QV)可以用于定义日内波动率:

$$QV_t = \int_{t-1}^{t} \sigma^2(s)\mathrm{d}s + \sum_{j=1}^{N_t} k_{t,j}^2 \quad (3\text{-}3)$$

其中,等式右边的第一项 $\int_{t-1}^{t} \sigma^2(s)\mathrm{d}s$ 由 $p(t)$ 的连续部分形成,称为积分方差(Integrated Variance,IV),表示连续波动对日内波动率的贡献;第二项 $\sum_{j=1}^{N_t} k_{t,j}^2$ 由 $p(t)$ 的跳跃部分形成,表示跳跃波动对日内波动率的贡献,N_t 表示资产价格在第 t 天发生跳跃的次数,$k_{t,j}$ 表示第 t 天第 j 个跳跃发生的幅度,若一天

内无跳跃发生，则 $\sum_{j=1}^{N_t} k_{t,j}^2$ 取值为零。

在实际市场上，即使流动性充足，也只能收集到有限的离散收益率样本，因此，通过以上方式定义的二次变差（QV）和积分方差（IV）都是不可观测的。将第 t 天第 j 个时间间隔的收益率记为 $r_{t,j}$，表示如下：

$$r_{t,j} = p(t-1+j/M) - p(t-1+(j-1)/M), \quad j=1,2,\cdots,M \quad (3-4)$$

其中，M 表示一天内观察到的收益率个数，根据取样频率不同而取值不同[①]。

Andersen 和 Bollerslev（1998）假设资产收益率服从连续时间扩散模型，根据二次变差理论提出用日内收益率平方和来计算已实现波动[②]，表示如下：

$$RV_t = \sum_{j=1}^{M} r_{t,j}^2 \quad (3-5)$$

Barndorff-Nielsen 和 Shephard（2004，2006）等进一步提出已实现双幂变差（Realized Bipower Variation，RBV）。这是一个类似于已实现波动的非参数度量方法，同样是波动率的一致估计量，其计算公式为

$$RBV_t = \mu_1^{-2}\left(\frac{M}{M-2}\right)\sum_{j=3}^{M} |r_{t,j-2}| |r_{t,j}| \quad (3-6)$$

其中，$\mu_\alpha = E(|Z|^\alpha)$，$Z \sim N(0,1)$，这里 $\mu_1 = \sqrt{2/\pi}$。

根据已有研究，已实现波动具有深刻的理论基础。当取样频率足够大时，已实现波动（RV）依概率收敛到二次变差（QV），已实现双幂变差（RBV）依概率收敛于积分方差（IV）。因此，已实现波动与已实现双幂变差之间的差值为跳跃波动的一致估计量。特别地，当资产价格不存在跳跃过程时，二次变差过程退化为积分方差，已实现波动是积分方差的一致估计量。

---

① 实际上，$r_{t,j}$ 仅适用于日内收益率的计算，如果考虑当天开盘价与上一交易日收盘价的关系，第 t 天总收益率为 $r_t = r_{t,n} + \sum_{j=1}^{M_t} r_{t,j}$，其中 $r_{t,n}$ 表示由第 $t-1$ 天到第 t 天的隔夜收益率。本章主要关注日内波动率的动态特征，因此后文省略对隔夜收益率的分析。

② 实际上是已实现方差，已有文献直接用此作为波动率，本书不再做明确区分。

Andersen 等（2007）基于已实现双幂变差理论将已实现波动分解为连续波动和跳跃波动，其中跳跃部分由已实现方差和已实现双幂变差做差得到：

$$RV_t - RBV_t \xrightarrow{P} \sum_{j=1}^{N_t} k_{t,j}^2, \quad M \to \infty \tag{3-7}$$

即资产价格加入跳跃过程后，已实现波动的收敛结果中包含跳跃对波动率的影响，而已实现双幂变差仍收敛到积分方差。

Andersen 等（2007，2011）进一步提出跳检验统计量：

$$Z_t = \frac{(RV_t - RBV_t)/RV_t}{\sqrt{\left(\left(\frac{\pi}{2}\right)^2 + \pi - 5\right) \frac{1}{M} \max\left(1, \frac{RTQ_t}{RBV_t^2}\right)}} \tag{3-8}$$

式中：RTQ_t 为四次幂变差，其定义为

$$RTQ_t = M\mu_{4/3}^{-3} \left(\frac{M}{M-4}\right) \sum_{j=3}^{M} |r_{t,j-4}|^{4/3} |r_{t,j-2}|^{4/3} |r_{t,j}|^{4/3} \tag{3-9}$$

其中 $r_{t,j}$，μ_α，M 的定义同上。

在价格不发生跳跃时，Z_t 服从渐进标准正态分布，通过 Z_t 可以检验已实现波动是否发生跳跃。如果检验统计量大于标准正态分布的 α 分位数 Φ_α，那么认为跳跃是显著的。

在完成检验统计量 Z_t 的构造、确定好 α 以后即可分离出已实现波动的显著跳跃部分，即

$$J_t = (RV_t - RBV_t)I(Z_t > \Phi_\alpha) \tag{3-10}$$

其中，函数 $I(\cdot)$ 是一个示性函数，当 Z_t 大于 Φ_α 时，$I(\cdot)$ 值取 1，反之取 0。跳跃发生的次数依赖于 α 的选择，一般情况下 α 选为 95% 和 99%。

由于已实现波动 RV_t 是连续波动和跳跃波动的和，其连续部分表示为

$$C_t = RBV_t I(Z_t > \Phi_\alpha) + RV_t I(Z_t \leqslant \Phi_\alpha) \tag{3-11}$$

由此可以认为，在跳跃发生的条件下，已实现波动的连续部分由已实现双幂变差给出；在跳跃未发生的条件下，连续部分由已实现波动给出。这一定义

保证了已实现波动的连续部分和跳跃部分的非参数度量。

进一步，将跳跃波动分解为跳跃是否发生序列和跳跃大小（或称跳跃幅度）序列，分别用 I_t 和 S_t 来表示，满足

$$P(J_t = 0 \mid F_{t-1}) = P(I_t = 0 \mid F_{t-1}) \tag{3-12}$$

$$P(0 < J_t \leqslant j) = P(I_t = 1 \mid F_{t-1})P(S_t \leqslant j \mid F_{t-1}, I_t = 1) \tag{3-13}$$

3.3 模型设定

3.3.1 常系数波动率预测模型

已实现波动的预测模型在初始时主要为常系数模型。常系数模型便于估计，并且预测效果较好，因此受到研究领域的广泛青睐。本节主要介绍关于已实现波动预测的常系数模型设定。同时，波动率指数通常被作为市场情绪代理指标，实证研究表明隐含波动率包含有关波动率预测的重要信息（Carr 和 Wu，2006；Frijns 等，2010；Giot 和 Laurent，2007；Kambouroudis 等，2016；Kourtis 等，2016；Pan 等，2019；Seo 和 Kim，2015）。本章主要考虑加入波动率指数和未加入波动率指数的常系数模型的预测能力。为了考察波动率指数自身是否具有预测波动率的能力，本章还考虑自变量仅为波动率指数 iVX_t 的常系数模型，并与其他常系数模型的拟合效果和预测能力作对比。为了和其他波动率保持一致，波动率指数的取值也取对数。

Andersen 等（2011）将已实现波动分解为连续波动和跳跃波动，并将它们分别加入 HAR 模型中。借鉴已有研究（Corsi，2009a，2009b；Andersen 等，2011），本章所采用的回归模型均为对数回归形式，模型设定如下：

M0：对数已实现波动关于波动率指数回归

$$\ln(RV_{t+h}) = \alpha_0 + \alpha_{iVX} \ln(iVX_t) + \varepsilon_{t+1} \tag{3-14}$$

HAR-C：对数已实现波动关于连续波动回归

$$\ln(Y_{t+h}) = \alpha_0 + \alpha_{C_d} \ln(C_{d,t}) + \alpha_{C_w} \ln(C_{w,t}) + \alpha_{C_m} \ln(C_{m,t}) + \varepsilon_{t+1} \tag{3-15}$$

HAR-C-iVX：对数已实现波动关于连续波动和波动率指数回归

$$\ln(Y_{t+h}) = \alpha_0 + \alpha_{C_d}\ln(C_{d,t}) + \alpha_{C_w}\ln(C_{w,t}) + \alpha_{C_m}\ln(C_{m,t}) + \alpha_{iVX}\ln(iVX_t) + \varepsilon_{t+1}$$

（3-16）

HAR-CJ：对数已实现波动关于连续波动和跳跃波动回归

$$\begin{aligned}\ln(Y_{t+h}) &= \alpha_0 + \alpha_{C_d}\ln(C_{d,t}) + \alpha_{C_w}\ln(C_{w,t}) + \alpha_{C_m}\ln(C_{m,t}) \\ &\quad + \alpha_{J_d}\ln(J_{d,t}+1) + \alpha_{J_w}\ln(J_{w,t}+1) + \alpha_{J_m}\ln(J_{m,t}+1) + \varepsilon_{t+1}\end{aligned}$$

（3-17）

HAR-CJ-iVX：对数已实现波动关于连续波动、跳跃波动和波动率指数回归

$$\begin{aligned}\ln(Y_{t+h}) &= \alpha_0 + \alpha_{C_d}\ln(C_{d,t}) + \alpha_{C_w}\ln(C_{w,t}) + \alpha_{C_m}\ln(C_{m,t}) \\ &\quad + \alpha_{J_d}\ln(J_{d,t}+1) + \alpha_{J_w}\ln(J_{w,t}+1) + \alpha_{J_m}\ln(J_{m,t}+1) + \alpha_{iVX}\ln(iVX_t) + \varepsilon_{t+1}\end{aligned}$$

（3-18）

其中，RV_t，C_t，J_t分别表示第t天的已实现波动及其连续部分和跳跃部分，h表示向前预测的步数。$C_{d,\cdot}$，$C_{w,\cdot}$，$C_{m,\cdot}$分别表示连续波动的日效应、周效应和月效应，分别定义为$C_{d,t}=C_t$，$C_{w,t}=(C_t+C_{t-1}+\cdots+C_{t-4})/5$，$C_{m,t}=(C_t+C_{t-1}+\cdots+C_{t-21})/22$，$J_{d,\cdot}$，$J_{w,\cdot}$和$J_{m,\cdot}$分别表示跳跃波动的日效应、周效应和月效应，分别定义为$J_{d,t}=J_t$，$J_{w,t}=(J_t+J_{t-1}+\cdots+J_{t-4})/5$，$J_{m,t}=(J_t+J_{t-1}+\cdots+J_{t-21})/22$，$\varepsilon_{t+1}$是独立同分布的扰动项。

根据 Seo 和 Kim（2015）、Prokopczuk 等（2016），为了验证模型的稳健性，本章对未取对数的波动率也进行相同形式的建模分析，模型与式（3-14）~式（3-18）类似，不再赘述。

3.3.2 时变系数波动率预测模型

时变系数模型是变系数模型的一种，是近年来发展起来的颇受人们重视的一类具有广泛运用背景的回归模型。该模型通过假定线性回归模型中的回归系数是其他自变量的未知函数来增加模型的灵活性和适应性。同时，由于回归系数函数通常是某个自变量的一元函数而有效地避免了拟合中的维数灾难问题（梅长林和王宁，2015）。与常系数模型相比，时变系数模型能够更精

确地刻画被解释变量的变化趋势，因此在已有文献中有不少对时变系数模型在各领域的应用。

随着时变系数回归模型的发展，研究发现时变系数 HAR 模型可以提高已实现波动的预测能力（Bollerslev 等，2016；Wang 等，2017；Tian 等，2017；Chen 等，2018）。在时变系数模型中，模型系数依赖驱动因子而变化，通常根据具体的分析条件选取。如 Wang 等（2017）关于已实现波动预测的研究中选取了随机游走变量和波动率指数两种驱动因子，并发现以波动率指数为驱动因子的时变系数模型的预测能力更优。Chen 等（2004）选取时间 t 的函数为驱动因子：$Z' = \dfrac{t}{n}, t = 1, 2, \cdots, n$，其中 n 是样本容量。基于以上研究，本章分别选取波动率指数 iVX 和时间 t 为驱动因子。本章对预测模型的比较主要从两方面展开：第一，比较含有 iVX 为解释变量的常系数模型和以 iVX 为驱动因子的时变系数模型的预测效果；第二，比较以 iVX 为驱动因子的时变系数模型和以时间 t 的驱动因子的时变系数模型，因为这两类模型除驱动因子带有的信息量不同以外，其他信息量相同，具有可比性。

为了和常系数模型保持一致，本章所选取的时变系数模型与常系数模型形式类似，解释变量都是已实现波动的连续部分和跳跃部分，模型系数分别依赖于驱动因子 iVX 和 t 变化。所需建模的时变系数模型如下：

TVC-HAR-C-Z：已实现波动关于连续波动回归

$$\ln(Y_{t+h}) = \alpha_0(Z_t) + \alpha_{C_d}(Z_t)\ln(C_{d,t}) + \alpha_{C_w}(Z_t)\ln(C_{w,t}) + \alpha_{C_m}(Z_t)\ln(C_{m,t}) + \varepsilon_{t+1}$$

（3-19）

TVC-HAR-CJ-Z：已实现波动关于连续波动和跳跃波动回归

$$\begin{aligned}\ln(Y_{t+h}) = &\alpha_0(Z_t) + \alpha_{C_d}(Z_t)\ln(C_{d,t}) + \alpha_{C_w}(Z_t)\ln(C_{w,t}) + \alpha_{C_m}(Z_t)\ln(C_{m,t}) + \\ &\alpha_{J_d}(Z_t)\ln(J_{d,t}+1) + \alpha_{J_w}(Z_t)\ln(J_{w,t}+1) + \alpha_{J_m}(Z_t)\ln(J_{m,t}+1) + \varepsilon_{t+1}\end{aligned}$$

（3-20）

其中，$\alpha(Z_t) = (\alpha_0(Z_t), \alpha_{C_d}(Z_t), \alpha_{C_w}(Z_t), \alpha_{C_m}(Z_t), \alpha_{J_d}(Z_t), \alpha_{J_w}(Z_t), \alpha_{J_m}(Z_t))$ 是由驱

动因子 Z_t 所表示的时变系数，取为 iVX_t 或 t。

同理，和常系数模型类似，为了考察模型的稳健性，同样基于变系数模型对未取对数的已实现波动建模。

3.3.3 模型拟合

对于时变系数模型的拟合，一般采用局部线性回归方法，这是一种非参数估计方法，在广义线性模型和变系数模型拟合中具有广泛运用。由于本章涉及的模型较多，且模型解释变量、被解释变量和驱动因子的选取有所变化，为了简便表述，本章在以下介绍时变系数模型拟合步骤时采用通用的表达方式。

局部线性回归一般分为局部常数拟合和局部多项式拟合。一般来说，对于时变系数模型的拟合，一般采用局部多项式拟合的方法可以得到更好的拟合效果。

1）局部线性回归的思想[①]

局部线性回归是一种局部光滑方法。局部光滑的基本思想是：设回归函数 $m(x)$ 的定义域为 $\wp$，对于任意给定的 $x_0 \in \wp$，选择 x_0 的某个邻域，将落入该邻域的自变量的观测值所对应的因变量的观测值进行某种方式的加权平均，以此加权平均值作为回归函数 $m(x)$ 在 x_0 点处的估计值 $\hat{m}(x_0)$，其中 x_0 的邻域大小由窗宽参数（或光滑参数）确定，权值的大小由给定的函数（称为核函数）确定。可以看出，局部线性回归本质上是一种加权最小二乘回归。局部常数拟合认为回归函数在每点的局部是常数，而局部多项式拟合认为在每点的局部，用多项式逼近回归函数，再基于加权最小二乘方法得到回归函数在各点的估计值。因此，可以认为局部多项式拟合的最基本思想是在不同的 x_0 处拟合不同的多项式。

上述局部线性回归的表述针对的是一般模型，由于时变系数模型的系数依赖驱动因子 Z 的变化，所以选择的设计点和邻域都与 Z 有关。下面针对时变系数模型的局部多项式拟合方法进行具体介绍。

---

① 本节的介绍参考梅长林和王宁（2015）。

设 $(Y_i; X_{i1}, X_{i2}, \cdots, X_{ip}, Z_i)$ $(i=1,2,\cdots n)$ 为 n 组独立的观测数据，变系数模型的样本形式为

$$Y_i = \sum_{j=1}^{p} \beta_j(Z_i) X_{ij} + \varepsilon_i, \quad i=1,2,\cdots,n \quad (3\text{-}21)$$

设 $\beta_j(z)$ 关于 z 均具有连续的导数，Z 为 z 的取值范围。对任一给定的 $z_0 \in Z$，由泰勒公式，在 z_0 的邻域，$\beta_j(z) \approx \beta_j(z_0) + \beta_j'(z_0)(z-z_0)$ $(j=1,2,\cdots,p)$。

设 $K(t)$ 为给定的核函数，$K_h(t) = K(t/h)/h$，则变系数模型的局部线性拟合选择 $\beta_j(z_0)$ 和 $\beta_j'(z_0)$ $(j=1,2,\cdots,p)$，使得

$$\min \sum_{i=1}^{n} \left\{ Y_i - \sum_{j=1}^{p} \left[\beta_j(z_0) + \beta_j'(z_0)(z-z_0) \right] X_{ij} \right\}^2 K_h(z_i - z_0) \quad (3\text{-}22)$$

$$\boldsymbol{X}(z_0) = \begin{pmatrix} X_{11} & \cdots & X_{1p} & X_{11}(Z_1-z_0) & \cdots & X_{1p}(Z_1-z_0) \\ X_{21} & \cdots & X_{2p} & X_{21}(Z_2-z_0) & \cdots & X_{2p}(Z_2-z_0) \\ \vdots & & \vdots & \vdots & & \vdots \\ X_{n1} & \cdots & X_{np} & X_{n1}(Z_n-z_0) & \cdots & X_{np}(Z_n-z_0) \end{pmatrix}$$

$$\boldsymbol{Y} = (Y_1, Y_2, \cdots, Y_n)^{\mathrm{T}}$$

$$\boldsymbol{W}(z_0) = \mathrm{Diag}(K_h(Z_1-z_0), K_h(Z_2-z_0), \cdots, K_h(Z_n-z_0))$$

$$\boldsymbol{a}(z_0) = (\beta_1(z_0), \beta_2(z_0), \cdots, \beta_p(z_0), \beta_1'(z_0), \beta_2'(z_0), \cdots, \beta_p'(z_0))^{\mathrm{T}}$$

上述加权最小二乘问题的解可表示为

$$\begin{aligned}\hat{\boldsymbol{a}}(z_0) &= (\hat{\beta}_1(z_0), \hat{\beta}_2(z_0), \cdots, \hat{\beta}_p(z_0), \hat{\beta}_1'(z_0), \hat{\beta}_2'(z_0), \cdots, \hat{\beta}_p'(z_0))^{\mathrm{T}} \\ &= (\boldsymbol{X}^{\mathrm{T}}(z_0)\boldsymbol{W}(z_0)\boldsymbol{X}(z_0))^{-1} \boldsymbol{X}^{\mathrm{T}}(z_0)\boldsymbol{W}(z_0)\boldsymbol{Y}\end{aligned}$$

因此，系数函数向量 $\boldsymbol{\beta}(z) = (\beta_1(z), \beta_2(z), \cdots, \beta_p(z))^{\mathrm{T}}$ 在 z_0 处的局部线性估计可表示为

$$\begin{aligned}\hat{\boldsymbol{\beta}}(z_0) &= (\hat{\beta}_1(z_0), \hat{\beta}_2(z_0), \cdots, \hat{\beta}_p(z_0))^{\mathrm{T}} \\ &= (\boldsymbol{I}_p, \boldsymbol{O}_p)(\boldsymbol{X}^{\mathrm{T}}(z_0)\boldsymbol{W}(z_0)\boldsymbol{X}(z_0))^{-1} \boldsymbol{X}^{\mathrm{T}}(z_0)\boldsymbol{W}(z_0)\boldsymbol{Y}\end{aligned}$$

其中，$\boldsymbol{I}_p$ 和 $\boldsymbol{O}_p$ 分别表示 p 阶单位矩阵和 p 阶零矩阵。进一步，若以 $\boldsymbol{e}_{j,2p}$ 表

示第 j 个元素为 1、其余元素为 0 的 $2p$ 维列向量，则

$$\hat{\beta}_j(z_0) = \boldsymbol{e}_{j,2p}^{\mathrm{T}} \hat{\boldsymbol{a}}(z_0)$$
$$= \boldsymbol{e}_{j,2p}^{\mathrm{T}} (\boldsymbol{X}^{\mathrm{T}}(z_0)\boldsymbol{W}(z_0)\boldsymbol{X}(z_0))^{-1} \boldsymbol{X}^{\mathrm{T}}(z_0)\boldsymbol{W}(z_0)\boldsymbol{Y}, \quad j=1,2,\cdots,p$$

特别地，分别取 $z_0 = Z_1, Z_2, \cdots, Z_n$，得 $\hat{\beta}_1(Z_0), \cdots, \hat{\beta}_p(Z_0)$，其中

$$\hat{\beta}_j(Z_i) = \boldsymbol{e}_{j,2p}^{\mathrm{T}} \hat{\boldsymbol{a}}(Z_i)$$
$$= \boldsymbol{e}_{j,2p}^{\mathrm{T}} (\boldsymbol{X}^{\mathrm{T}}(Z_i)\boldsymbol{W}(Z_i)\boldsymbol{X}(Z_i))^{-1} \boldsymbol{X}^{\mathrm{T}}(Z_i)\boldsymbol{W}(Z_i)\boldsymbol{Y}, \quad i=1,2,\cdots,n$$

因此，可以得到因变量 Y 在各设计点 $Z_i(i=1,2,\cdots,n)$ 的拟合值

$$\hat{Y}_i = \hat{\beta}_1(Z_i)X_{i1} + \hat{\beta}_2(Z_i)X_{i2} + \cdots + \hat{\beta}_p(Z_i)X_{ip}$$
$$= (X_{i1}, X_{i2}, \cdots, X_{ip})(\hat{\beta}_1(Z_i), \hat{\beta}_2(Z_i), \cdots, \hat{\beta}_p(Z_i))^{\mathrm{T}}$$

2）核函数和光滑参数的选择

局部线性估计是一种核光滑方法，即运用核函数为设计点邻域点的取值赋予权重。核函数的选取不仅对模型参数拟合有影响，同时对最优光滑参数的选取也有影响。常用的核函数有高斯核函数和对称 Beta 函数族。本章实证分析中，光滑参数的选择和参数估计所采用的核函数均为二阶高斯核函数，即

$$K(t) = \frac{1}{\sqrt{2\pi}} \exp\left(-\frac{1}{2}t^2\right)$$

在对时变系数模型做局部线性估计时，权重的确定和光滑参数 h 的选取对于模型表现非常重要。其原因如下：当 $h \to 0$ 时，除设计点 z_0 等于某个观测值外，比如 Z_j 外，在其他 $i \neq j$ 处都有 $(Z_i - z_0)/h \to \infty$，所以 $K_h[(Z_i - z_0)/h] \to 0$，因此估计值 $\hat{Y}_i$ 只是原数据的再表示；而 $h \to +\infty$ 时，对于所有的 $i=1,2,\cdots,n$，都有 $(Z_i - z_0)/h \to 0$，所以估计值 $\hat{Y}_i = \overline{Y}$，即估计值为一条水平直线。由此可见，h 越大，估计的回归函数越光滑，从而可能导致拟合不足，即欠拟合；h 越小，估计的回归函数波动越大，从而可能导致过拟合。因此，合理选择 h 是非参数回归中的一个重要问题。

在非参数回归中，对于光滑参数的确定最常用的方法主要是交叉验证

（cross-validation）和修正的 AIC 准则，其中后者是前者的一种近似形式。因此本章采用的确定光滑参数方法是交叉验证方法，这也是统计学习中经典的确认方法。其主要目的是在给定一系列 h 值的条件下选择最合理的光滑参数。假设共有 N 个光滑参数，现需要挑选出最优的 h，具体操作过程如下：

第一步：先给定一个光滑参数 h；

第二步：去掉第 i 组观测值 (Y_i, X_i, Z_i)，用其余 $n-1$ 组数据在给定的 h 下利用某拟合方法求出回归函数 $\beta(z)$ 在 (X_i, Z_i) 处的拟合值，记为

$$\hat{Y}_{(-i)}(h) = \hat{\beta}_{(-i)}(h) X_i, \quad i = 1, 2, \cdots, n$$

第三步：依次对 $i = 1, 2, \cdots, n$，执行第二步的估计过程，得

$$\hat{Y}_{(-1)}(h), \hat{Y}_{(-2)}(h), \cdots, \hat{Y}_{(-n)}(h)$$

第四步：令

$$CV(h) = \frac{1}{n} \sum_{i=1}^{n} (Y_i - \hat{Y}_{(-i)}(h))^2$$

第五步：重复第一步至第四步 N 次，选出最优光滑参数 h_{opt}，即使得

$$CV(h_{\text{opt}}) = \min_{h>0} CV(h)$$

3.4 模型预测

本章主要考察时变系数模型对沪深 300 指数和股指期货已实现波动及连续波动的预测，采用样本外滚动预测方法。

3.4.1 单步预测

常系数模型可以在已知预测点解释变量的情况下得到被解释变量的预测。具体来说，选取训练集 $\{Y_i, X_i\}(i = 1, \cdots, n)$ 拟合模型得到估计参数 $\hat{\beta} = (\hat{\beta}_1, \hat{\beta}_2, \cdots, \hat{\beta}_p)$，通过预测点解释变量 X_{n+1} 的取值可计算得到预测值 $\hat{Y}_{n+1}$。

与常系数模型不同的是，变系数模型的系数依赖于驱动因子 Z_i $(i = 1, 2, \cdots, n)$ 的取值，即在不同的 Z_i 下，$\beta(Z_i) = (\beta_1(Z_i), \beta_2(Z_i), \cdots, \beta_p(Z_i))$ 的

取值有所不同。在确定光滑参数和核函数的条件下，若想直接确定 $\hat{\beta}(Z_{n+1})$，需要确定 Y_{n+1} 的信息，但样本外预测是在假定因变量信息不确定的条件下进行的，因此无法直接确定预测点处的系数来估计因变量的值。

本章的预测思想为在训练集的被解释变量拟合值处加以适当的权重，求这些训练集点上的拟合值的加权平均即得到预测点处的估计值。这种方法是一种非参数的预测估计方法，通过加权的形式考虑了所有训练集点拟合的信息。但是该方法的不足在于，尽管充分考虑了训练集点处拟合值的信息，但是训练集点处的拟合值相对于真实值有一定的误差。同时，对于时变系数模型，驱动因子作为外生变量也携带一定的信息。因此，若仅仅考虑解释变量的信息和被解释变量拟合值的信息是有一部分信息缺失的。为了考虑完整的训练集信息并同时加入驱动因子信息，本章借助该预测思想，采用对训练集点上的拟合参数加权的方法进行模型预测。由前面模型拟合方法的介绍可以看出，模型系数是关于驱动因子 Z_i 的函数，系数随着驱动因子的变化而变化。

通过带宽选取模型预测点处的驱动因子（即设计点）Z_i 邻域的局部设计点，局部设计点对应的 $\hat{\beta}(Z_i)$，进行加权，最后对所有训练集点处的模型系数进行加权平均即可得到预测点处的系数，其中权重的选取和确定依赖于核函数。因此时变系数模型的预测步骤如下：

第一步：在样本量为 n 的样本中，选择 k 个样本作为训练集，记为 $\{Y_i, X_i, Z_i\}(i=1,\cdots,k)$；

第二步：使用交叉验证方法和训练集中的全部数据选出 h_{opt}；

第三步：运用选择出来的 h_{opt} 和核函数拟合训练集中的数据，得到每一点 (X_i, Z_i) 处的参数 $\beta(Z_i)$ 和拟合值 $\hat{Y}_i$ $(i=1,2,\cdots,k)$；

第四步：已知预测点的取值，根据第二步确定的核函数 $K_{h_{opt}}(t)$ 和 h_{opt}，以 $Z_i(i=1,2,\cdots,k)$ 落到 Z_{k+1} 以 h_{opt} 为带宽的邻域内的远近作为衡量权重的标准，对训练集上每一点的参数 $\beta(Z_i)$ 做加权平均，即

$$\hat{\beta}(Z_{k+1}) = \frac{\sum_{i=1}^{k} K\left(\frac{Z_{k+1} - Z_i}{h_{\text{opt}}}\right)\hat{\beta}(Z_i)}{\sum_{i=1}^{k} K\left(\frac{Z_{k+1} - Z_i}{h_{\text{opt}}}\right)}$$

第五步：根据上述步骤得到的 $\hat{\beta}(Z_{k+1})$，代入 X_{k+1}，即可得到 $\hat{Y}_{k+1}$。

相比较直接使用预测点处的信息得到预测值的方法，这种加权预测方式充分考虑了训练集的信息，即充分利用训练集的拟合结果，并且运用预测点驱动因子和训练集驱动因子的远近作为权重得到预测点处的估计值，信息利用足够充分，并且发挥统计学习的思想，预测结果更加准确。

3.4.2 平滑多步预测

传统多步预测方法是，已知预测步长为 h，在已知样本训练集 $\{Y_i, X_i, Z_i\}(i=1,\cdots,k)$ 的条件下，仅仅使用样本训练集作为信息来源，直接预测便可得到向前多步的预测值。这种方法在常系数模型的预测中表现良好，但是在变系数模型中表现不一定出色。根据 Chen 等（2004）中，传统多步预测通过样本集 $\{Y_i, X_i, Z_i\}(i=1,\cdots,k)$ 直接预测得到第 h 步预测值，而忽略了中间的几项预测值，这种做法会造成一定的信息损失，因此有可能造成预测不够准确的后果。为了提高变系数模型的预测能力，提出了平滑多步预测方法，即在进行多步预测时，充分考虑每一步的预测值，用以达到充分利用样本信息的目的。在给定预测步长的 h 条件下，平滑多步预测的步骤如下：

第一步：利用样本集 $\{Y_i, X_i, Z_i\}(i=1,\cdots,k)$ 选择出最优的光滑参数 h_{opt}；

第二步：用得到的 h_{opt} 和预测样本 (X_{k+1}, Z_{k+1}) 计算一步预测值 $\hat{Y}_{k+1}$；

第三步：将上一步得到的预测值 $\hat{Y}_{k+1}$ 加入到预测 $\hat{Y}_{k+2}$ 的样本训练集中，即样本集 $\{\{Y_i, X_i, Z_i\}(i=1,\cdots,k),(\hat{Y}_{K+1}, X_{k+1}, Z_{k+1})\}$ 作为新的训练集预测计算 $\hat{Y}_{k+2}$，光滑参数 h_{opt} 不变；

第四步：重复上述步骤第三步共 h 次。

平滑多步预测即通过加入每一步的预测值更新预测训练集，充分考虑到每一步的预测信息，对于变系数模型下的样本外多步预测来说可以提高模型的预测能力。在进行平滑多步预测的时候，最优光滑参数 h_{opt} 是由样本集 $\{Y_i, X_i, Z_i\}(i=1,\cdots,k)$ 选择确定的，并在以后的预测过程中不发生任何改变。根据 Chen 等（2004）的描述，如果每更新一次预测训练集，就选择一次最优光滑参数，可以提高模型预测的精确度。但是从成本角度考虑，这种做法计算量大，需要消耗大量时间，工作效率不高。因此本章在实证操作时只选择一次光滑参数进行后续的多步预测工作。

值得注意的是，在驱动因子选取为时间 t 时，驱动因子集合的长度随着样本集的变化而变化。在平滑多步预测中，每向前一步预测，样本长度增加 1，因此驱动因子集合的长度也增加 1，即驱动因子的长度随着滚动的步数增加而增加，在每一次更新预测训练集时，也更新预测驱动因子，在这种情况下，可以保证在预测点处的驱动因子取值为 1，这样有利于模型解释。尽管每向前一步预测就需要更新驱动因子的长度以及对应取值，但是每向前一步的预测所使用的带宽不发生变化，仍然使用由训练样本集长度的驱动因子选取的带宽。

为了提高模型的预测精度，本章采取滚动预测方法，并结合上述平滑多步预测，将滚动预测和平滑多步预测结合起来进行样本外预测。具体来说，如果样本大小为 N，滚动窗口为 m，预测步长为 h，使用前 $N-m-h$ 观测值来估计参数，然后生成向前一步和多步样本外预测值。然后重复该过程，产生 m 天的预测波动率。在滚动预测中，如果在同一点获得多个预测值，则最终值取为所有预测值的平均值。其中，向前一步滚动预测是多步向前滚动预测的特例。

3.4.3 预测误差

为了度量不同模型的预测能力，本章采用三种误差指标：平均绝对误差（MAE）、均方根误差（RMSE）和平均绝对百分误差（MAPE），分别定义如下：

$$MAE = \frac{1}{m}\sum_{t=1}^{m}|Y_{t+h} - Y_{t+h}^{f}| \tag{3-23}$$

$$RMSE = \sqrt{\frac{1}{m}\sum_{t=1}^{m}(Y_{t+h} - Y_{t+h}^{f})^{2}} \tag{3-24}$$

$$MAPE = \frac{1}{m}\sum_{t=1}^{m}|Y_{t+h}^{f}/Y_{t+h} - 1| \tag{3-25}$$

其中，m 是预测样本的个数，Y_{t+h} 表示已实现波动或连续波动的真实值，Y_{t+h}^{f} 表示这两种波动率的预测值。

为了和后文的时变系数模型预测能力做比较，针对常系数模型的预测也同时给出一步预测和多步预测的结果，其中多步预测的步长大多选为 5 和 22，滚动次数分别选为 30、60 和 90。

3.4.4　MCS 检验

Hansen 等（2011）提出的模型置信集检验（MCS）来评估不同模型的预测能力，已被广泛用于评估不同模型的预测能力（Gong 和 Lin，2018；Ma 等，2019；Tian 等，2017；Wang 等，2016；Zhang 等，2019；Qiao 等，2019）。

该程序包括一系列测试构建一组最优模型。根据 Hansen 等（2011），检验统计量记为

$$T_{\max,M} = \max_{i \in M}|\bar{d}_{i\cdot}|/\sqrt{\widehat{Var}(\bar{d}_{i\cdot})}, \quad T_{R,M} = \max_{i,j \in M}|\bar{d}_{ij}|/V\sqrt{\widehat{Var}(\bar{d}_{ij})} \tag{3-26}$$

式中：d_{ij} 表示模型 i 和 j 之间的损失误差；$\bar{d}_{ij} = m^{-1}\sum_{t=1}^{m}d_{ij,t}$ 度量了模型 i 和 j 之间的平均损失；$\bar{d}_{i\cdot} = (m-1)^{-1}\sum_{j \in M}\bar{d}_{ij}$ 是第 i 个模型相对于集合 M 中各模型平均损失的简单损失；$\widehat{Var}(\bar{d}_{ij})$ 和 $\widehat{Var}(\bar{d}_{i\cdot})$ 分别是 $Var(\bar{d}_{ij})$ 和 $Var(\bar{d}_{i\cdot})$ 的自举估计。

对于给定的模型 $i \in M$，MCS 的 p 值 $\hat{p}_{i}^{*}$ 是确定模型是否属于 MCS 的阈

值置信水平，当且仅当 $\hat{p}_i^* \geq \alpha$ 时，$i \in M_{1-\alpha}^*$，其中 α 为显著性水平，即只有 p 值大于给定的显著性水平 α 时，才将相关模型选入最优集。一般情况下，$\hat{p}_i^*$ 越大的模型预测能力越强。有关 MCS 检验的更多细节可参阅 Hansen 等（2011）。

3.5 实证分析

3.5.1 数据及描述统计

本章选取的高频数据为沪深 300 指数和沪深 300 股指期货日内 5 分钟交易数据[①]，以及对应日期的波动率指数 iVX，数据来源于 Wind 数据库，样本期为 2015 年 2 月 9 日到 2017 年 3 月 29 日。我国股票市场的交易时段为 9:30—11:30、13:00—15:00。2016 年之前，沪深 300 股指期货的交易时段为 9:15—11:30、13:00—15:15，2016 年之后股指期货交易时间段与股票市场同步。在每个交易日的任何时候，都有 4 个沪深 300 指数期货合约在交易，合约在交割月的第三个周五结束，选取的期货数据由成交量最大的合约价格构成。将两组交易数据统一到同一时段，最后得到 515 个交易日，共计 24 720 个收益率信息。

根据 3.2 节介绍的已实现波动的计算及其分解，本章首先计算已实现波动、连续波动和跳跃波动，分别选取显著性水平 1% 和 5% 来检验跳跃（其中，α 分别对应 99% 和 95%）。由于波动率指数 iVX 是年化的波动率，而已实现方差或其分解是每天的，为了使模型的解释变量便于解释，将模型中所有解释变量和被解释变量进行年化，即通过将各个变量乘以 252 并将其平方转换为与隐含波动率指数相同的数量级 $RV_t = \sqrt{RV_t \times 252}$，$C_t = \sqrt{C_t \times 252}$，$J_t = \sqrt{J_t \times 252}$，仍然用 RV_t, C_t, J_t 表示经过年化后的已实现波动率、连续波动率和跳跃波动率。

图 3-1 显示了沪深 300 指数和股指期货的已实现波动、连续波动和跳跃

[①] 本书所使用的高频数据均像大多数研究一样选择 5 分钟频率来避免噪声的影响（Andersen 等，2011；Seo 和 Kim，2015；Qiao 等，2019）。

波动的演变。可以观察到已实现波动 RV 与波动率指数 iVX 具有相同的变化趋势，在 2015 年左右我国股市崩盘时期均具有较高的波动率。

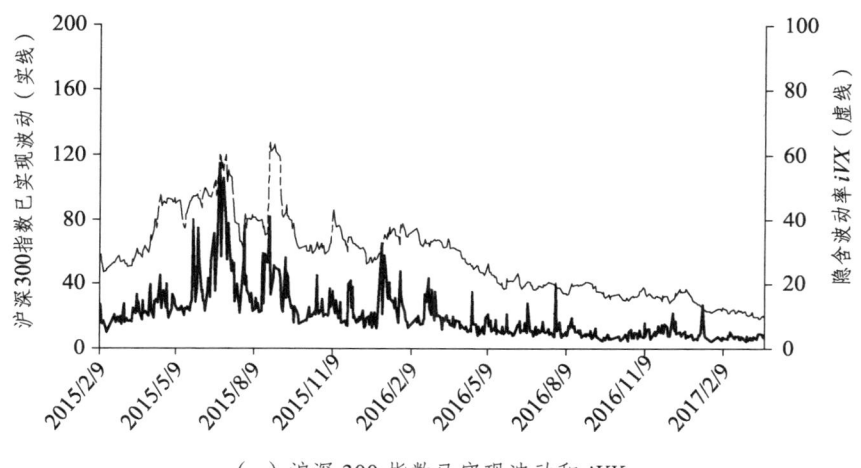

（a）沪深 300 指数已实现波动和 iVX

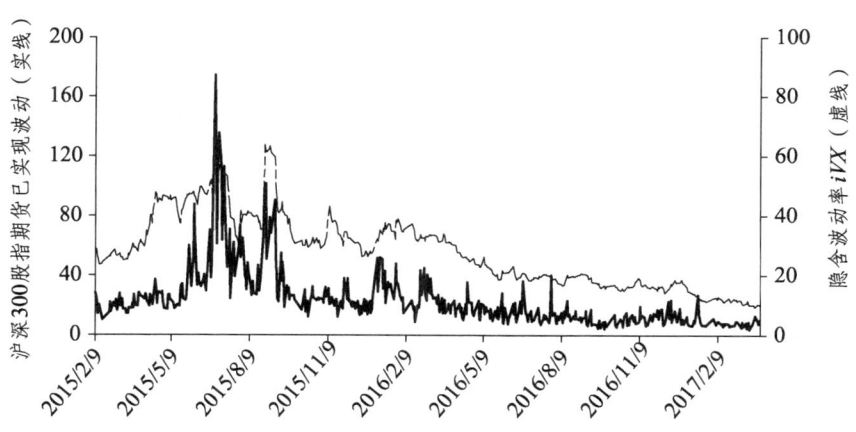

（b）沪深 300 股指期货已实现波动和 iVX

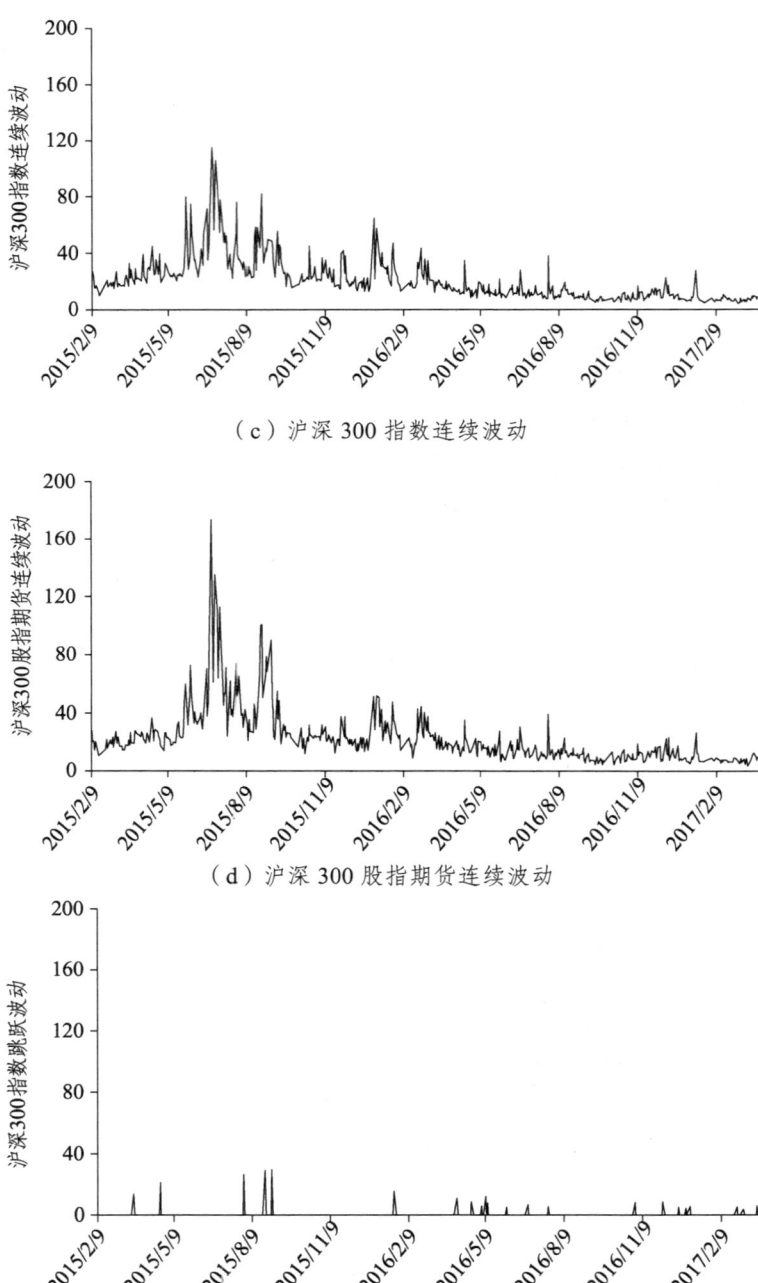

（c）沪深 300 指数连续波动

（d）沪深 300 股指期货连续波动

（e）沪深 300 指数跳跃波动

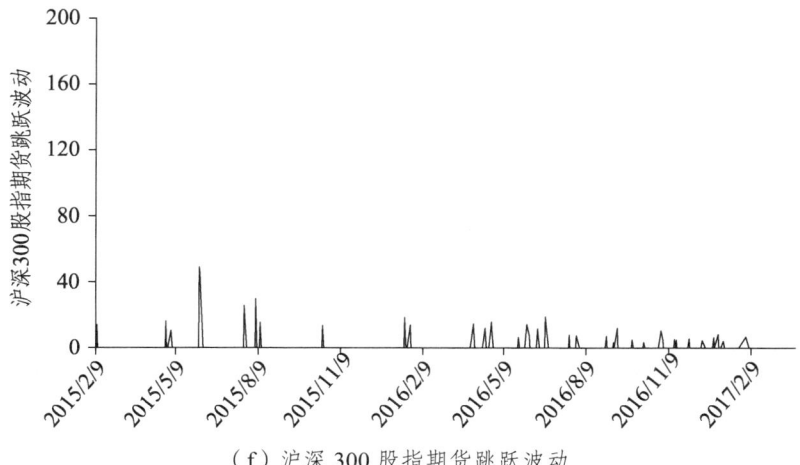

（f）沪深 300 股指期货跳跃波动

图 3-1　沪深 300 指数和股指期货波动率，iVX

表 3-1 给出了年化后各变量的描述性统计分析结果。沪深 300 指数已实现波动和连续波动的平均值分别为 20.88%、20.51%（α=0.95），或 20.72%（α=0.99），沪深 300 股指期货已实现波动和连续波动的平均值分别为 23.35%、22.77%（α=0.95），或 23.03%（α=0.99）。这表明无论对于股票指数还是股指期货，连续波动可以解释已实现波动的大部分变化特征。与沪深 300 指数的波动相比，股指期货市场具有更高的波动性、更高的偏度和峰度。与连续波动相比，平均跳跃波幅较小，如 α=0.99 时沪深 300 指数和股指期货的跳跃波动平均值分别为 0.48 和 0.95。沪深 300 指数的跳跃天数比例分别为 15%（α=0.95）、5%（α=0.99），股指期货的跳跃天数比例分别为 18%（α=0.95）、8%（α=0.99）。iVX 的均值为 28.19%，高于沪深 300 指数和股指期货的已实现波动平均，iVX 的标准差为 12.08，低于沪深 300 指数和股指期货的标准差。此外，已实现波动和 iVX 的时间序列表现出高度的自相关性与相关性。沪深 300 指数和股指期货的对数已实现波动 RV 与对数 iVX 的相关性分别为 0.87、0.84，高于未取对数的相关性（分别为 0.80、0.76）。

表 3-1 描述性统计

	RV	$\alpha=0.95$				$\alpha=0.99$				iVX
		C	J	I	S	C	J	I	S	
沪深 300 指数										
N	515	515	515	515	75	515	515	515	23	515
Min	4.56	4.02	0.00	0.00	2.39	4.02	0.00	0.00	2.95	9.43
Max	114.72	114.72	38.10	1.00	38.10	114.72	29.29	1.00	29.29	63.79
Mean	20.88	20.51	1.31	0.15	8.96	20.72	0.48	0.05	10.71	28.19
Std	15.94	15.79	4.31	0.35	7.72	15.90	2.78	0.21	8.15	12.08
Skew	2.17	2.20	4.70	2.00	1.75	2.19	7.66	4.40	1.25	0.57
Kurt	6.46	6.79	25.78	2.02	2.52	6.60	65.93	17.36	0.18	-0.32
沪深 300 股指期货										
N	515	515	515	515	90	515	515	515	40	
Min	3.78	3.78	0.00	0.00	2.79	3.775	0.00	0.00	3.29	
Max	174.08	174.08	49.07	1.00	49.07	174.08	49.07	1.00	49.07	
Mean	23.35	22.77	1.95	0.18	11.17	23.03	0.95	0.08	12.21	
Std	19.48	19.27	5.56	0.38	8.64	19.36	4.29	0.27	10.08	
Skew	2.96	3.02	4.41	1.71	2.41	2.99	6.90	3.15	2.19	
Kurt	12.69	13.35	25.50	0.92	6.70	13.06	59.85	7.92	4.90	

注：RV 表示已实现波动率，C 表示已实现波动率的连续部分，J 表示已实现波动率的跳跃部分，I 表示是否发生跳跃的序列，S 表示发生跳跃时跳跃幅度序列。

3.5.2 估计结果分析

模型拟合好坏一定程度上可以反映出模型是否具有良好的预测能力，因此在预测分析之前，首先进行模型拟合分析。本节主要从系数显著性、拟合优度等方面分析模型拟合好坏。由于时变系数模型的系数随着驱动因子的变化而变化，这里只对常系数模型进行拟合分析。另外，在做回归分析时，本章对于跳跃波动率的计算均在 $\alpha=0.99$ 条件下进行。所有的常系数模型都采用最小二乘法估计系数，选取 Newey-West 标准误差计算 t 统计量，同时列出每一个模型的拟合优度 R^2，结果如表 3-2 和表 3-3 所示（$\alpha=0.99$）。

表 3-2 常系数模型下沪深 300 指数和股指期货已实现波动对数回归

	沪深 300 指数					股指期货				
	M0	HAR-C	HAR-C-iVX	HAR-CJ	HAR-CJ-iVX	M0	HAR-C	HAR-C-iVX	HAR-CJ	HAR-CJ-iVX
α_{C_d}		0.40*** (6.03)	0.37*** (6.18)	0.40*** (6.05)	0.38*** (6.17)		0.33*** (5.80)	0.29*** (5.52)	0.31*** (5.76)	0.28*** (5.49)
α_{C_w}		0.27*** (2.67)	0.21** (2.11)	0.26** (2.54)	0.20** (1.99)		0.43*** (4.44)	0.34*** (3.61)	0.40*** (4.15)	0.32*** (3.40)
α_{C_m}		0.29*** (4.04)	0.16* (1.93)	0.31*** (4.08)	0.17** (2.07)		0.20*** (2.97)	0.11* (1.65)	0.22*** (3.23)	0.13* (1.84)
α_{J_d}				0.30* (1.70)	0.33** (2.02)				0.06 (0.59)	0.07 (0.67)
α_{J_w}				−0.04 (−0.12)	−0.14 (−0.43)				−0.34** (−2.25)	−0.35** (−2.12)
α_{J_m}				−0.51 (−0.87)	−0.54 (−0.94)				0.85** (2.47)	0.81** (2.26)
α_{iVX}	1.27*** (18.38)		0.31*** (2.98)		0.32*** (3.08)	1.23*** (15.87)		0.28*** (3.63)		0.29*** (3.51)
R^2	0.73	0.80	0.81	0.80	0.81	0.69	0.77	0.78	0.78	0.79

注：常系数模型下对数已实现波动的回归结果，得到自相关一致性结果，t 统计量在估计系数下面的括号中给出，调整后的回归 R^2 在每个表的最后一行报告。***，**和*分别代表 1%，5%和 10%显著性水平。所有回归系数均采用普通最小二乘回归估计，并采用 Newey-West 标准误差，得到自相关一致性结果（$\alpha = 0.99$）。

表 3-3 常系数模型下沪深 300 指数和股指期货连续波动对数回归

	沪深 300 指数					股指期货				
	M0	HAR-C	HAR-C-iVX	HAR-CJ	HAR-CJ-iVX	M0	HAR-C	HAR-C-iVX	HAR-CJ	HAR-CJ-iVX
α_{C_d}		0.39*** (5.84)	0.36*** (5.94)	0.39*** (5.88)	0.36*** (5.96)		0.35*** (6.16)	0.32*** (5.82)	0.33*** (6.16)	0.30*** (5.83)
α_{C_w}		0.27*** (2.69)	0.21** (2.12)	0.26** (2.54)	0.19** (1.98)		0.39*** (4.14)	0.31*** (3.30)	0.37*** (3.88)	0.29*** (3.11)
α_{C_m}		0.31*** (4.35)	0.18** (2.12)	0.33*** (4.38)	0.19** (2.26)		0.22*** (3.33)	0.13** (2.01)	0.24*** (3.60)	0.15** (2.18)
α_{J_d}				0.31* (1.72)	0.34** (2.07)				-0.04 (-0.33)	-0.03 (-0.23)
α_{J_w}				0.01 (0.03)	-0.08 (-0.27)				-0.34** (-2.22)	-0.35** (-2.11)
α_{J_m}				-0.59 (-0.98)	-0.60 (-1.07)				0.89*** (2.64)	0.86** (2.42)
α_{iVX}	1.28*** (18.56)		0.32*** (3.07)		0.32*** (3.13)	1.24*** (15.62)		0.30*** (3.67)		0.29*** (3.54)
R^2	0.73	0.80	0.81	0.80	0.81	0.68	0.77	0.78	0.78	0.79

注：常系数模型下对数连续波动的回归结果（$\alpha=0.99$）。所有回归系数均采用普通最小二乘回归估计，并采用 Newey-West 标准误差，得到自相关一致性结果，t 统计量在估计系数下面的括号中给出，调整后的回归 R^2 在每个表的最后一行报告。
***、**和*分别代表 1%、5%和10%显著性水平。

从表 3-2 和表 3-3 可以看出，股指期货和指数对数波动率回归的 R^2 都很高，这表明对数回归可以很好地拟合数据。例如，指数波动率回归的调整后 R^2 为 80%~81%。已实现波动的连续部分包含关于已实现波动预测的大部分信息。已实现波动的日、周和月效应影响均为正值且显著，其中指数的日效应最强，期货的周效应最强。

采用 iVX 作为唯一的解释变量的模型 M0，已实现波动调整后的回归 R^2 为 73%和 69%，这表明隐含波动率指数对已实现波动也具有较强的预测能力。对于已实现波动和连续波动的预测，iVX 的系数通常为正且具有统计显著性。由于已实现波动已经调整为与 iVX 相同的数量级，对于模型 M0 中的估计系数 1.27 和 1.23 而言略微过拟合。通过比较加入 iVX 与未加入 iVX 的模型，发现历史波动率的预测能力受到 iVX 的影响，加入 iVX 后连续波动的日、周和月效应都变弱。换句话说，当历史波动率包含在回归模型中时，解释力从 iVX 转向历史波动率，这与 Chernov（2007）的论断一致；当将 iVX 添加到回归模型中时，回归 R^2 略微改变，从 HAR-C 到 HAR-C-iVX 或从 HAR-CJ 到 HAR-CJ-iVX，仅增加 1%，iVX 的系数和 t 统计量远低于 M0 模型中对应的系数和 t 统计量值。例如，在 HAR-C-iVX 模型下，iVX 的系数下降至 0.31 和 0.28。这些结果进一步证实，波动率指数确实包含有关未来波动率预测的增量信息，连续波动也包含与 iVX 中包含信息重合的大部分预测信息。

此外，与连续波动和 iVX 相比，跳跃波动的预测能力要低得多。在指数波动率回归中，跳跃波动的日影响是正值，而周影响是负的。对于连续波动的预测结果一致，并在将 iVX 添加到回归中后结果与对 RV 的预测一致。

综上所述，作为市场情绪的代理指标，iVX 对已实现波动的准确预测起着重要作用。股指期货已实现波动预测与指数已实现波动预测的表现相似。此外，通过对未取对数的已实现波动或连续波动的回归，也可以证实 iVX 信息的重要性，模型和结果见本章附录 A。

3.5.3 样本外预测

作为一种形式更加灵活的模型，从理论上讲，时变系数模型应该比常数系数模型能更好地进行波动率预测。本节进一步评估各个回归模型对于沪深 300 指数和股指期货已实现波动的样本外预测效果。

局部多项式回归方法在非参数回归中得到了广泛的应用（Fan，1992；Fan，1993；Fan 和 Gijbels，1996）。本章使用这种方法来估计 TVC-HAR 模型，其中选择二阶高斯核作为核函数，最佳带宽由交叉验证方法确定。根据 Li 和 Racine（2007），通过考虑训练数据和预测点中的所有信息，实现了一步样本外预测，这是一种非参数加权平均预测方法。对于多步预测，传统方法使用训练集直接预测，而忽略预测值中包含的信息。Chen 等（2004）通过考虑预测值信息引入平滑多步非参数预测方法，并表明它提高了向前多步的预测能力。Chen 等（2018）进一步采用该方法在 TVC-HAR 建模框架下进行波动率预测。本章使用平滑的非参数多步预测方法来计算预测误差。该方法的主要思想是通过充分考虑预测信息逐步更新训练集。首先使用上述方法计算向前一步预测值，然后使用更新的训练集来获得向前两步预测值，假设最佳带宽和核函数不变。此过程重复 h 次可以获得 h 步预测值。

本章对常系数模型、时变系数模型分别进行分析，并比较两类模型的预测能力。采用滚动预测的方法进行模型预测能力估计，使用滚动窗口 m 从 5 到 200 计算平均预测误差。由图 3-2 可以看出，当 m 足够大时，MAPE 对于指数波动率预测稳定在 20% 左右，对于期货波动率预测则为 20% ~ 25%。

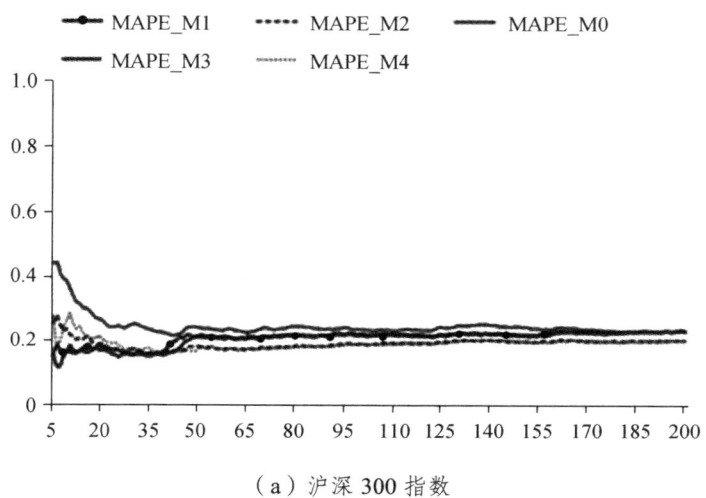

(a) 沪深 300 指数

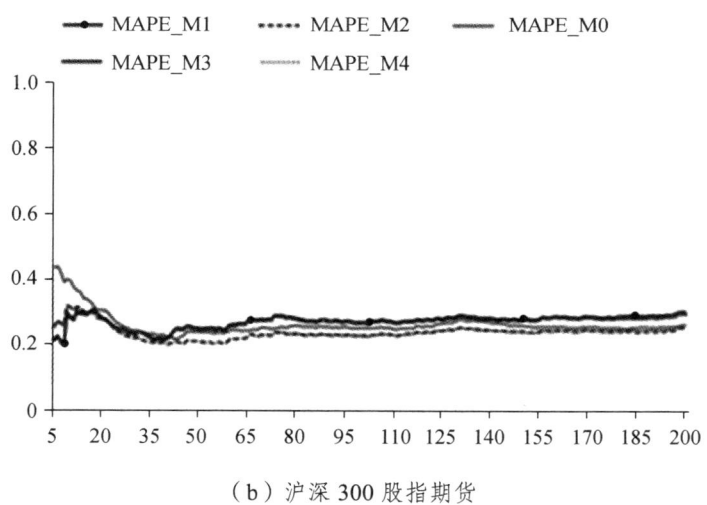

(b) 沪深 300 股指期货

图 3-2　沪深 300 指数和股指期货对数已实现波动回归误差（MAPE）

1)常系数模型预测误差

表 3-4 给出了向前一步样本外预测误差,滚动窗口分别取为 30、60 和 90。可以观察到,当 m 等于 60 或 90 时,HAR-C 和 HAR-CJ 模型的 MAPE 取值约 21%~22%,而加入 iVX 作为回归变量的 HAR-C-iVX 和 HAR-CJ-iVX 模型的 MAPE 取值为 18%~19%,低于 HAR-C 和 HAR-CJ 模型的预测误差。这意味着 iVX 在波动率预测中发挥至关重要的作用。然而,模型 M0 的 MAPE 取值约为 24%,误差高于其他模型,这表明只有 iVX 不足以准确预测波动率,波动率指数不是已实现波动的无偏预测。HAR-C-iVX 和 HAR-CJ-iVX 模型中相对较低的预测误差意味着将连续波动和 iVX 结合起来可以获得最佳性能。另外,较长的滚动窗口伴随着较大的预测误差。从 MSE 和 RMSE 以及连续波动预测可以得出类似的结果。对于股指期货已实现波动预测误差,上述结果更为明显,HAR-C-iVX HAR-CJ-iVX 模型再次获得最低误差,略高于指数波动率。

表 3-5 和表 3-6 给出了已实现波动向前 5 步和向前 22 步的预测误差。当 m 足够大时,加入 iVX 作为回归变量会降低波动率预测误差。例如,当 m 等于 90 时,指数波动率预测误差 MAPE 从 24.9%(HAR-C)降到 23.4%(HAR-C-iVX),从 24.8%(HAR-CJ)降到 23.2%(HAR-CJ-iVX),期货波动率预测误差 MAPE 从 28.8%(HAR-C)降至 26.4%(HAR-C-iVX),从 28.5%(HAR-CJ)降至 26.4%(HAR-CJ-iVX)。此外,还可以观察到向前多步预测误差高于向前一步预测误差。以指数波动率预测为例,当 m 等于 90 时,在 HAR-C-iVX 和 HAR-CJ-iVX 模型下,向前 5 步误差 MAPE 分别为 0.238 和 0.232,而向前 1 步误差 MAPE 均为 0.19。期货波动率预测误差略高于指数波动率,这可能是由于指数已实现波动的持续性相对较强,以及 iVX 与期货波动率之间的相关性较低造成的。此外,本章附录的图 A-1、表 A-1、表 A-2 以及表 A-3 未取对数的回归结果表明对数波动率回归结果更准确。

表 3-4 常系数模型下沪深 300 指数和股指期货已实现波动样本外预测误差（$h=1$）

		M0	HAR-C	m=30 HAR-C-iVX	HAR-CJ	HAR-CJ-iVX	M0	HAR-C	m=60 HAR-C-iVX	HAR-CJ	HAR-CJ-iVX	M0	HAR-C	m=90 HAR-C-iVX	HAR-CJ	HAR-CJ-iVX
沪深 300 指数																
RV	MAE	2.00	1.15	1.27	1.15	1.29	2.13	1.68	**1.57**	1.68	**1.57**	2.53	2.03	**1.93**	2.02	**1.92**
	RMSE	2.48	1.39	1.62	1.40	1.64	3.55	2.91	2.91	**2.91**	2.91	3.99	3.13	3.20	3.12	3.21
	MAPE	0.25	0.16	0.16	0.16	0.17	0.24	0.21	**0.18**	0.21	**0.18**	0.24	0.22	**0.19**	0.22	**0.19**
C	MAE	1.99	1.21	1.33	1.21	1.35	2.18	1.73	**1.62**	1.72	**1.62**	2.56	2.04	**1.95**	2.03	**1.95**
	RMSE	2.43	1.47	1.66	1.47	1.68	3.57	2.94	2.94	**2.94**	2.95	3.99	3.14	3.22	**3.13**	3.23
	MAPE	0.27	0.18	0.18	0.18	0.19	0.25	0.22	**0.20**	0.22	**0.20**	0.25	0.23	**0.20**	0.23	**0.20**
股指期货																
RV	MAE	2.07	1.65	1.67	1.65	1.66	2.44	2.27	**2.09**	2.26	**2.08**	2.93	2.68	**2.52**	2.67	**2.52**
	RMSE	2.72	1.93	2.04	1.94	2.04	3.74	3.83	3.32	3.36	**3.30**	4.30	3.85	3.82	3.81	**3.79**
	MAPE	0.24	0.23	0.22	0.23	0.22	0.25	0.26	**0.23**	0.26	**0.23**	0.26	0.28	**0.24**	0.28	**0.25**
C	MAE	2.19	1.66	1.73	1.65	1.71	2.53	2.17	**2.05**	2.16	**2.02**	3.06	2.67	**2.57**	2.65	**2.55**
	RMSE	2.83	1.96	2.12	1.95	2.10	3.81	3.32	3.30	3.30	**3.27**	4.43	3.89	3.89	**3.85**	3.87
	MAPE	0.26	0.23	0.22	0.23	0.22	0.26	0.25	**0.23**	0.25	**0.22**	0.28	0.28	**0.25**	0.28	**0.25**

注：常系数模型下对数已实现波动回归的样本外预测误差（向前 1 步）。所有误差均基于滚动窗口方式计算，其中 m 表示滚动窗口的长度，分别取为 30，60 和 90。

表 3-5 常系数模型下沪深 300 指数已实现波动向前多步样本外预测误差

			HAR-C		HAR-CJ		HAR-C-iVX		HAR-CJ-iVX	
			$h=5$	$h=22$	$h=5$	$h=22$	$h=5$	$h=22$	$h=5$	$h=22$
$m=30$	RV	MAE	1.119	1.975	1.123	1.970	1.214	1.937	1.232	1.938
		RMSE	1.392	3.454	1.340	3.446	1.543	3.403	1.562	3.402
		MAPE	0.155	0.251	0.156	0.249	0.161	0.224	0.163	0.223
	C	MAE	1.197	2.014	1.201	2.009	1.288	1.976	1.305	1.975
		RMSE	1.466	3.463	1.470	3.454	1.585	3.416	1.600	3.414
		MAPE	0.181	0.255	0.181	0.255	0.184	0.238	0.186	0.236
$m=60$	RV	MAE	1.979	2.328	1.972	2.329	1.894	2.286	1.885	2.286
		RMSE	3.254	3.537	3.244	3.537	3.165	3.556	3.158	3.568
		MAPE	0.244	0.253	0.243	**0.252**	0.224	0.235	**0.222**	**0.234**
	C	MAE	2.056	2.361	2.049	2.362	1.965	2.315	1.956	2.315
		RMSE	3.286	3.553	3.275	3.553	3.195	3.570	3.187	3.581
		MAPE	0.263	0.266	0.262	0.265	0.242	0.247	0.240	0.246
$m=90$	RV	MAE	2.325	2.288	2.324	2.286	2.273	2.234	2.271	2.230
		RMSE	3.499	3.873	3.500	3.374	3.504	3.374	3.513	3.382
		MAPE	0.251	**0.249**	0.250	**0.248**	0.238	**0.234**	**0.232**	**0.232**
	C	MAE	2.349	2.305	2.349	2.303	2.296	2.250	2.293	2.245
		RMSE	3.514	3.885	3.513	3.385	3.517	3.384	3.526	3.392
		MAPE	0.261	0.259	0.261	0.258	0.242	0.242	0.242	0.241

注：常系数模型下沪深 300 指数对数已实现波动回归的样本外预测误差（向前 5 步和向前 22 步）。所有误差均基于滚动窗口方式计算，其中 m 表示滚动窗口的长度，分别取为 30，60 和 90。

表 3-6 常系数模型下沪深 300 股指期货已实现波动向前多步样本外预测误差

			HAR-C		HAR-CJ		HAR-C-iVX		HAR-CJ-iVX	
			$h=5$	$h=22$	$h=5$	$h=22$	$h=5$	$h=22$	$h=5$	$h=22$
$m=30$	RV	MAE	1.637	0.292	1.653	2.292	1.599	2.148	1.593	2.133
		RMSE	2.053	3.561	2.052	3.529	2.074	3.476	2.060	3.444
		MAPE	0.229	0.269	0.233	0.271	0.212	0.239	0.212	0.239
	C	MAE	1.600	2.226	1.614	2.218	1.623	2.128	1.609	2.104
		RMSE	2.046	3.526	2.041	3.494	2.121	3.476	2.098	3.441
		MAPE	0.219	0.260	0.222	0.261	0.209	0.236	0.209	0.235
$m=60$	RV	MAE	2.439	2.839	2.421	2.808	2.270	2.727	2.253	2.700
		RMSE	3.560	4.058	3.521	4.010	3.455	4.024	3.420	3.982
		MAPE	0.280	0.292	0.280	0.291	0.248	0.265	0.249	0.265
	C	MAE	2.327	2.810	2.312	2.781	2.206	2.737	2.189	2.710
		RMSE	3.496	4.074	3.460	4.030	3.424	4.072	3.387	4.029
		MAPE	0.270	0.288	0.267	0.287	0.242	0.266	0.242	0.265
$m=90$	RV	MAE	2.864	2.821	2.834	2.781	2.734	2.712	2.724	2.696
		RMSE	4.061	3.935	4.014	3.882	4.005	3.896	3.976	3.859
		MAPE	0.293	**0.288**	0.291	**0.285**	0.266	**0.264**	0.266	**0.264**
	C	MAE	2.875	2.801	2.846	2.763	2.775	2.711	2.765	2.695
		RMSE	4.107	3.961	4.065	3.912	4.076	3.940	4.047	3.904
		MAPE	0.295	0.288	0.293	0.284	0.270	0.265	0.270	0.265

注：常系数模型下沪深 300 股指期货对数已实现波动回归的样本外预测误差（向前 5 步和向前 22 步）。所有误差均基于滚动窗口方式计算，其中 m 表示滚动窗口的长度，分别取为 30，60 和 90。

2）时变系数模型预测误差

本章的研究目的之一是比较 TVC-HAR 模型对一步和多步预测的预测能力，并比较 TVC-HAR 模型和 HAR 模型，以及具有不同驱动因子的 TVC-HAR 模型之间的误差。表 3-7 和表 3-8 给出了 TVC-HAR 模型对沪深 300 指数和股指期货已实现波动的预测误差。与常系数模型的预测类似，时变系数模型的多步预测步长分别选取 5 天和 22 天，滚动次数分别选取 30 次、60 次和 90 次。选取同样的预测步长和滚动次数有利于模型预测比较。

首先，将表 3-7 中 TVC-HAR 模型的预测能力与没有 iVX 的 HAR 模型进行比较。对于向前一步预测误差，当 m 等于 60 或 90 时，HAR-CJ 模型的 MAPE 取值为 21%~22%，而 TVC-HAR-C-iVX 的 MAPE 取值为 21.8%~21.9%，TVC-HAR-CJ-iVX 模型为 22.1%~22.2%。这意味着 TVC-HAR 模型并没有优于 HAR 模型的预测效果。然而，随着预测步长 h 和滚动窗口 m 的增加，TVC-HAR 模型逐渐优于 HAR 模型。当 m 等于 60 和 90 时，HAR-CJ 模型的向前 22 步预测误差 MAPE 分别为 25.2%和 24.8%，TVC-HAR-C-iVX 模型的向前 22 步预测误差 MAPE 分别为 24.7%和 22.7%，TVC-HAR-CJ-iVX 模型的向前 22 步预测误差 MAPE 分别为 24.8%和 22.4%。这表明 TVC-HAR 模型在多步预测中优于 HAR-CJ 模型。同时，随着预测步长 h 和滚动窗口 m 的增加，以时间为驱动因子的 TVC-HAR 模型也逐渐表现得更好，不再详细分析。

其次，将表 3-7 中 TVC-HAR 模型的预测能力与 iVX 作为回归变量的 HAR 模型进行比较。HAR-CJ-iVX 模型的性能优于 TVC-HAR 模型，或至少具有与 TVC-HAR 模型相同的预测能力，可用于向前一步预测。然而，随着预测步长的增加，TVC-HAR 模型逐渐优于 HAR-C-iVX 模型和 HAR-CJ-iVX 模型。以已实现波动预测误差为例，当 m 等于 90 时，HAR-CJ-iVX 模型的 1 步、5 步和 22 步预测误差 MAPE 分别为 19%、23.2%和 23.2%；相比之下，TVC-HAR-C-iVX 模型的 1 步、5 步和 22 步预测误差 MAPE 为 21.9%、23.6%到 22.7%；

当 m 等于 90 时，HAR-CJ-iVX 模型的预测误差从 22.2%（1 步）、23.8%（5 步）到 22.4%（22 步）变化。

最后，本章比较了 TVC-HAR 模型在不同驱动因子下的预测能力。当 m 取 90 时，TVC-HAR-C-iVX 模型和 TVC-HAR-C-t 模型的指数波动率的 22 步误差分别为 22.7%、22.5%，而 TVC-HAR-CJ-iVX 模型和 TVC-HAR-CJ-t 模型的 22 步误差分别为 22.4%、36.2%。这意味着与以时间为驱动因子的 TVC-HAR-CJ 模型相比，具有 iVX 作为驱动因子的 TVC-HAR-CJ 模型显示出更好的预测能力。

表 3-8 列出了沪深 300 股指期货已实现波动预测误差。可以看出，与指数波动率预测相似，对于向前一步预测，HAR 模型下的误差较低，而随着预测步长 h 和滚动窗口 m 的增加，TVC-HAR 模型逐渐获得较低的误差。具体地，TVC-HAR-C-iVX 模型的预测能力类似于 TVC-HAR-C-t 模型的预测能力。例如，当 m 取 90 且 h 为 22 时，TVC-HAR-CJ-iVX 模型和 TVC-HAR-CJ-t 模型的 MAPE 分别为 25.8%、25.7%，表明以时间为驱动因子的 TVC-HAR 模型更适用于期货波动率预测。这种现象的产生可能是由于中国期权与股票市场之间的相关性高于期权和期货市场之间的相关性。

表 3-9 给出了根据模型预测能力进行的排序结果，进一步确认了 iVX 能为波动率预测提供增量信息，这与 Wang 等（2017）用于研究 S&P 500 指数波动率预测结果一致。常系数 HAR-CJ-iVX 模型对于向前一步预测表现最佳，而当预测步长和滚动窗口足够大时，TVC-HAR 模型的表现逐渐优于 HAR 模型，表明时变系数模型更适合于多步预测。两者区别在于以 iVX 为驱动因素的 TVC-HAR 模型对沪深 300 指数表现更好，而以时间为驱动因素的 TVC-HAR 模型对指数期货表现略好。上述排序适用于沪深 300 指数和股指期货已实现波动、连续波动的预测。

表 3-7 时变系数模型下沪深 300 指数已实现波动向前多步样本外预测误差

			TVC-HAR-C-iVX			TVC-HAR-CJ-iVX			TVC-HAR-C-t			TVC-HAR-CJ-t		
			$h=1$	$h=5$	$h=22$	$h=1$	$h=5$	$h=22$	$h=1$	$h=5$	$h=22$	$h=1$	$h=5$	$h=22$
$m=30$	RV	MAE	1.241	1.217	1.949	1.228	1.183	1.926	1.216	1.196	1.997	1.272	1.299	2.277
		RMSE	1.478	1.454	3.351	1.451	1.408	3.319	1.424	1.421	3.443	1.558	1.654	3.578
		MAPE	0.172	0.174	0.250	0.170	0.170	0.247	0.171	0.176	0.256	0.173	0.178	0.312
	C	MAE	1.283	1.284	1.967	1.286	1.252	1.950	1.287	1.274	2.026	1.331	1.322	2.265
		RMSE	1.590	1.526	3.367	1.563	1.480	3.339	1.558	1.539	3.490	1.671	1.626	3.637
		MAPE	0.187	0.200	0.262	0.190	0.196	0.261	0.192	0.206	0.270	0.191	0.203	0.320
$m=60$	RV	MAE	1.728	1.968	2.240	1.735	1.972	2.245	1.683	1.994	2.190	1.786	2.538	2.377
		RMSE	2.884	3.109	3.421	2.888	3.108	3.417	2.871	3.195	3.453	2.940	3.590	3.599
		MAPE	**0.218**	**0.258**	**0.247**	**0.221**	**0.260**	**0.248**	0.212	0.259	0.239	0.224	0.351	0.277
	C	MAE	1.779	2.040	2.273	1.806	2.065	2.282	1.745	2.109	2.215	1.840	3.234	2.600
		RMSE	2.932	3.149	3.445	2.935	3.165	3.443	2.930	3.262	3.474	2.995	4.215	3.713
		MAPE	0.230	0.279	0.262	0.237	0.286	0.264	0.224	0.285	0.251	0.236	0.468	0.322
$m=90$	RV	MAE	2.041	2.212	2.265	2.054	2.223	2.224	2.042	2.231	2.264	2.205	3.080	3.001
		RMSE	3.135	3.401	3.503	3.150	3.399	3.443	3.143	3.423	3.518	3.257	4.092	4.026
		MAPE	**0.219**	**0.236**	**0.227**	**0.222**	**0.238**	**0.224**	0.219	0.239	**0.225**	0.241	0.392	**0.362**
	C	MAE	2.068	2.237	2.271	2.095	2.251	2.243	2.064	2.234	2.305	2.267	3.383	3.109
		RMSE	3.163	3.430	3.489	3.180	3.430	3.445	3.175	3.441	3.545	3.283	4.343	4.219
		MAPE	0.228	0.247	0.235	0.234	0.249	0.234	0.227	0.245	0.235	0.255	0.449	0.391

注：时变系数模型下沪深 300 指数对数已实现波动的样本外预测 ($\alpha = 0.99$)。所有误差均基于滚动窗口方式计算，其中 m 表示滚动窗口的长度，分别取为 30, 60 和 90。

表 3-8 时变系数模型下沪深 300 股指期货已实现波动向前多步样本外预测误差

			TVC-HAR-C-iVX			TVC-HAR-CJ-iVX			TVC-HAR-C-t			TVC-HAR-CJ-t		
			$h=1$	$h=5$	$h=22$	$h=1$	$h=5$	$h=22$	$h=1$	$h=5$	$h=22$	$h=1$	$h=5$	$h=22$
$m=30$	RV	MAE	1.802	1.837	2.279	1.825	1.763	2.280	1.782	1.786	2.255	1.739	1.765	2.257
		RMSE	2.267	2.136	3.473	2.206	2.086	3.415	2.121	2.139	3.455	2.055	2.106	3.422
		MAPE	0.239	0.269	0.288	0.251	0.259	0.289	0.252	0.271	0.289	0.244	0.264	0.287
	C	MAE	1.826	1.691	2.270	1.925	2.150	2.188	1.689	1.694	2.138	1.699	1.665	2.135
		RMSE	2.262	2.080	3.549	2.350	2.499	3.375	2.014	2.039	3.389	2.028	2.006	3.348
		MAPE	0.240	0.240	0.285	0.247	0.324	0.277	0.239	0.253	0.274	0.235	0.241	0.268
$m=60$	RV	MAE	2.281	2.444	2.775	2.246	2.482	2.803	2.219	2.433	2.742	2.216	2.484	2.801
		RMSE	3.365	3.409	3.905	3.295	3.439	3.916	3.294	3.409	3.892	3.279	3.446	3.919
		MAPE	0.262	0.298	0.290	0.267	0.305	0.296	0.265	0.299	0.286	0.263	0.308	0.297
	C	MAE	2.279	2.355	2.759	2.276	2.374	2.776	2.091	2.318	2.739	2.076	2.345	2.748
		RMSE	3.446	3.354	3.942	3.380	3.363	3.948	3.243	3.323	4.279	3.225	3.342	3.937
		MAPE	0.259	0.287	0.285	0.262	0.291	0.289	0.251	0.283	0.264	0.247	0.288	0.285
$m=90$	RV	MAE	2.630	2.797	2.835	2.628	2.799	2.742	2.627	2.777	2.874	2.590	2.773	2.753
		RMSE	3.761	3.939	4.067	3.742	3.906	3.917	3.774	3.938	4.098	3.729	3.918	3.945
		MAPE	0.266	0.286	0.258	0.271	0.287	0.258	0.271	0.284	0.260	0.267	0.283	0.257
	C	MAE	2.696	3.017	2.999	2.729	2.944	2.980	2.668	2.818	2.892	2.565	2.789	2.753
		RMSE	3.908	4.193	4.244	3.882	4.104	4.123	3.900	4.022	4.182	3.793	3.976	3.993
		MAPE	0.272	0.317	0.275	0.281	0.302	0.282	0.275	0.284	0.263	0.264	0.281	0.258

注：时变系数模型下沪深 300 股指期货对数已实现波动的样本外预测误差（$\alpha=0.99$）。所有误差均基于滚动窗口方式计算，其中 m 表示滚动窗口的长度，分别取为 30，60 和 90。

表 3-9　模型排序

		沪深 300 指数		股指期货	
		未考虑跳跃	考虑跳跃	未考虑跳跃	考虑跳跃
向前一步预测	1	HAR-C-iVX	HAR-CJ-iVX	HAR-C-iVX	HAR-CJ-iVX
	2	HAR-C	HAR-CJ	HAR-C	HAR-CJ
	3	TVC-HAR-C-iVX	TVC-HAR-CJ-iVX	TVC-HAR-C-t	TVC-HAR-CJ-t
	4	TVC-HAR-C-t	TVC-HAR-CJ-t	TVC-HAR-C-iVX	TVC-HAR-CJ-iVX
		未考虑跳跃	考虑跳跃	未考虑跳跃	考虑跳跃
向前多步预测	1	TVC-HAR-C-iVX	TVC-HAR-CJ-iVX	TVC-HAR-C-t	TVC-HAR-CJ-t
	2	TVC-HAR-C-t	TVC-HAR-CJ-t	TVC-HAR-C-iVX	TVC-HAR-CJ-iVX
	3	HAR-C-iVX	HAR-CJ-iVX	HAR-C-iVX	HAR-CJ-iVX
	4	HAR-C	HAR-CJ	HAR-C	HAR-CJ

3.5.4　MCS 检验结果

本章进一步采用 MCS 方法检验 HAR 模型和 TVC-HAR 模型的样本外预测能力。基于损失函数 MAPE，表 3-10 给出了最优的模型集合以及 20%显著性水平下的对应 p 值。对于向前一步预测，指数波动率预测中的最优模型为 HAR-CJ-iVX 模型，期货波动率预测中的最优模型为 HAR-CJ-iVX 和 HAR-C-iVX 模型。对于向前 22 步预测，指数波动率预测中的最优模型包含 4 个，其中 TVC-HAR-Ct 模型和 TVC-HAR-CJ-iVX 模型在已实现波动中排名前两位，TVC-HAR-CJ-iVX 模型在连续波动预测中排名第一；股指期货波动率预测中有 5 个或 6 个模型被选入最优模型，其中 TVC-HAR-CJ 模型在实现波动率和连续波动方面排名第一。总之，MCS 检验进一步证实了本研究所提出的时变系数模型在波动率预测中的优越性。

表 3-10 MCS 检验结果（样本外预测）

		沪深 300 指数					股指期货			
		Models	$T_{max,M}$	Rank_M	$T_{R,M}$	Rank_R	Models	$T_{max,M}$	Rank_M	$T_{R,M}$	Rank_R
h=1	RV	HAR-CJ-iVX	**1.00**	**1**	**1.00**	**1**	HAR-C-iVX	**1.00**	**1**	**1.00**	**1**
							HAR-CJ-iVX	0.32	2	0.32	2
	C	HAR-CJ-iVX	**1.00**	**1**	**1.00**	**1**	HAR-C-iVX	**0.62**	**2**	**0.62**	**2**
							HAR-CJ-iVX	**1.00**	**1**	**1.00**	**1**
h=22	RV	HAR-CJ-iVX	0.77	4	0.85	3	HAR-C-iVX	0.78	6	0.75	5
		TVC-HAR-C-iVX	1.00	3	0.63	4	HAR-CJ-iVX	0.80	5	0.75	6
		TVC-HAR-CJ-iVX	**1.00**	**2**	**1.00**	**2**	TVC-HAR-C-iVX	**1.00**	**3**	**1.00**	**2**
		TVC-HAR-C-t	**1.00**	**1**	**1.00**	**1**	TVC-HAR-CJ-iVX	**1.00**	**2**	**1.00**	**3**
							TVC-HAR-C-t	**1.00**	**4**	**0.99**	**4**
							TVC-HAR-CJ-t	**1.00**	**1**	**1.00**	**1**
	C	HAR-CJ-iVX	0.83	4	0.91	3	HAR-C-iVX	1.00	4	0.78	3
		TVC-HAR-C-iVX	1.00	2	0.91	4	HAR-CJ-iVX	1.00	3	0.76	4
		TVC-HAR-CJ-iVX	**1.00**	**1**	**1.00**	**1**	TVC-HAR-C-iVX	0.49	5	0.21	5
		TVC-HAR-C-t	1.00	3	0.96	2	TVC-HAR-C-t	**1.00**	**2**	**0.96**	**2**
							TVC-HAR-CJ-t	**1.00**	**1**	**1.00**	**1**

注：基于损失函数 MAPE 的 MCS 检验结果。粗体数字表示在特定标准下，相应模型的损失函数最低。Rank_M 和 Rank_R 分别表示基于 $T_{max,M}$ 和 $T_{R,M}$ 两个统计量的模型排序。

3.6 小　结

已有很多文献研究了波动率指数对波动率的预测能力。然而，很少有工作关注我国金融市场的波动率指数 iVX 对波动率的预测信息。本章研究 iVX 是否可以提高对已实现波动的预测效果。使用沪深 300 指数和股指期货在 2015 年 2 月 9 日至 2017 年 3 月 29 日期间的五分钟日内数据，分别对连续波动和跳跃波动的各变量进行回归。为了考虑时变系数效应，进一步采用时变 HAR 模型来检验 iVX 的信息含量，其中 iVX 和时间分别作为驱动因子被加入模型中。实证结果表明，iVX 确实对已实现波动的预测具有显著的正向影响。

进一步采用向前一步和平滑多步滚动预测方法来评估预测误差。平均样本外预测误差表明，iVX 对波动率预测起着至关重要的作用，将连续波动、跳跃波动率和 iVX 信息结合起来可以获得最佳预测效果。实证结果表明，向前多步预测时 TVC-HAR 模型优于常系数 HAR 模型，而加入 iVX 作为回归变量的常系数模型对于向前一步预测表现最佳。沪深 300 指数和股指期货市场的已实现波动预测取决于不同的驱动因素，以 iVX 为驱动因子的时变系数模型更适于沪深 300 指数，而以时间为驱动因子的时变系数模型对沪深 300 股指期货波动率的预测效果更好。MCS 检验进一步证实了所选模型在波动率预测中的优越性。本章的研究为我国已实现波动预测和波动率指数信息含量的研究提供了实证支持，这对于金融市场风险管理和中国衍生品市场的健康发展具有重要意义。

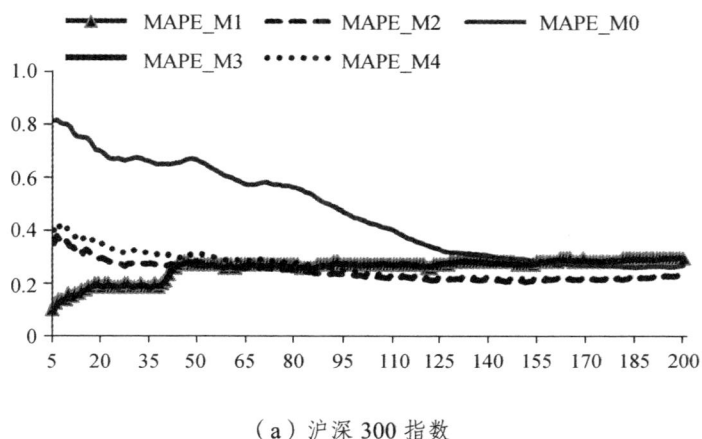

（a）沪深 300 指数

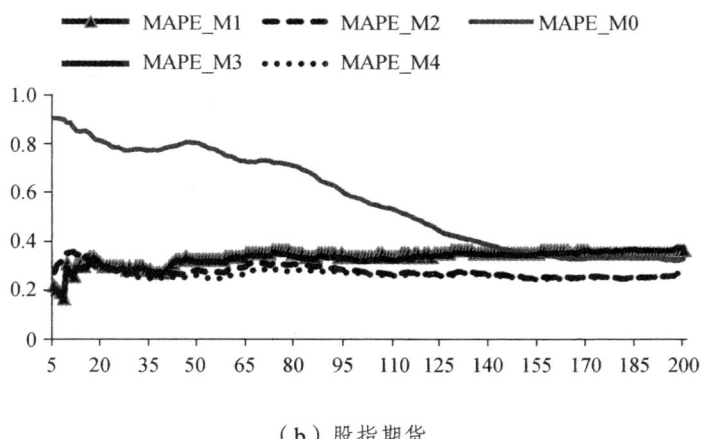

（b）股指期货

图 A-1　沪深 300 指数和股指期货已实现波动回归预测误差（MAPE）

表 A-1 常系数模型下沪深 300 指数和股指期货已实现波动回归

	沪深 300 指数					股指期货				
	M0	HAR-C	HAR-C-iVX	HAR-CJ	HAR-CJ-iVX	M0	HAR-C	HAR-C-iVX	HAR-CJ	HAR-CJ-iVX
α_{C_d}		0.34***	0.33***	0.35***	0.33***		0.40***	0.38***	0.36***	0.35***
		(4.02)	(3.78)	(4.06)	(3.80)		(3.35)	(3.23)	(3.46)	(3.39)
α_{C_w}		0.46***	0.38**	0.45***	0.36**		0.48***	0.42***	0.43***	0.38***
		(3.24)	(2.55)	(3.13)	(2.33)		(3.37)	(2.79)	(3.16)	(2.70)
α_{C_m}		0.12	0.05	0.13	0.06		0.04	0.01	0.08	0.05
		(1.10)	(0.42)	(1.08)	(0.48)		(0.55)	(0.09)	(1.15)	(0.67)
α_{J_d}				0.19*	0.22**				0.09	0.09
				(1.67)	(1.97)				(1.13)	(1.15)
α_{J_w}				-0.15	-0.16				-0.38*	-0.39*
				(-0.72)	(-0.80)				(-1.89)	(-1.87)
α_{J_m}				-0.09	-0.24				0.79*	0.75*
				(-0.32)	(-0.86)				(1.84)	(1.73)
α_{iVX}	1.01***		0.20**		0.23**	1.17***		0.18**		0.16**
	(9.21)		(2.11)		(2.42)	(7.50)		(2.38)		(2.09)
R^2	0.59	0.71	0.71	0.71	0.72	0.53	0.72	0.72	0.73	0.74

注：常系数模型下已实现波动的回归结果（$\alpha=0.99$）。所有回归系数均采用普通最小二乘回归估计，并采用 Newey-West 标准误差，得到自相关一致性结果，t 统计量在估计量系数下面的括号中给出，调整后的回归 R^2 在每个表的最后一行报告。***、**和*分别代表 1%、5%和 10%显著性水平。

表 A-2 常系数模型下沪深 300 指数和股指期货连续波动回归

	沪深 300 指数					股指期货				
	M0	HAR-C	HAR-C-iVX	HAR-CJ	HAR-CJ-iVX	M0	HAR-C	HAR-C-iVX	HAR-CJ	HAR-CJ-iVX
α_{C_d}		0.34***	0.33***	0.35***	0.33***		0.39***	0.37***	0.35***	0.34***
		(4.00)	(3.73)	(4.04)	(3.77)		(3.28)	(3.16)	(3.41)	(3.35)
α_{C_w}		0.45***	0.38**	0.44***	0.35**		0.48***	0.42***	0.43***	0.38***
		(3.15)	(2.47)	(3.02)	(2.23)		(3.32)	(2.75)	(3.11)	(2.67)
α_{C_m}		0.12	0.05	0.13	0.07		0.04	0.01	0.08	0.05
		(1.11)	(0.43)	(1.10)	(0.51)		(0.58)	(0.12)	(1.21)	(0.74)
α_{J_d}				0.20*	0.23**				-0.01	-0.01
				(1.72)	(2.02)				(-0.12)	(-0.07)
α_{J_w}				-0.11	-0.12				-0.38*	-0.39*
				(-0.55)	(-0.63)				(-1.92)	(-1.89)
α_{J_m}				-0.12	-0.27				0.83*	0.78*
				(-0.44)	(-1.02)				(1.95)	(1.83)
α_{iVX}	1.01***		0.20**		0.23**	1.17***		0.18**		0.15**
	(9.05)		(2.10)		(2.45)	(7.43)		(2.41)		(2.08)
R^2	0.58	0.71	0.71	0.71	0.72	0.53	0.72	0.73	0.73	0.74

注：常系数模型下连续波动的回归结果（$\alpha=0.99$）。所有回归系数均采用普通最小二乘回归估计，并采用 Newey-West 标准误差，得到自相关一致性结果，t 统计量在估计系数下面的括号中给出，调整后的回归 R^2 在每个表的最后一行报告。***、**和*分别代表 1%，5%和 10%显著性水平。

表 A-3 常系数模型下沪深 300 指数和股指期货已实现波动向前一步样本外预测误差

			m=30					m=60					m=90			
		M0	HAR-C	HAR-C-iVX	HAR-CJ	HAR-CJ-iVX	M0	HAR-C	HAR-C-iVX	HAR-CJ	HAR-CJ-iVX	M0	HAR-C	HAR-C-iVX	HAR-CJ	HAR-CJ-iVX
沪深300指数																
RV	MAE	4.22	1.24	1.28	1.28	1.40	3.95	1.98	**1.71**	1.98	**1.69**	3.83	2.29	**2.03**	2.26	**1.98**
	RMSE	4.62	1.39	1.64	1.41	1.80	5.13	3.17	**3.04**	3.16	**3.06**	5.15	3.31	**3.23**	3.30	**3.25**
	MAPE	0.56	0.19	0.16	0.19	0.18	0.49	0.26	**0.20**	0.26	**0.19**	0.41	0.27	**0.20**	0.27	**0.20**
C	MAE	4.08	1.34	1.33	1.39	1.48	3.95	2.05	**1.74**	2.06	**1.72**	3.82	2.32	**2.04**	2.29	**1.98**
	RMSE	4.52	1.54	1.69	1.58	1.85	5.11	3.20	**3.06**	3.19	**3.07**	5.12	3.33	**3.24**	3.31	**3.26**
	MAPE	0.55	0.22	0.18	0.22	0.20	0.50	0.28	**0.21**	0.28	**0.20**	0.41	0.28	**0.22**	0.28	**0.21**
股指期货																
RV	MAE	5.18	1.77	1.62	1.94	1.81	5.35	2.66	**2.25**	2.71	**2.40**	5.22	3.08	**2.65**	3.02	**2.73**
	RMSE	5.70	2.24	1.93	2.19	2.24	6.38	3.72	**3.43**	3.74	**3.57**	6.44	4.17	**3.91**	4.07	**3.91**
	MAPE	0.63	0.28	0.22	0.28	0.24	0.60	0.33	**0.25**	0.33	**0.26**	0.51	0.34	**0.27**	0.33	**0.27**
C	MAE	5.44	1.67	1.69	1.90	1.85	5.52	2.51	**2.21**	2.56	**2.32**	5.41	3.01	**2.69**	2.96	**2.76**
	RMSE	5.93	2.10	2.01	2.17	2.34	6.56	3.62	**3.42**	3.67	**3.55**	6.64	4.18	**3.99**	4.09	**3.99**
	MAPE	0.67	0.26	0.23	0.27	0.23	0.63	0.31	**0.25**	0.31	**0.26**	0.54	0.34	**0.28**	0.33	**0.28**

注：常系数模型下沪深 300 指数和股指期货已实现波动回归的样本外预测误差（向前 1 步）。所有误差均基于滚动窗口方式计算，其中 m 表示滚动窗口的长度，分别取为 30、60 和 90。

第 4 章 基于高频数据信息的已实现波动预测扩展研究

4.1 基于流动性跨市场信息的已实现波动预测

本节主要研究流动性对我国股指现货和期货市场已实现波动的跨市场非对称动态效应，以及流动性与跳跃波动的交互效应。在控制了已实现波动的长记忆特性后，指数流动性对期货市场波动率的影响显著为负，并在危机后变得更加强烈。期货市场流动性对股票波动率的正向影响相对较弱，并在危机后变得不显著。本研究揭示了不同于一般信息传递的影响机制，即新信息更迅速地反映在期货价格和波动率中。控制跳跃波动后，跨市场动态效应是时变的。特别指出，指数流动性对两个市场的正向跳跃都有影响，而期货流动性对指数跳跃波动没有影响。

4.1.1 问题引入

流动性在风险度量和资产定价中发挥着重要作用（Amihud，2002；Acharya 和 Pedersen，2005）。关于流动性对波动率的影响，已有文献从不同的角度进行了广泛的研究。期权定价视角下流动性对波动率影响的相关理论最早由 Brunetti 和 Caldarera（2006）提出，然后由 Feng 等（2014，2016）等进行了扩展研究。Christoffersen 等（2019）将流动性视为驱动波动率和跳跃变化的经济因素，发现在解释跳跃时相对于波动率，流动性起主导作用。在流动性对波动率的实证研究中，大多数文献中认为较高的流动性会降低波动率，资产波动率与流动性之间存在负相关关系；然而还有一些文献中认为两者之间存在正相关关系（Stoll，1978；Amihud 和 Mendelson，1980；Copeland 和 Galai，1983；Foster 和 Viswanathan，1990；Li 等，2017）。Amihud（2002）发现，流动性的价格度量指标与波动率具有近似的对数线性关系。Comerton 等（2010）指出，高波动率股票的流动性对较大的做市商库存更为敏感。Haugom 和 Ray（2017）根据原油期货市场的异质交易者的不同，发现流动性与波动率之间的关系呈 U 形或倒 U 形。Zhang 和 Ding（2018）、Zhang 等（2018）论证了流动性风险对各大宗商品期货市场价格冲击具有显著作用。

Xu 等（2019a）指出，流动性对我国股指期货市场波动率存在异质性影响。市场流动性对已实现波动的影响是动态的，在低流动性状态下表现得更强（Xu 等，2019b）。

对于金融市场之间的动态效应，大多数研究主要集中在资产价格或其波动率之间的信息传递，很少有文献关注金融市场之间的流动性溢出效应。例如，Xu 等（2018）发现股票市场在波动性和非流动性方面是相互依赖的，在危机期间，大多数市场对发达的股票市场都表现出波动性和非流动性溢出效应的增加。然而，一个市场流动性对其他市场波动率的跨市场动态效应在实证研究上受到的关注较少。一般来说，如果流动性的系统性冲击在一个市场比在另一个市场反应得更快，那么这个市场的流动性可能会影响另一个市场的波动率，特别是在金融危机期间，流动性可能会下降甚至消失，如果流动性冲击是系统性的，那么这种非流动性就可能会蔓延到其他市场。Chordia 等（2005）发现美国股票市场和债券市场之间不存在一个市场的流动性与另一个市场的波动率之间存在因果关系。Lee 和 Rui（2002）发现，美国的交易量会影响日本和英国的波动率。Zhang 等（2018）研究了新政策是否有助于中国大宗商品期货市场的稳定，发现波动率增加主要是由于市场非流动性水平的增加，并揭示了流动性对期货波动率水平的额外影响。

与此同时，近年来期货交易对标的资产波动率和市场质量影响的研究较多，但尚无定论。他们认为，期货交易的高杠杆率吸引了大量不知情的投资者，导致股市更高的波动率；而其他学者则认为，期货市场通过增加知情投资者和提高现货市场的效率来稳定现货市场（Xie 和 Mo，2014）。在对中国期货市场的研究中，Chen 等（2013）发现中国推出股指期货交易降低了股市波动，而 Xie 和 Mo（2014）指出，没有证据表明推出股指期货交易对现货价格波动率有长期影响。通过检验中国股指期货市场交易限制对现货市场质量的影响，发现这些限制措施对现货市场质量有负面影响（Han 和 Liang，2017）。Liu 和 Zhong（2018）研究了股指期货交易对股价崩盘风险的影响，发现沪深 300 股指期货交易显著降低了股价崩盘风险，揭示了金融衍生品创新对股市稳定的正外部性。Zhang 等（2018）研究了新政策是否有助于稳定中国大宗商品期货市场，并揭示了流动性对期货波动率的额外影响。不同商品期货市场的收益率和波动率的协动性受到流动性风险的影响，流动性可以显著驱动横截面相关动态（Zhang 和 Ding，2018）。Wu 和 Zeng（2019）研究了流动性约束对中国期货市场基差动态变化的影响，发现存在预期效应和流动性效应。然而，关于现货市场流动性对期货市场波动率影响的研究较少，本节从流动性对波动率的跨市场影响的角度对已有文献进行补充。

本节主要研究了流动性对我国股指和期货市场已实现波动的跨市场非对称动态效应。沪深 300 股指期货的推出无疑是我国金融衍生品市场发展的一个重要里程碑。由于沪深 300 股指期货推出时间更早，发展更成熟，本节以此为样本进行实证研究。在广泛应用的已实现波动预测框架下，本节通过对 HAR 模型进行扩展考虑股票市场与股指期货市场之间跨市场流动性效应，以及与跳跃波动交互关系。

本节主要研究了流动性对波动率的跨市场非对称动态效应及流动性与股票和期货市场跳跃波动的交互关系。首先，揭示了不同于一般信息传递的影响机制，即新信息更快速地反映在期货价格和波动率中。在控制了已实现波动的长记忆特征后，指数流动性对期货波动率的影响显著为负，而期货市场流动性对股票市场波动率的正向影响相对较弱。这意味着股票市场的流动性可以稳定期货市场，而期货市场的流动性则在整体上增加了股票市场的波动率。其次，流动性对波动率的动态效应会因市场状态的不同而有所不同。将样本分为危机期间和危机后，发现在危机期间流动性对波动率的影响无论是在量级上还是在显著性上都有所减弱。从股票市场流动性到期货波动率的动态效应在危机后变得更为强烈，而期货流动性对股票市场波动率的影响在危机后变得不显著。再次，这种动态效应是时变的，在进一步控制正、负跳跃后不受影响，说明流动性包含独立于跳跃波动的信息。最后，对已实现波动影响更大的是流动性，而不是跳跃波动。流动性对跳跃波动的影响表现完全不同，股市流动性对两个市场的正向跳跃波动都有影响，而期货流动性对股市跳跃波动没有显著影响,这可以从中国股市的卖空约束中得到解释。另外,本节的工作也与跳跃波动对于波动率预测的文献相关(Andersen 等,2007;Andersen 等,2011;Patton 和 Sheppard,2015;Prokopczuk 和 Symeonidis,2016;Buncic 和 Gisler,2017;Ma 等,2019)。

4.1.2 模型设定

1)流动性度量

以往的研究从不同的角度提出了各种流动性指标。Amihud(2002)提出了一种衡量特定资产非流动性的方法,它只需要价格和交易量的每日数据。这种非流动性的衡量标准计算为每日绝对收益与交易量的平均比率,可以解释为与单位交易量相关的价格反应,因此可以作为价格影响的度量标准。Goyenko 等(2009)通过比较各种流动性指标与高频交易成本指标的关系,发现 Amihud 流动性指标是一个相对较好的流动性指标。与其他流动性指标相比,它与基于交易和报价的价格影响指标相关性最强(Fong 等,2017)。Gao 等(2016)按照这种方法,利用 1 分钟数据对指数和期货市场的非流动性进行了估计,发现这种日内度量可以获得更多的市场信息。已有研究通常把整体市场流动性计算为个股流动性的平均值(Acharya 和 Pedersen,2005;Chen 等,2018),文献中也证明了个股之间流动性存在"共性"(Chordia 等,2000;Acharya 和 Pedersen,2005;Brockman 等,2009;Karolyi 等,2012),并指出股市收益率受到流动性共性的影响。同时,与股指期货和期权市场流动性相关的文献也直接计算股指的流动性(Gao 等,2016;Li 等,2018a,2018b;Li 等,2019;Xu 等,2019a,2019b)。

因此,本节采用该度量方法,利用 5 分钟数据计算市场流动性,其定义为

$$LIQ_t = -\frac{1}{N_t}\sum_{i=1}^{N_t}\frac{|R_{i,t}|}{V_{i,t}} \tag{4-1}$$

式中,$R_{i,t}$ 是第 t 天的第 i 个收益;N_t 为一天中有效观测的次数;$V_{i,t}$ 为第 t

天第 i 时刻的交易量。为了便于解释实证结果，这里将 Amihud 非流动性转化为流动性测度。

2）指标计算

首先，根据 3.2 节介绍的方法计算已实现方差，并将其分解为连续波动和跳跃波动。Barndorff-Nielsen 等（2010）将已实现方差分解为已实现正-负半方差，用来捕捉负收益或正收益引起的价格波动。已实现正-负半方差定义如下：

$$RV_t^u = \sum_{j=1}^M r_{t,j}^2 I\{r_{t,j} > 0\}, \quad RV_t^d = \sum_{j=1}^M r_{t,j}^2 I\{r_{t,j} < 0\} \quad (4\text{-}2)$$

已实现正-负半方差提供了关于资产收益率尾部变化的信息，是已实现方差的完全分解，满足 $RV_t = RV_t^u + RV_t^d$，并且已实现正-负半方差的极限包括由于价格过程的连续部分以及跳跃引起的变化，满足

$$RV_t^u \xrightarrow{p} \frac{1}{2}\int_0^t \sigma_s^2 \mathrm{d}s + \sum_{j=1}^{N_t} k_{t,j}^2 I\{k_{t,j} > 0\} \quad (4\text{-}3)$$

$$RV_t^d \xrightarrow{p} \frac{1}{2}\int_0^t \sigma_s^2 \mathrm{d}s + \sum_{j=1}^{N_t} k_{t,j}^2 I\{k_{t,j} < 0\} \quad (4\text{-}4)$$

Patton 和 Seppard（2015）采用一种更简单的形式来表示正的跳跃波动和负的跳跃波动，定义为

$$J_t^+ = (RV_t^u - RV_t^d)I\{(RV_t^u - RV_t^d) > 0\} \quad (4\text{-}5)$$

$$J_t^- = (RV_t^u - RV_t^d)I\{(RV_t^u - RV_t^d) < 0\} \quad (4\text{-}6)$$

3）模型设定

本节加入了两个市场的流动性对 HAR 模型进行扩展，用来研究流动性对已实现波动的跨市场动态效应（Corsi，2009a，2009b；Barndorff-Nielsen 等，2010；Patton 和 Sheppard，2015；Audrino 和 Hu，2016；Xu 等，2019a；Xu 等，2019b）。已实现波动的对数回归模型设定如下（HAR-LL）：

$$\ln(RV_{t+1}^s) = \alpha_0^s + \alpha_d^s \ln(RV_{d,t}^s) + \alpha_w^s \ln(RV_{w,t}^s) + \alpha_m^s \ln(RV_{m,t}^s) + \alpha_l^{ss} LIQ_t^s + \alpha_l^{fs} LIQ_t^f + \varepsilon_{t+1}^s$$

$$(4\text{-}7)$$

$$\ln(RV_{t+1}^f) = \alpha_0^f + \alpha_d^f \ln(RV_{d,t}^f) + \alpha_w^f \ln(RV_{w,t}^f) + \alpha_m^f \ln(RV_{m,t}^f) + \alpha_l^{sf} LIQ_t^s + \alpha_l^{ff} LIQ_t^f + \varepsilon_{t+1}^f$$

（4-8）

其中，RV_{t+1}^s 和 RV_{t+1}^f 代表指数市场和期货市场的已实现波动；J_t^{s+}（J_t^{s-}）和 J_t^{f+}（J_t^{f-}）代表正（负）跳跃波动率；LIQ_t^s 和 LIQ_t^f 是两个市场的 Amihud 流动性；ε_{t+1} 表示独立同分布的扰动项，每日、每周和每月的滞后已实现波动分别定义为 $RV_{d,t} = RV_t$，$RV_{w,t} = (RV_t + RV_{t-1} + \cdots + RV_{t-4})/5$，$RV_{m,t} = (RV_t + RV_{t-1} + \cdots + RV_{t-21})/22$。

进一步考虑正、负跳跃动态效应，模型如下（HAR-LL-JJ）：

$$\ln(RV_{t+1}^s) = \alpha_0^s + \alpha_d^s \ln(C_{d,t}^s) + \alpha_w^s \ln(RV_{w,t}^s) + \alpha_m^s \ln(RV_{m,t}^s) + \alpha_l^{ss} LIQ_t^s + \alpha_l^{fs} LIQ_t^f +$$
$$\alpha_{J+}^{ss} \ln(1+J_t^{s+}) + \alpha_{J-}^{ss} \ln(1+J_t^{s-}) + \alpha_{J+}^{fs} \ln(1+J_t^{f+}) + \alpha_{J-}^{fs} \ln(1+J_t^{f-}) + \varepsilon_{t+1}^s$$

（4-9）

$$\ln(RV_{t+1}^f) = \alpha_0^f + \alpha_d^f \ln(C_{d,t}^f) + \alpha_w^f \ln(RV_{w,t}^f) + \alpha_m^f \ln(RV_{m,t}^f) + \alpha_l^{sf} LIQ_t^s + \alpha_l^{ff} LIQ_t^f +$$
$$\alpha_{J+}^{sf} \ln(1+J_t^{s+}) + \alpha_{J-}^{sf} \ln(1+J_t^{s-}) + \alpha_{J+}^{ff} \ln(1+J_t^{f+}) + \alpha_{J-}^{ff} \ln(1+J_t^{f-}) + \varepsilon_{t+1}^f$$

（4-10）

其中，$C_{d,t} = C_t$ 代表滞后一天的连续波动。为简单起见，只将滞后一天的跳跃加入回归模型中。另外，仅包含流动性（或跳跃）的模型称为 HAR-L（HAR-J）模型，同时包含市场流动性和跳跃的模型称为 HAR-L-J 模型，具有两个市场跳跃的模型称为 HAR-JJ 模型。

4.1.3 实证分析

1）数据及描述性统计

本节选取的高频数据为沪深 300 指数和股指期货日内 5 分钟交易数据，数据来源于 Wind 数据库，样本期为 2015 年 2 月 9 日至 2018 年 10 月 12 日。对于每个交易日，提取 9:30—11:25、13:00—14:55 的指数和期货价格，最后得到 893 个交易日，共计 42 864 个收益率信息。

表 4-1 提供了每日已实现波动和流动性的描述统计。沪深 300 指数已实现波动和连续波动率的均值分别为 1.89%、1.86%，股指期货已实现波动和连续波动率的均值分别为 2.50%、2.45%，说明连续波动可以解释大部分已实现

波动，且期货的波动率大于指数的波动率。与连续波动相比，平均正（负）跳跃波动较小，如沪深 300 指数为 0.24（-0.23），股指期货为 0.31（-0.31）。指数的平均流动性为-0.19，低于股指期货的流动性-0.16。所有的波动率都有高度的峰度和偏度，流动性和波动率在 1%显著性水平下都是平稳的。

表 4-1 描述性统计

	沪深 300 指数					股指期货				
	RV^s	C^s	J^{s+}	J^{s-}	LIQ^s	RV^f	C^f	J^{f+}	J^{f-}	LIQ^f
N	893	893	893	893	893	893	893	893	893	893
Min	0.07	0.06	0.00	-8.83	-0.71	0.07	0.07	0.00	-14.45	-0.98
Max	52.22	52.22	11.11	0.00	0.00	120.25	120.25	31.92	0.00	0.00
Mean	1.89	1.86	0.24	-0.23	-0.19	2.50	2.45	0.31	-0.31	-0.16
Std	4.11	4.10	0.84	0.82	0.10	6.91	6.86	1.48	1.11	0.12
Skew	6.34	6.41	8.84	-6.19	-1.54	9.11	9.28	14.76	-6.69	-1.68
Kurt	53.57	54.50	95.92	45.46	2.65	116.54	120.35	270.39	56.43	6.39

表 4-2 是各个指标之间的皮尔逊相关系数。两个市场的对应指标之间存在显著的正相关性[已实现波动（0.915）、连续波动（0.909）、正跳跃（0.854）、负跳跃（0.814）、流动性（0.485）]，说明已实现波动、跳跃波动或流动性可能是由共同因素驱动变化的。股票市场流动性与两个市场的已实现波动呈负相关性，相关系数分别为-0.262 和-0.241，而期货市场流动性与两个市场已实现波动的相关性要低得多，相关系数分别为 0.096 和 0.104。这意味着期货流动性与这两个市场波动之间的同期相关性相对较弱。进一步计算流动性与对数已实现波动之间的相关性，结果发现，两个股票市场的流动性与对数波动率之间的相关性显著提高（-0.434 和-0.471），而期货流动性与两个股票市场对数波动率之间的相关性非常低（-0.060 和-0.081）。这进一步说明了 Amihud 流动性与已实现波动之间的信息含量有差异，尤其是对期货市场而言。

表 4-2 流动性、已实现波动及其分解的相关系数

	RV^f	C^f	J^{f+}	J^{f-}	LIQ^f	LIQ^s
RV^s	0.915	0.911	0.419	-0.516	0.096	-0.262
C^s	0.913	0.909	0.420	-0.509	0.094	-0.260
J^{s+}	0.424	0.428	0.854	0.012	0.013	-0.162
J^{s-}	-0.516	-0.497	0.038	0.814	-0.051	0.137
LIQ^s	-0.241	-0.243	-0.093	0.112	0.485	1.000
LIQ^f	0.104	0.101	0.049	-0.074	1.000	0.485

图 4-1 展示了沪深 300 指数和股指期货的已实现波动、正向和负向跳跃波动的变化。从图中可以看到，2015 年中国股市危机期间存在较高的波动率。两个市场的 Amihud 流动性指标如图 4-2 所示，两个市场的流动性呈现出共同的趋势。对于 2015 年中国股市的动荡，流动性自 2015 年 5 月以来急剧下降，在 2015 年 9 月达到最低峰值，之后上升，在 2016 年 1 月至 2 月期间再次达到另一个最低峰值。

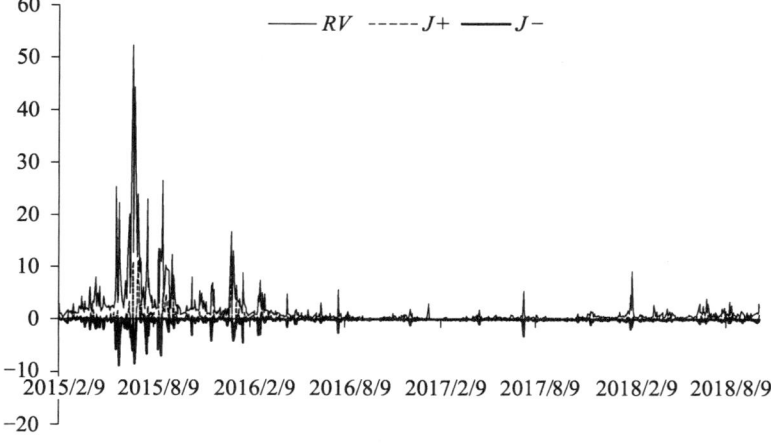

（a）沪深 300 指数

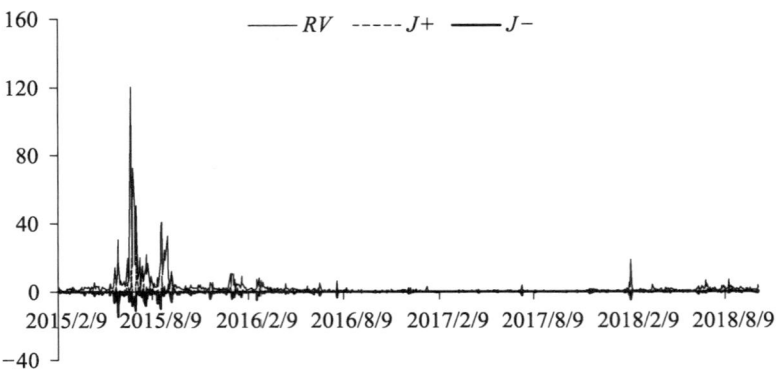

（b）股指期货

图 4-1　沪深 300 指数和股指期货已实现波动和跳跃波动

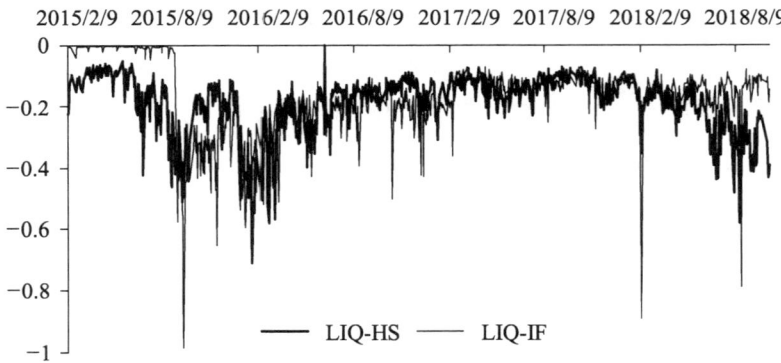

图 4-2　沪深 300 指数和股指期货的 Amihud 流动性

2）跨市场动态效应

表 4-3、表 4-4 分别给出了在未考虑流动性和考虑流动性的跨市场动态效应情况下的估计结果。所有回归均采用普通最小二乘回归估计，并采用 Newey-West 标准误差，得到自相关一致性结果，t 统计量在估计系数下面的括号中给出，调整后的回归 R^2 在每个表的最后一行报告。

表 4-3 HAR 模型下全样本的估计系数
（未考虑跨市场效应）

	沪深 300 指数				股指期货			
	HAR	HAR-L	HAR-J	HAR-L-J	HAR	HAR-L	HAR-J	HAR-L-J
α_0	-0.09*** (-4.57)	0.03 (0.53)	-0.07** (-2.54)	0.03 (0.65)	-0.09*** (-4.20)	0.01 (0.26)	-0.06* (-1.93)	0.05 (1.23)
α_d	0.42*** (8.29)	0.44*** (8.71)	0.38*** (7.49)	0.41*** (8.85)	0.33*** (6.78)	0.33*** (7.03)	0.33*** (7.71)	0.35*** (8.09)
α_w	0.28*** (3.56)	0.27*** (3.62)	0.30*** (4.02)	0.30*** (5.31)	0.40*** (4.88)	0.39*** (4.98)	0.39*** (5.10)	0.39*** (5.19)
α_m	0.25*** (5.02)	0.25*** (5.15)	0.26*** (5.46)	0.26*** (5.79)	0.22*** (4.17)	0.23*** (4.41)	0.23*** (4.58)	0.23*** (4.87)
$\alpha_l^{s.}$		0.57*** (2.62)		0.54** (2.55)				
$\alpha_l^{f.}$						0.61*** (3.34)		0.60*** (3.55)
$\alpha_{J+}^{s.}$			-0.21** (-2.35)	-0.22*** (-2.57)				
$\alpha_{J-}^{s.}$			0.19** (2.24)	0.17** (2.05)				
$\alpha_{J+}^{f.}$							-0.32*** (-3.73)	-0.35*** (-4.26)
$\alpha_{J-}^{f.}$							0.20** (2.26)	0.16* (1.94)
R^2	0.76	0.77	0.77	0.77	0.74	0.75	0.76	0.76

注：所有回归均采用普通最小二乘回归估计，并采用 Newey-West 标准误差，得到自相关一致性结果，t 统计量在估计系数下面的括号中给出，调整后的回归 R^2 在每个表的最后一行报告。***、**和*分别代表 1%、5%和 10%的显著性水平。

由表 4-3 可知，指数和股指期货对数波动率的回归 R^2 均较高，说明对数回归能够较好地拟合数据。已实现波动的连续部分对已实现波动的预测起主要作用，连续波动的日、周、月效应均为正向显著，其中指数的日效应最强，期货的周效应最强。在控制了已实现波动的长记忆特征后，流动性均与已实现波动显著正相关。在沪深 300 指数和股指期货市场中，跳跃对已实现波动的影响都是显著的，正向跳跃对正向跳跃和负向跳跃的影响都是正的，这说明正向跳跃（好消息）往往会降低未来的波动率，而负向跳跃（坏消息）则会增加未来的波动率。这一结果与 Patton 和 Sheppard（2015）一致，他们认为跳跃对波动率的影响取决于跳跃的方向，负（正）跳跃导致未来的波动率更高（更低）。由于流动性和跳跃之间的相关性较低，所以在 HAR-L-J 模型中加入流动性和跳跃作为回归变量时，这些变量仍然显著。

表 4-4　HAR 模型下全样本的估计系数
（考虑跨市场效应）

	沪深 300 指数			股指期货		
	HAR-LL	HAR-JJ	HAR-LL-JJ	HAR-LL	HAR-JJ	HAR-LL-JJ
α_0	0.05 (0.96)	−0.09*** (−2.86)	0.05 (0.89)	−0.08 (−1.57)	−0.05* (−1.89)	−0.04 (−0.77)
α_d	0.44*** (8.92)	0.38*** (7.07)	0.40*** (7.56)	0.31*** (6.63)	0.34*** (7.62)	0.33*** (7.42)
α_w	0.27*** (3.58)	0.30*** (3.94)	0.29*** (3.94)	0.38*** (4.90)	0.39*** (5.09)	0.38*** (5.10)
α_m	0.26*** (5.19)	0.25*** (5.31)	0.26*** (5.49)	0.22*** (4.36)	0.23*** (4.48)	0.23*** (4.76)
α_l^{s}	0.23 (0.93)		0.20 (0.82)	−0.73*** (−2.65)		−0.69*** (−2.66)
α_l^{f}	0.53*** (3.05)		0.51*** (3.02)	0.89*** (3.89)		0.85*** (4.09)
α_{J+}^{s}		−0.24 (−1.18)	−0.24 (−1.33)		−0.04 (−0.27)	−0.05 (−0.37)
α_{J-}^{s}		0.02 (0.12)	0.02 (0.13)		−0.03 (−0.29)	−0.02 (−0.21)
α_{J+}^{f}		0.03 (0.20)	0.01 (0.10)		−0.28* (−1.67)	−0.29* (−1.93)
α_{J-}^{f}		0.19 (1.35)	0.16 (1.17)		0.22* (1.72)	0.19 (1.63)
R^2	0.77	0.77	0.77	0.75	0.76	0.76

注：所有回归均采用普通最小二乘回归估计，并采用 Newey-West 标准误差，得到自相关一致性结果，t 统计量在估计系数下面的括号中给出，调整后的回归 R^2 在每个表的最后一行报告。***、**和*分别代表 1%、5%和 10%的显著性水平。

由表 4-4 可知，在控制了已实现波动的长记忆特征后，指数与期货市场之间存在流动性对波动率的双向跨市场动态效应。指数流动性对期货波动率的影响显著为负，而期货流动性对股市波动率的正向影响相对较弱。这意味着股票市场的流动性可以稳定期货市场，而期货市场的流动性增加了股票市场的波动性。同时，在指数流动性中加入期货流动性后，指数流动性对自身波动率的影响变得不显著，这说明期货流动性包含指数流动性的大部分信息。这可能是由于两个市场的流动性之间存在较高的同期相关性，以及指数与期货市场之间存在单向格兰杰因果关系。

在考虑跨市场跳跃效应后，指数跳跃对自身波动率的影响变得不显著，期货跳跃的影响虽然显著但较弱。与流动性的跨市场动态效应相比，指数市场与期货市场之间的跳跃动态效应不显著。这可能是由于两个市场的正跳跃与负跳跃之间存在较高的同期相关性和显著的格兰杰因果关系，导致两个市场的跳跃波动之间存在信息重叠，从而削弱了跳跃波动的跨市场动态效应。同时，加入正、负跳跃后，流动性的跨市场动态效应不受影响，说明流动性包含跳跃波动的独立信息。

另外，为了排除流动性和波动率之间的同期关系，使上述结果更说服力，利用 Chen 等（2018）[①]的思想计算用已实现波动调整的流动性，流动性残差表示与收益率风险无关的那部分流动性风险。采用调整后的流动性得到的结果与表 4-3 和表 4-4 相比没有太大的区别，这表明我们选取的模型已经考虑上了波动率和流动性之间的同期关系，这些关系反映在滞后一天的已实现波动中。

3）危机期间和危机后的跨市场动态效应

已有研究表明，在经济周期衰退期间，美国股市对其他股市的波动性和非流动性溢出效应更强（Wang 等，2018），危机期间发达国家股市的波动性和非流动性溢出效应增加（Xu 等，2018）。由于本节的样本涵盖了 2015 年的中国股市危机期，危机期间监管部门对股指期货交易实施了一些限制，如提

---

① Chen 等（2018）将非流动性对波动率做回归提取残差项，发现与波动率不相关的流动性分量能显著预测股市收益率。

高保证金要求和交易手续费、限制期货合约的总成交量等,旨在稳定金融市场。但是,这些措施对股票市场质量,特别是指数成分股的质量产生了不利影响(Han 和 Liang,2017),导致流动性对商品期货市场波动的影响显著减弱。金属期货市场的波动主要受横截面流动性溢出的驱动,交易限制政策放大了对金属期货市场的流动性溢出(Zhang 等,2018)。从期货市场稳定股市的政策层面来看,危机期间流动性对波动率的跨市场动态效应可能与正常时期不同,因此本节进一步检验了用于代表危机期间的子样本(2015 年 3 月 19 日至 2016 年 12 月 30 日)和用于代表危机后的子样本(2017 年 1 月 3 日至 2018 年 10 月 12 日)的回归结果,分割点的选取大致从流动性低于整体样本均值开始。

表 4-5　HAR 模型下危机期间和危机后的估计系数
(考虑跨市场效应)

	沪深 300 指数			股指期货		
	HAR-LL	HAR-JJ	HAR-LL-JJ	HAR-LL	HAR-JJ	HAR-LL-JJ
Subsample Ⅰ:2015/3/19—2016/12/30						
$\alpha_l^{s\cdot}$	0.56* (1.74)		0.58* (1.80)	−0.61* (−1.74)		−0.52* (−1.65)
$\alpha_l^{f\cdot}$	0.46** (2.21)		0.40* (1.91)	1.02*** (3.95)		0.95*** (4.01)
$\alpha_{J+}^{s\cdot}$		−0.27 (−1.18)	−0.22 (−1.03)		−0.10 (−0.51)	−0.08 (−0.47)
$\alpha_{J-}^{s\cdot}$		0.08 (0.48)	0.12 (0.71)		−0.03 (−0.22)	0.00 (0.03)
$\alpha_{J+}^{f\cdot}$		0.17 (0.96)	0.11 (0.68)		−0.17 (−0.92)	−0.21 (−1.28)
$\alpha_{J-}^{f\cdot}$		0.22 (1.48)	0.16 (1.11)		0.24* (1.78)	0.17 (1.36)
R^2	0.77	0.77	0.78	0.74	0.75	0.76
Subsample Ⅱ:2017/1/3—2018/10/12						
$\alpha_l^{s\cdot}$	−0.89* (−1.83)		−1.22*** (−2.59)	−2.25*** (−3.66)		−2.39*** (−4.27)
$\alpha_l^{f\cdot}$	0.55 (1.12)		0.21 (0.44)	0.12 (0.24)		0.00 (0.00)
$\alpha_{J+}^{s\cdot}$		0.39 (1.09)	0.54 (1.50)		0.18 (0.40)	0.30 (0.62)

续表

	沪深 300 指数			股指期货		
	HAR-LL	HAR-JJ	HAR-LL-JJ	HAR-LL	HAR-JJ	HAR-LL-JJ
α_{J-}^{s}		−0.41	−0.34		−0.44	−0.44
		(−0.88)	(−0.69)		(−0.83)	(−0.76)
α_{J+}^{f}		−1.21***	−1.36***		−1.19***	−1.31***
		(−4.09)	(−4.26)		(−3.03)	(−3.30)
α_{J-}^{f}		0.17	0.15		0.22	0.23
		(0.37)	(0.29)		(0.39)	(0.37)
R^2	0.56	0.58	0.59	0.57	0.58	0.60

注：所有回归均采用普通最小二乘回归估计，并采用 Newey-West 标准误差，得到自相关一致性结果，t 统计量在估计系数下面的括号中给出，调整后的回归 R^2 在每个表的最后一行报告。***、**和*分别代表 1%、5%和 10%的显著性水平。

由表 4-5 可知，流动性对波动率的影响因市场状况的不同而略有不同。在危机期间，流动性对波动率的跨市场动态效应在量级和显著性上都较弱。与表 4-4 相比，危机后的动态效应仍然显著为负，且从指数流动性到期货市场波动率的影响增强。例如，在 HAR-LL 模型中，全样本的系数从−0.73 变化到危机后的−2.25。然而，对于子样本，期货流动性对指数波动率的影响不显著，指数流动性对其自身波动率的影响显著。另外，无论是否将流动性加入回归模型，危机后的期货市场正向跳跃的影响仍然显著为负，指数跳跃和期货负向跳跃对已实现波动没有显著影响。

Campbell 等（1993）提出的流动性驱动交易假说表明，较高的流动性需求会带来后期较大的补偿和较高的波动性。当信息驱动交易占主导地位时，我们期望当前波动率与滞后交易量之间存在负相关关系。从本节研究结果来看，股票流动性对其自身波动率的影响从危机期间的正向影响转变为危机后的负向影响，表明股票市场可能由流动性驱动交易向信息驱动交易转变。股市流动性对期货波动率的负面影响在危机后更为明显，这可能与中国股市的卖空约束有关。当利好消息出现时，投资者更积极参与股市的交易，这会导致流动性增加并传导到期货市场，从而大幅降低期货波动率。相反，当不良信息出现时，投资者更倾向于信息驱动交易，从而导致价格大幅下跌，最终导致期货市场波动率增加。

4）时变跨市场动态效应

研究发现，流动性可以作为中国商品期货市场波动率的解释变量，且流动性对波动率存在横截面溢出效应（Zhang 等，2018），流动性对期货市场波动率的决定起着重要作用（Zhang 和 Ding，2018）。本节提出的 HAR 模型能够揭示股票市场和期货流动性对已实现波动的不同影响机制。然而，在子样本中，流动性对波动率的跨市场效应并不完全一致，因此，对一个市场的流动性是否会削弱或加强另一个市场的波动性仍存在困惑。实际上，流动性对波动率的影响是动态的，这取决于市场状况。由于常数回归的结果只能反映平均影响的大小，学者们提出更灵活的数据驱动的非参数方法来提高 HAR 模型的预测能力（Bollerslev 等，2016；Wang 等，2017；Chen 等，2018；Liu 等，2018；Qiao 等，2019）。因此，进一步应用第 3 章介绍的局部多项式回归方法，并将时间作为驱动因子，给出了时变系数的估计结果（Fan，1992，1993；Fan 和 Gijbels，1996）。

表 4-6　时变 HAR 模型下全样本的平均估计系数
（考虑跨市场效应）

	沪深 300 指数			股指期货		
	HAR-LL	HAR-JJ	HAR-LL-JJ	HAR-LL	HAR-JJ	HAR-LL-JJ
α_0'	−0.07 (−0.59)	−0.08 (−0.65)	−0.05 (−0.82)	−0.39 (−0.02)	−0.01 (−0.01)	−0.16 (−1.62)
α_d'	0.39*** (16.97)	0.37*** (3.61)	0.39*** (16.29)	0.22** (3.11)	0.36 (1.73)	0.31*** (33.26)
α_w'	0.24 (0.17)	0.26 (0.35)	0.28*** (9.76)	0.29 (0.57)	0.34 (0.01)	0.35*** (22.30)
α_m'	0.16 (1.74)	0.15 (0.29)	0.23*** (4.94)	0.15 (0.97)	0.18 (0.43)	0.23*** (3.85)
$\alpha_l^{s'}$	0.16 (0.77)		−0.09 (−0.32)	−1.51*** (−7.37)		−1.10*** (−5.30)
$\alpha_l^{f'}$	0.27 (0.21)		0.30*** (10.83)	0.70 (0.06)		0.59*** (6.99)
$\alpha_{J+}^{s'}$		0.00 (0.00)	0.06 (0.16)		−0.05 (−0.01)	0.06 (0.09)
$\alpha_{J-}^{s'}$		0.28 (0.00)	−0.03 (−0.01)		0.09 (0.10)	−0.09 (−0.89)

续表

	沪深300指数			股指期货		
	HAR-LL	HAR-JJ	HAR-LL-JJ	HAR-LL	HAR-JJ	HAR-LL-JJ
α_{J+}^{f}		-0.42 (-0.13)	-0.40 (-0.97)		-0.65 (-0.67)	-0.54*** (-3.78)
α_{J-}^{f}		-0.25 (-0.05)	0.13*** (3.96)		-0.14 (-0.08)	0.17*** (5.10)

注：所有回归均采用普通最小二乘回归估计，并采用 Newey-West 标准误差，得到自相关一致性结果，t 统计量在估计系数下面的括号中给出，调整后的回归 R^2 在每个表的最后一行报告。***、**和*分别代表 1%、5%和 10%的显著性水平。

表 4-7 时变 HAR 模型下危机期间和危机后的平均估计系数
（考虑跨市场效应）

	沪深300指数			股指期货		
	HAR-LL	HAR-JJ	HAR-LL-JJ	HAR-LL	HAR-JJ	HAR-LL-JJ
Subsampe Ⅰ : 2015/3/19—2016/12/30						
α_{l}^{s}	0.77*** (4.10)		0.63*** (2.98)	-0.75*** (-3.09)		-0.82*** (-5.98)
α_{l}^{f}	-0.02 (-0.01)		-0.04 (-0.00)	0.17 (0.30)		0.34 (0.61)
α_{J+}^{s}		-0.29 (-1.25)	-0.33 (-0.78)		-0.15*** (-5.56)	-0.22*** (-9.46)
α_{J-}^{s}		0.22** (2.30)	0.23** (2.19)		0.08 (1.25)	0.13* (1.87)
α_{J+}^{f}		0.31 (1.79)	0.31 (1.10)		-0.19 (-0.56)	-0.13 (-0.36)
α_{J-}^{f}		0.11 (1.27)	0.12 (1.23)		0.06 (0.73)	-0.01 (-0.06)
Subsampe Ⅱ : 2017/1/3—2018/10/12						
α_{l}^{s}	-0.44 (-0.91)		-0.74 (-0.51)	-2.37** (-2.82)		-2.28* (-1.83)
α_{l}^{f}	0.43*** (7.59)		0.09 (0.71)	0.32 (0.18)		0.14 (0.45)
α_{J+}^{s}		0.39 (1.14)	0.71*** (10.62)		0.08 (0.06)	0.31 (1.66)
α_{J-}^{s}		0.32 (0.06)	-0.16 (-1.53)		0.17 (0.11)	-0.15 (-0.57)
α_{J+}^{f}		-1.18 (-0.03)	-1.41*** (-14.38)		-1.18 (-1.44)	-1.31*** (-5.12)
α_{J-}^{f}		-0.62* (-2.46)	-0.04 (-1.33)		-0.52* (-2.01)	-0.12 (-1.55)

注：所有回归均采用普通最小二乘回归估计，并采用 Newey-West 标准误差，得到自相关一致性结果，t 统计量在估计系数下面的括号中给出，调整后的回归 R^2 在每个表的最后一行报告。***、**和*分别代表 1%、5%和 10%的显著性水平。

表 4-6 和表 4-7 分别给出了时变 HAR 模型下全样本和子样本的平均估计系数。所有回归均采用局部多项式回归方法估计,计算时变系数的 Newey-West 标准误差,得到自相关一致性的结果。可以观察到,当流动性对波动率的影响方向相同时,时变系数模型的系数平均值与常系数模型的量级相差不大;但当影响呈正负交替时,二者有所差异,这在时变系数模型中可以更准确地反映出来。

5)流动性与跳跃波动之间的动态关系

当市场经历剧烈波动时,反映价格极端变化的跳跃波动可能是已实现波动中更为重要的部分。Christoffersen 等（2016）将流动性作为驱动动态波动率和跳跃的经济因素,发现流动性在解释跳跃风险时主导波动率,但他们的研究没有区分流动性对正向跳跃和负向跳跃的影响,也没有考虑从流动性到波动率的跨市场动态效应。因此,从流动性到波动率的跨市场动态效应是否受跳跃波动的影响是不确定的。本节通过格兰杰因果检验进一步检验正、负跳跃波动与流动性之间的动态关系。表 4-8 给出了流动性对跳跃波动的格兰杰因果关系,每对序列都取两个滞后项。

表 4-8 流动性与跳跃波动之间的格兰杰因果关系

		沪深 300 指数		股指期货	
		$J_{s_r}^+$	$J_{s_r}^-$	$J_{s_r}^+$	$J_{s_r}^-$
H_0: Liquidity does not Granger cause jump	LIQ^s	0.000***		0.000***	
	LIQ^f				0.000***
H_0: Jump does not Granger cause liquidity	LIQ^s	0.000***	0.000***	0.000***	0.000***
	LIQ^f	0.000***			

注：列示流动性与正、负跳跃波动之间格兰杰因果检验的 p 值。不显著的 p 值不在表中。

由表 4-8 可以观察到,市场流动性对其自身跳跃波动的影响,以及市场流动性对另一个市场波动率的跨市场动态效应的不同表现。股票市场流动性对两个市场的正跳跃存在单向显著的格兰杰因果关系，而期货流动性对其自身的负跳跃只存在单向的格兰杰因果关系。这说明股票市场流动性对两个市场的正跳跃均有影响，而期货流动性对自身的负跳跃影响较弱，这进一步揭示了市场流动性对另一个市场极端波动的不同影响机制。由于中国股市存在卖空约束，这种现象也有一定的合理性，并有助于解释之前两个市场之间流动性动态效应的研究结果。当不良信息出现时，期货市场的流动性驱动型抛售可能导致市场崩盘（Huang 和 Wang，2009）；而当市场表现良好时，投资者会更快地对股票市场的好消息做出反应，信息驱动型交易使股票市场和期货市场稳定。

另外，两个市场的正、负跳跃均对股票市场流动性有显著影响，而只有股票市场的正跳跃才能预测期货市场的流动性，这表明两个市场的跳跃和期货市场流动性之间存在较弱的格兰杰因果关系。这可能是因为期货市场的交易成本较低，更多的是机构交易和卖空，能够快速地反映信息，因此其流动性受跳跃波动的影响较小。相比之下，股市流动性更容易受到两个市场跳跃波动的影响。

表 4-9 滞后一天的流动性对跳跃波动的回归分析

	沪深 300 指数		股指期货	
	J_t^{s+}	J_t^{s-}	J_t^{f+}	J_t^{f-}
C^s	−0.009 (−0.427)	0.097 (3.154)	−0.014 (−0.563)	0.122 (3.399)
LIQ_{t-1}^s	−0.806*** (−6.481)	−0.150 (−1.023)	−0.924*** (−6.621)	−0.182 (−1.087)
C^f	0.136 (4.083)	0.168 (4.625)	0.144 (4.253)	0.213 (4.642)
LIQ_{t-1}^f	−0.030 (−0.190)	0.256 (1.549)	−0.080 (−0.556)	0.346* (1.708)

注：列示滞后一天的流动性对正、负跳跃波动的 OLS 回归结果。其中回归方程采用普通最小二乘回归估计，并采用 Newey-West 标准误差，得到自相关一致性结果，t 统计量在估计系数下面的括号中给出。***、**和*分别代表 1%、5%和 10%的显著性水平。

表 4-9 给出了滞后一天的流动性对正、负跳跃波动的普通最小二乘回归结果，也进一步证实了格兰杰因果检验的结果，即指数流动性对两个市场的正跳跃波动率都有影响，且在 1%显著性水平上影响为负，而期货流动性仅在 10%显著性水平上对期货市场的负跳跃有影响。

4.1.4 小 结

流动性是决定金融市场波动率的一个重要因素。本节研究了流动性对沪深 300 指数和期货市场波动率的跨市场动态效应。研究发现，从流动性到波动率的跨市场动态效应是不对称的。在控制了波动率的长记忆性特征后，股票市场流动性对股指期货波动率的影响显著为负，并在危机后变得更为显著。期货市场流动性对股票市场波动率的影响要小得多，并且在危机后变得不显著。这意味着股票市场的流动性可以稳定期货市场，而期货市场的流动性则会增加股票市场的波动性。更重要的是，这种动态效应是时变的，在进一步控制跳跃波动后结果未发生变化。本节的研究揭示了不同于一般信息传递的影响机制，即新信息更快地反映在期货价格和波动率中，这对我国金融衍生品市场的健康发展具有重要意义。

4.2 基于支持向量回归方法的已实现波动预测

本节主要研究在样本外已实现波动预测方面，HAR 模型下的非线性支持向量机回归方法（SVR-HAR）能否优于组合方法。基于沪深 300 指数的高频数据进行实证分析，采用了两种新的组合方法，并与 SVR 方法的预测能力进行比较。实证结果表明，SVR-HAR 模型优于所选取的单个模型和采用的组合方法，但本节提出的新组合方法优于我们选取的其他组合方法。特别地，以已实现半变差为回归变量的 HAR 模型的预测误差最小，这证实了非线性支持向量回归方法和已实现半变差的预测能力较强。经济意义检验的实证结果进一步证实了采用已实现半变差和非线性支持向量回归方法进行波动率预测的模型有更高的经济价值。

4.2.1 问题的引入

近年来，学者们开始将数据驱动的机器学习或统计学习技术用于金融时间序列预测。支持向量机回归（SVR）是由 Vapnik（1995）提出的一种非参数方法，相较于传统的统计方法，它具有更优的预测效果（Sapankevych 和 Sankar，2009；Cavalcante 等，2016）。研究发现，将 SVR 方法应用于金融市场数据的预测中能取得较好的结果。例如，将 SVR 方法与 GARCH 模型结合能够捕捉金融时间序列的非线性特征，而不需要对数据的分布特性作任何假设，并且比标准 GARCH 模型的波动率预测能力更好（Pérez-Cruz 等，2003；Chen 等，2010；Ou 和 Wang，2010；Bezerra 和 Albuquerque，2017；Peng 等，2018；Sun 和 Yu，2020）；基于 SVR 方法的汇率建模和预测优于其他基准模型（Fu 等，2019）。尽管 SVR 方法得到了广泛的关注，但将这种非线性方法应用于已实现波动预测时仍有很大拓展空间。

由 Corsi（2009a，2009b）提出的 HAR 模型在已实现波动预测中得到了广泛的应用和扩展（Andersen 等，2011；Patton 和 Sheppard，2015；Wang 等，2016；Li 等，2019；Qiao 等，2019；Qiao 等，2020；Wen 等，2019；Zhang 等，2019）。本节参考 Zhang 等（2019）的研究考虑了 6 种形式的 HAR 模型，选取 2005 年 4 月 8 日至 2019 年 5 月 14 日的 5 分钟沪深 300 指数计算已实现波动及其分解指标。首先分析在 OLS 和 SVR 两种方法下单个模型的预测性能，其次对进入最优集的模型进行 MCS 检验。实证结果表明，基于非线性 SVR 方法的模型优于 OLS 下的模型及书中所选取的组合预测方法，从而证实了 SVR 方法对已实现波动具有较强的预测能力。

除传统的组合预测方法外，本节还采用了两种新的组合方法，即动态加权组合（DWC）、LASSO 组合方法，其中权重基于历史数据获得，并通过优化方法在训练窗口内动态调整。尽管这些新的组合方法优于基于 OLS 方法的单个模型和其他组合方法，但基于 SVR 方法的单个模型仍具有更强的预测能力。特别地，基于 SVR 方法且以已实现半变差为回归变量的 HAR 模型误差最低，这表明在已实现波动预测方面，已实现半变差比跳跃变差包含更多的信息。最后，本节检验了所提出的预测方法的经济意义，由于采用非线性 SVR 方法预测波动率的模型获得更高的经济价值，从投资组合的表现来看均值-方差有效投资者可以使用 SVR 方法代替组合方法来指导资产配置。

4.2.2 模型设定

首先根据 3.2 节介绍的方法计算已实现方差，并将其分解为连续波动和跳跃波动，这里取 α 为 0.99。参考 4.1.2 小节将已实现方差分解为已实现正-负半方差。

1）回归模型

本节采用 6 种形式的 HAR 模型。

第一个是最简单的 HAR 模型，其形式如下：

$$RV_{t+1} = \beta_0 + \beta_d RV_{d,t} + \beta_w RV_{w,t} + \beta_m RV_{m,t} + \varepsilon_{t+1} \quad (4\text{-}11)$$

其中，$RV_{d,t}$，$RV_{w,t}$ 和 $RV_{m,t}$ 分别为已实现波动的日效应、周效应、月效应，分别定义为 $RV_{d,t}=RV_t$，$RV_{w,t}=(RV_t+RV_{t-1}+\cdots+RV_{t-4})/5$，$RV_{m,t}=(RV_t+RV_{t-1}+\cdots+RV_{t-21})/22$。

第二个模型将已实现波动分解出来的跳跃波动 $\widetilde{J}_t$ 加入模型：

$$RV_{t+1} = \beta_0 + \beta_d RV_{d,t} + \beta_w RV_{w,t} + \beta_m RV_{m,t} + \beta_J \widetilde{J}_t + \varepsilon_{t+1} \quad (4\text{-}12)$$

其中，$\widetilde{J}_t = \max\{RV_t - RBV_t, 0\}$ 为未进行显著性检验的跳跃波动。

第三个模型同时考虑了连续波动和显著的跳跃波动，其模型表示为

$$\begin{aligned}RV_{t+1} = &\beta_0 + \beta_{cd}C_{d,t} + \beta_{cw}C_{w,t} + \beta_{cm}C_{m,t} + \\ & \beta_{sd}J_{d,t} + \beta_{sw}J_{d,w} + \beta_{sm}J_{d,m} + \varepsilon_{t+1}\end{aligned} \quad (4\text{-}13)$$

其中，$C_{d,\cdot}$，$C_{w,\cdot}$ 和 $C_{m,\cdot}$ 分别表示连续波动的日效应、周效应和月效应，分别定义为 $C_{d,t}=C_t$，$C_{w,t}=(C_t+C_{t-1}+\cdots+C_{t-4})/5$，$C_{m,t}=(C_t+C_{t-1}+\cdots+C_{t-21})/22$，$J_{d,\cdot}$，$J_{w,\cdot}$ 和 $J_{m,\cdot}$ 分别表示跳跃续波动的日效应、周效应和月效应，分别定义为 $J_{d,t}=J_t$，$J_{w,t}=(J_t+J_{t-1}+\cdots+J_{t-4})/5$，$J_{m,t}=(J_t+J_{t-1}+\cdots+J_{t-21})/22$。

第四个模型将已实现波动分解为已实现正、负半变差，并加入回归模型：

$$RV_{t+1} = \beta_0 + \beta_d^u RV_t^u + \beta_d^d RV_t^d + \beta_w RV_{w,t} + \beta_m RV_{m,t} + \varepsilon_{t+1} \quad (4\text{-}14)$$

第五个模型在 HAR 模型基础上添加杠杆效应，它表示滞后的已实现波动与负收益率之间的交互作用，其模型表示为

$$RV_{t+1} = \beta_0 + \beta_d^u RV_t^u + \beta_d^d RV_t^d + \beta_w RV_{w,t} + \beta_m RV_{m,t} + \gamma RV_t I(r_t < 0) + \varepsilon_{t+1} \quad (4\text{-}15)$$

第六个模型采用了带符号的跳跃变差：$\Delta J_t = RV_t^u - RV_t^d$，以已实现双幂次变差作为回归变量，其模型表示为

$$RV_{t+1} = \beta_0 + + \beta_{\Delta J} \Delta J_t + \beta_{RBV} RBV_t + \beta_d RV_t^d + \beta_w RV_{w,t} + \beta_m RV_{m,t} + \varepsilon_{t+1} \quad (4\text{-}16)$$

2）SVR 方法

本节进一步将支持向量机回归（SVR）方法引入 HAR 模型中。Vapnik（1995）提出了一种基于统计学习理论的支持向量机（SVM）方法，使用支持向量机方法来解决回归问题称为支持向量回归（SVR）。支持向量机具有优越的泛化能力，能将非线性问题转化为高维空间的线性问题，然后用核函数代替高维空间的内积运算，简化了计算。

首先，当训练样本非线性可分时，利用高维特征空间可使样本线性可分。设 $\phi(x)$ 为由 x 映射的特征向量，因此特征空间中对应于超平面划分的模型可表示为 $f(x) = \omega \cdot \phi(x) + b$。给定一组样本数据 $G = \{(x_1, y_1), (x_2, y_2), \cdots, (x_l, y_l)\}$，$x_i \in \mathbf{R}^n$，$y_i \in \mathbf{R}(i = 1, 2, \cdots, l)$，$l$ 为训练样本的个数。所有训练样本的拟合精度为 ε（也称为不敏感系数），满足以下表达式：

$$\begin{cases} y_i - \omega \cdot \phi(x_i) - b \leqslant \varepsilon \\ \omega \cdot \phi(x_i) + b - y_i \leqslant \varepsilon \end{cases} \quad (4\text{-}17)$$

其中，ω 为权重系数，b 为截距项。为了控制回归函数的复杂性，欧拉范数 $\|\omega\|^2$ 应最小化。此外，引入松弛变量 $\xi_i, \xi_i^* \geqslant 0$ 来处理不满足上式的点。这样函数拟合问题就转化为求 ω 和 b 的二次优化问题，即

$$\min_{\omega,b,\xi,\xi^*} J(\omega,\xi,\xi^*) = \frac{1}{2}\|\omega\|^2 + C\sum_{i=1}^{l}(\xi_i + \xi_i^*) \quad (4\text{-}18)$$

$$\text{s.t.} \begin{cases} f(x_i) - y_i \leqslant \varepsilon + \xi_i \\ y_i - f(x_i) \leqslant \varepsilon + \xi_i^* \\ \xi_i, \xi_i^* \geqslant 0 \end{cases}$$

其中，常数 C 表示惩罚系数，用于控制超过误差 ε 的样本的惩罚程度。

为易于求解，将上述有约束的最优化问题转化为无约束的最优化问题，引入拉格朗日乘子 $\mu_i \geqslant 0$, $\mu_i^* \geqslant 0$, $\alpha_i \geqslant 0$, $\alpha_i^* \geqslant 0$，构造拉格朗日函数

$$L(\omega,b,\xi,\xi^*,\alpha,\alpha^*,\mu,\mu^*) = \frac{1}{2}\|\omega\|^2 + C\sum_{i=1}^{l}(\xi_i + \xi_i^*) + \sum_{i=1}^{l}\alpha_i(f(x_i) - y_i - \varepsilon - \xi_i) +$$

$$\sum_{i=1}^{l}\alpha_i^*(y_i - f(x_i) - \varepsilon - \xi_i^*) + \sum_{i=1}^{l}\mu_i(0 - \xi_i) + \sum_{i=1}^{l}\mu_i^*(0 - \xi_i^*)$$

可以看出，支持向量回归中需要解决最优化问题。但是若直接对上述原问题进行求解，求解的复杂度与样本的维度有关，即与权重系数的维度有关。为了降低求解的复杂度，通常转化为与原问题对应的对偶问题来求解。对偶问题将原问题中的不等式约束转化为等式约束，求解的复杂度只与样本数量有关，能有效地降低问题的复杂度。

上述问题的对偶问题为

$$\max_{\alpha,\alpha^*,\mu,\mu^*} \min_{\omega,b,\xi,\xi^*} L(\omega,b,\xi,\xi^*,\alpha,\alpha^*,\mu,\mu^*) \quad (4\text{-}19)$$

首先计算拉格朗日函数对于 ω, b, ξ, ξ^* 的偏导数，分别令其为 0，可得

$$\begin{cases} \omega = \sum_{i=1}^{l}(\alpha_i^* - \alpha_i) \cdot \phi(x_i) \\ 0 = \sum_{i=1}^{l}(\alpha_i^* - \alpha_i) \\ C = \alpha_i + \mu_i \\ C = \alpha_i^* + \mu_i^* \end{cases}$$

再将其代入式（4-19），可得 SVR 的对偶问题：

$$\max_{\alpha,\alpha^*} Q = \sum_{i=1}^{l} y_i(\alpha_i^* - \alpha_i) - \varepsilon(\alpha_i^* + \alpha_i) - \frac{1}{2}\sum_{i=1}^{l}\sum_{j=1}^{l}(\alpha_i^* - \alpha_i)(\alpha_j^* - \alpha_j) \cdot \phi(x_i) \cdot \phi(x_j)$$

$$\text{s.t.} \begin{cases} \sum_{i=1}^{l}(\alpha_i^* - \alpha_i) = 0 \\ 0 \leqslant \alpha_i, \alpha_i^* \leqslant C, i = 1, \cdots, l \end{cases}$$

上述过程需满足 KKT 条件，从而保证原问题与其对偶问题是等价的，即

$$\begin{cases} \alpha_i(f(x_i) - y_i - \varepsilon - \xi_i) = 0 \\ \alpha_i^*(y_i - f(x_i) - \varepsilon - \xi_i^*) = 0 \\ \alpha_i \alpha_i^* = 0, \ \xi_i \xi_i^* = 0 \\ (C - \alpha_i)\xi_i = 0, \ (C - \alpha_i^*)\xi_i^* = 0 \end{cases}$$

因此，SVR 的解为

$$f(x) = \sum_{i=1}^{l}(\alpha_i^* - \alpha_i) \cdot \phi(x_i) \cdot \phi(x) + b \qquad (4\text{-}20)$$

其中，$b = y_i + \varepsilon - \sum_{i=1}^{l}(\alpha_i^* - \alpha_i) \cdot \phi(x_i) \cdot \phi(x)$，$\omega = \sum_{i=1}^{l}(\alpha_i^* - \alpha_i) \cdot \phi(x_i)$。

令核函数 $K(x_i \cdot x_j) = \phi(x_i) \cdot \phi(x_j)$，SVR 的解也可表示为

$$f(x) = \sum_{i=1}^{l}(\alpha_i^* - \alpha_i)K(x_i, x) + b$$

SVR 方法的主要优点是它可以捕获隐藏在时间序列中的非线性模式，因此，它通常被用作构建混合机器学习模型的一个元素。利用核函数可在输入空间构造非线性决策超曲面。选择不同的核函数可生成不同的支持向量机。常用的核函数有线性核函数、多项式核函数和径向基核函数。通过比较分析，本书选取目前应用最广泛的径向基（RBF）核函数，并采用 K 折交叉验证法和网格搜索法相结合来选取支持向量回归的最优参数，其中 RBF 核函数 $K(x_i, x_j) = \exp\left(-\dfrac{\|x_i - x_j\|^2}{2\sigma}\right)$，$\sigma$ 描述了核函数的方差。

本节采用非线性 SVR 方法预测已实现波动，采用与前述 HAR 回归模型

一致的输入和输出变量来构建 SVR 模型,得到非线性 SVR-HAR 模型。

3)组合预测

由于单个模型的样本外预测能力受模型不确定性的影响,实证研究发现,组合方法往往具有更好的预测能力(Rapach 等,2010;Wang 等,2016; Zhang 等,2019)。为了比较非线性 SVR 方法对单个模型的预测能力,本节给出了几种常用的组合预测方法的结果。已实现波动的组合预测结果由 N 个单个预测值的加权平均计算得到

$$\hat{RV}_{c,t+1} = \sum_{i=1}^{N} \omega_{i,t} \hat{RV}_{i,t+1}, \qquad (4\text{-}21)$$

其中,$\hat{RV}_{c,t+1}$ 表示第 $t+1$ 天的组合波动率预测值,$\hat{RV}_{i,t+1}$ 表示第 i 个模型的波动率预测值,$\omega_{i,t}$ 表示截止到第 t 天的第 i 个模型的权重,N 表示单个模型的数量。

本节采用的第一种组合方法是简单平均模型,即均值预测,它是对多个模型预测的波动率计算算数平均值。第二种组合方法是 Stock 和 Watson(2004)提出的 DMSPE 方法,第 t 天的第 i 个模型的权重计算如下:

$$\omega_{i,t} = \phi_{i,t}^{-1} / \sum_{j=1}^{N} \phi_{j,t}^{-1}, \quad \phi_{j,t} = \sum_{s=m+1}^{t} \theta^{t-s}(RV_s - \hat{RV}_{j,s})^2$$

其中,m 为初始训练样本的观测数,θ 为折现因子。根据 Rapach 等(2010)和 Zhang 等(2019)等的研究,折现因子取 1 和 0.9。该方法给预测误差越小的模型赋予更大的权重。

在传统组合预测方法的基础上,进一步采用 DWC 组合和 LASSO 组合两种新的组合方法,其中权重是基于历史数据获得的,并在训练窗口内进行动态调整。

在 DWC 方法下,通过求解以下优化问题得到最优权重:

$$\min\ E(RV_{t+1} - \hat{RV}_{c,t+1})^2, \sum_{i=1}^{N} \omega_{i,t} = 1 \qquad (4\text{-}22)$$

其中,RV_{t+1},$\hat{RV}_{t+1}$ 分别代表实际波动率和预测的波动率。

该方法与计算样本外预测值的迭代组合方法相似（Lin 等，2018；Zhang 等，2019），要使用第 t 天的信息估计最优权值，并计算组合在第 $t+1$ 天的预测波动率，即只有在直到第 t 天可以得到的信息才被用来预测第 $t+1$ 天的波动率。

Audrino 和 Knaus（2016）、Zhang 等（2019）将 Tibshirani（1996）提出的 LASSO 回归应用于已实现波动预测，实证结果也证实了该方法优于 OLS 方法。本节提出通过 LASSO 回归来获得不同模型加权组合的最优权重。假设组合预测值计算为

$$RV_{t+1} = \beta_0 + \sum_{i=1}^{N} \beta_i \hat{RV}_{i,t+1} + u_t \tag{4-23}$$

通过使用截止到第 t 天的数据信息来估计参数：

$$\arg\min_{\beta} \left[\frac{1}{2(t-1)} \sum_{l=1}^{t-1} \left(RV_{l+1} - \beta_0 - \sum_{i=1}^{N} \beta_i \hat{RV}_{i,t+1} \right)^2 + \lambda \sum_{i=1}^{N} |\beta_i| \right]$$

其中，λ 为非负正则化参数，表示模型参数的惩罚函数。值得注意的是，这两种新的组合方法不是直接赋权，而是通过最优化方法获得权重。

为简单起见，在 OLS 方法下 6 个 HAR 模型分别记为 OLS-M1,…,OLS-M6，在 SVR 方法下 6 个 HAR 模型分别记为 SVR-M1,…,SVR-M6。组合方法下的模型分别记为"Combination"-OLS 和"Combination"-SVR，其中"Combination"分别表示各组合预测方法："平均""DMSPE（0.9）""DMSPE（1）""LASSO"和"DWC"。

4.2.3 实证分析

1）数据及描述统计

沪深 300 指数的日内 5 分钟高频数据从聚宽（JoinQuant）量化交易平台下载，样本期为 2005 年 4 月 8 日至 2019 年 5 月 14 日，共 427 个交易日，沪深 300 指数价格为 9:35 至 11:30、13:05 至 15:00，每天 48 个观测值。

表 4-10 提供了已实现波动及其他各个指标的描述统计。连续波动（RBV）的平均值与已实现方差相似，表明连续波动可以解释大部分已实现波动。与连续波动相比，跳跃波动较小。已实现正、负半变差的平均值与已实现方差具有相同的数量级。所有波动率序列都具有较大的峰度和偏度，Jarque-Bera 检验表明所有变量在 1%显著性水平上拒绝了正态分布的零假设。

表 4-10　描述性统计

	RV	RBV	SJ	RS^+	RS^-	ΔJ	$RV_{t-1}I(r_{t-1}<0)$
Mean	1.947×10^{-4}	1.725×10^{-4}	5.096×10^{-5}	1.380×10^{-4}	1.323×10^{-4}	5.745×10^{-6}	9.956×10^{-5}
Med	9.896×10^{-4}	8.565×10^{-4}	3.833×10^{-4}	6.721×10^{-5}	5.239×10^{-5}	6.593×10^{-6}	0.000×10^{0}
Max	4.172×10^{-3}	4.570×10^{-3}	7.717×10^{-2}	4.919×10^{-3}	5.155×10^{-3}	3.578×10^{-3}	3.834×10^{-3}
Min	7.564×10^{-7}	0.00×10^{0}	0.00×10^{0}	0.00×10^{0}	1.679×10^{-8}	-4.470×10^{-3}	0.000×10^{0}
Std	3.004×10^{-4}	2.748×10^{-4}	5.888×10^{-3}	2.506×10^{-4}	2.772×10^{-4}	2.697×10^{-4}	2.486×10^{-4}
Skew	5.384	5.945	3.690	7.651	7.423	−1.810	6.491
kurt	44.63	57.44	26.49	92.39	82.91	79.19	65.28
JB	2.99×10^{5}	4.89×10^{5}	1.07×10^{5}	1.25×10^{6}	1.01×10^{6}	8.93×10^{5}	6.29×10^{5}

注：给出了已实现测度的描述性统计，样本期为 2005 年 4 月 8 日至 2019 年 5 月 14 日。Std 表示时间序列的标准差。

图 4-4 展示了沪深 300 指数的已实现波动。从图中可以看出，波动率在 2007 年之前较低，自 2007 年以来大幅上升，并在 2008 年左右的全球金融危机期间达到最高水平。在经历了金融危机期间的极高波动后，已实现波动变得稳定，随后处于相对较低的水平，并在 2015 年中国股市崩盘期间达到另一个峰值。

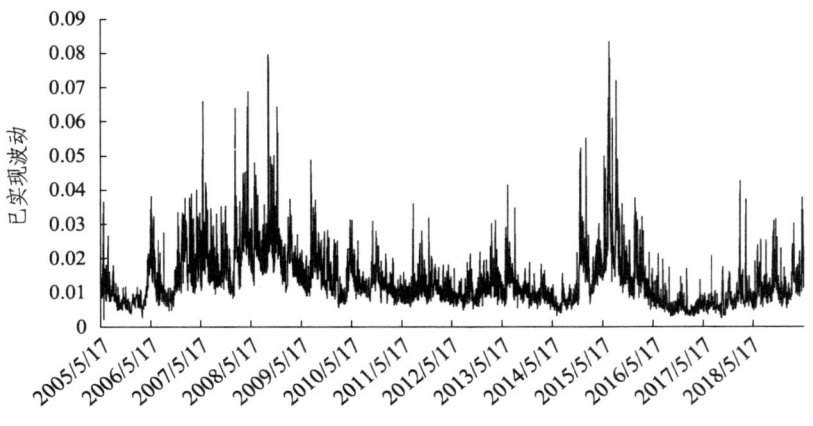

图 4-4　沪深 300 指数的已实现波动

2）预测评价

理论上，我们期望非线性的 SVR 方法在波动率预测方面优于传统的 OLS 方法。本节评估 OLS 方法和 SVR 方法以及组合方法的样本外预测性能。将 HAR 模型中的解释变量用作输入信息进行 SVR 估计，并采用滚动窗口法获得波动率的预测值。具体来说，如果样本大小为 N，滚动窗口为 m，使用第一个 $N-m$ 观测值来估计参数，然后生成向前一步的样本外波动率预测。重复此过程，产生 m 天波动率预测值。本节中滚动窗口 m 的长度分别取 511 和 1022，分别约占整个样本的 15% 和 30%。

为了度量预测不同模型的预测能力，本节采用了两种误差方法：异方差调整均方误差（HMSE）、异方差调整平均绝对误差（HMAE），其定义分别为

$$HMSE = \frac{1}{N-m}\sum_{t=1}^{N-m}(1-\hat{RV_t}/RV_t)^2, \quad HMAE = \frac{1}{N-m}\sum_{t=1}^{N-m}|1-\hat{RV_t}/RV_t|$$

其中，m 是滚动窗口的长度，N 是总样本数。

3）单个模型的 MCS 检验

基于上述两个损失函数，表 4-11 给出了 OLS 方法和 SVR 方法下 6 个模型的预测误差、最优模型集合以及 95% 置信水平下的相应 p 值。从表中可以看出，SVR 方法下的模型均获得最低的预测误差，并且适用于不同的滚动窗

口长度。OLS 方法下 M4、M5 和 M6 进入最优模型集合中，而 SVR 方法下 6 个模型均被选入最优模型集合。相比之下，基于 OLS 方法的 HAR 模型有较高的预测误差，尤其是 M1 到 M3。从两个误差指标 HMSE 和 HMAE 来看，SVR-M4 的误差最小，其次是 SVR-M5，这表明在已实现波动预测方面，已实现半变差包含的信息比跳跃波动更多。

表 4-11　单个模型的 MCS 检验结果

	M1	M2	M3	M4	M5	M6
$m=511$ (Length of rolling window)						
HMSE						
OLS	0.133(0.000)	0.117(0.000)	0.112(0.000)	0.105(1.000)	0.105(0.872)	0.111(0.161)
SVR	**0.100**(1.000)	**0.092**(0.232)	**0.092**(0.161)	**0.044**(1.000)	**0.044**(1.000)	**0.060**(0.000)
HMAE						
OLS	0.274(0.000)	0.262(0.000)	0.255(0.001)	0.244(1.000)	0.245(0.994)	0.251(0.266)
SVR	**0.239**(0.266)	**0.230**(0.266)	**0.230**(0.266)	**0.152**(1.000)	**0.154**(1.000)	**0.184**(0.266)
$m=1022$ (Length of rolling window)						
HMSE						
OLS	0.148(0.000)	0.133(0.000)	0.128(0.000)	0.127(1.000)	0.127(1.000)	0.132(0.778)
SVR	**0.109**(0.378)	**0.110**(0.323)	**0.112**(0.378)	**0.050**(1.000)	**0.050**(1.000)	**0.068**(0.323)
HMAE						
OLS	0.293(0.000)	0.282(0.000)	0.276(0.000)	0.268(1.000)	0.268(0.999)	0.275(0.252)
SVR	**0.255**(0.252)	**0.254**(0.252)	**0.255**(0.252)	**0.163**(1.000)	**0.165**(1.000)	**0.196**(0.000)

注：提供了通过两个损失函数评估的 6 个单独模型的预测结果。粗体数字表示在特定标准下，相应模型的损失函数最低。括号中的数字是进行 50 000 次 bootstraps 获得的 MCS 检验的 p 值。下划线表示在 95% 置信水平下选出的最优模型。

进一步将 MCS 检验应用到表 4-11 中选择的最优模型集合上，结果见表

4-12。从表中可以看出，仅 SVR-M4 和 SVR-M5 被选入新的最优模型集合。无论滚动窗口取多长，SVR-M4 模型在这两种损失函数下都排在第一。这也进一步证实了非线性 SVR 方法在波动率预测方面优于 OLS 方法，并且已实现半变差比跳跃波动具有更强的预测能力。

表 4-12 最优模型的 MCS 检验结果

	m=511		m=1022	
	HMSE	HMAE	HMSE	HMAE
OLS-M4	0.105 (0.000)	0.244 (0.000)	0.127 (0.000)	0.268 (0.000)
OLS-M5	0.105 (0.000)	0.245 (0.000)	0.127 (0.000)	0.268 (0.000)
OLS-M6	0.111 (0.000)	0.251 (0.000)	0.132 (0.000)	0.275 (0.000)
SVR-M1	0.100 (0.000)	0.238 (0.000)	0.109 (0.000)	0.255 (0.000)
SVR-M2	0.092 (0.000)	0.230 (0.000)	0.110 (0.000)	0.254 (0.000)
SVR-M3	0.092 (0.000)	0.230 (0.000)	0.112 (0.000)	0.255 (0.000)
SVR-M4	**0.044 (1.000)**	**0.152 (1.000)**	**0.050 (1.000)**	**0.163 (1.000)**
SVR-M5	0.044 (1.000)	0.153 (0.773)	0.050 (1.000)	0.165 (0.322)

注：提供了通过两个损失函数评估的 6 个单个模型的预测结果。粗体数字表示在特定标准下，相应模型的损失函数最低。括号中的数字是进行 50 000 次 bootstraps 获得的 MCS 检验的 p 值。下划线表示在 95%置信水平下选出的最优模型。

4）组合方法下的 MCS 检验

为了检验本节所提出的组合方法的有效性，表 4-13 给出了 OLS 方法下各个模型以及 DWC-OLS 方法的 MCS 检验结果。显然，DWC-OLS 模型的预测误差低于或至少等于单个模型的预测误差。例如，当 m 等于 1022 时，DWC-OLS 方法下的 HMSE 和 HMAE 低于单个模型，DWC-OLS 获得最大 p 值 1，这意味着单个预测波动率的动态加权组合比 OLS 方法下的单个模型表现更好，且随着滚动窗口长度的增加，这种情况更加明显。

表 4-13 DWC-OLS 方法与 OLS 方法的 MCS 检验结果

	m=511		m=1022	
	HMSE	HMAE	HMSE	HMAE
OLS-M1	0.133(0.005)	0.274(0.004)	0.148(0.010)	0.294(0.002)
OLS-M2	0.117(0.014)	0.262(0.039)	0.133(0.016)	0.282(0.005)
OLS-M3	<u>0.112</u>(0.910)	<u>0.255</u>(0.808)	<u>0.128</u>(0.997)	<u>0.276</u>(0.876)
OLS-M4	<u>0.105</u>(0.994)	**<u>0.244</u>(1.000)**	<u>0.127</u>(0.304)	<u>0.268</u>(0.780)
OLS-M5	<u>0.105</u>(0.629)	<u>0.245</u>(0.793)	<u>0.127</u>(0.334)	<u>0.268</u>(0.675)
OLS-M6	0.111(0.006)	0.251(0.004)	0.132(0.001)	0.275(0.000)
DWC-OLS	**<u>0.104</u>(1.000)**	<u>0.244</u>(0.997)	**<u>0.123</u>(1.000)**	**<u>0.266</u>(1.000)**

注：粗体数字表示在特定标准下，相应模型的损失函数最低。下划线表示在 95% 置信水平下选出的最优模型。

综合上述实证结果，以已实现半变差为回归变量的 SVR-M4 模型、以已实现半变差和杠杆效应为回归变量的 SVR-M5 模型在所有 12 个单个模型中表现最优。表 4-14 进一步比较了 13 种模型的预测能力，包括 3 种单个模型（SVR-M4、SVR-M5 和 LASSO 估计）和 10 种组合方法。可以观察到，SVR-M4 模型再次获得了最低的误差，并在所有组合方法中排名第一，其次是 SVR-M5 模型，这证实了非线性 SVR 方法确实具有较强的预测能力。总体来说，在已实现波动预测方面，SVR 方法优于本节中所选取的组合方法，这可能是由于 SVR 的优势，它可以捕获隐藏在金融时间序列中的非线性模式。

表 4-14 已实现波动预测性能

	Tmax		TR	
	HMSE	HMAE	HMSE	HMAE
m=511				
SVR-M4	**<u>0.044</u>(1.000)**	**<u>0.152</u>(1.000)**	**<u>0.044</u>(1.000)**	**<u>0.152</u>(1.000)**
SVR-M5	<u>0.044</u>(0.999)	<u>0.154</u>(0.899)	<u>0.044</u>(0.999)	<u>0.154</u>(0.945)
LASSO	0.114(0.000)	0.258(0.000)	0.114(0.000)	0.258(0.000)

续表

	Tmax		TR	
	HMSE	HMAE	HMSE	HMAE
Mean-OLS	0.108 (0.000)	0.250 (0.000)	0.108 (0.000)	0.249(0.000)
DMSPE(0.9)-OLS	0.107 (0.000)	0.248(0.000)	0.107 (0.000)	0.248(0.000)
DMSPE(1)-OLS	0.105(0.000)	0.246(0.000)	0.105(0.000)	0.245(0.000)
LASSO -OLS	0.101(0.000)	0.240(0.000)	0.101(0.000)	0.240(0.000)
DWC-OLS	0.105(0.000)	0.245(0.000)	0.104(0.000)	0.244(0.000)
Mean-SVR	0.062(0.000)	0.189(0.000)	0.061(0.000)	0.189(0.000)
DMSPE(0.9)-SVR	0.054(0.000)	0.176(0.000)	0.053(0.000)	0.176(0.000)
DMSPE(1)-SVR	0.053(0.000)	0.175(0.000)	0.052(0.000)	0.174(0.000)
LASSO -SVR	<u>0.044</u>(1.000)	<u>0.156</u>(0.771)	<u>0.044</u>(1.000)	<u>0.156</u>(0.771)
DWC-SVR	0.046 (0.035)	0.158(0.000)	0.046 (0.035)	0.158(0.000)
m=1022				
SVR-M4	**<u>0.050</u>(1.000)**	**<u>0.163</u>(1.000)**	**<u>0.050</u>(1.000)**	**<u>0.163</u>(1.000)**
SVR-M5	**<u>0.050</u>(1.000)**	<u>0.165</u>(0.412)	**<u>0.050</u>(1.000)**	<u>0.165</u>(0.453)
LASSO	0.180(0.000)	0.316(0.000)	0.181(0.000)	0.316(0.000)
Mean-OLS	0.124 (0.000)	0.269(0.000)	0.124 (0.000)	0.269(0.000)
DMSPE(0.9)-OLS	0.123(0.000)	0.268(0.000)	0.123(0.000)	0.267(0.000)
DMSPE(1)-OLS	0.118(0.000)	0.262(0.000)	0.118(0.000)	0.262(0.000)
LASSO-OLS	0.134(0.000)	0.275(0.000)	0.134(0.000)	0.275(0.000)
DWC-OLS	0.123(0.000)	0.266(0.000)	0.123(0.000)	0.266(0.000)
Mean-SVR	0.071(0.000)	0.203(0.000)	0.071(0.000)	0.203(0.000)
DMSPE(0.9)-SVR	0.065(0.000)	0.193(0.000)	0.065(0.000)	0.193(0.000)
DMSPE(1)-SVR	0.061(0.000)	0.185(0.000)	0.061(0.000)	0.185(0.000)
LASSO -SVR	0.080(0.000)	0.206(0.000)	0.080(0.001)	0.206(0.000)
DWC-SVR	0.051(0.005)	0.165 (0.000)	<u>0.051</u>(0.016)	0.165 (0.001)

注：粗体数字表示在特定标准下，相应模型的损失函数最低。下划线表示在95%置信水平下选出的最优模型。

另外，由表 4-14 还可以看出，SVR 方法明显优于 LASSO 方法。基于 SVR 估计的单个模型和组合方法的所有误差都降低到更低的水平，并且基于 SVR 方法的 5 种组合方法产生的误差远低于基于 OLS 方法的组合预测误差。其中，LASSO-SVR 方法在滚动窗为 511 时优于其他组合方法，在滚动窗为 1022 时 DWC-SVR 方法表现最好，其次是 LASSO-SVR 方法。相比之下，在基于 OLS 方法的 5 种组合方法中，当滚动窗口长度为 511 时，LASSO-OLS 方法优于其他组合方法，其次是 DWC-OLS 方法。而当滚动窗口长度为 1022 时，DMSPE（1）-OLS 方法表现最好。这些结果均表明，动态调整权重的 DWC 方法和 LASSO 组合方法比传统的均值、DMSPE（0.9）和 DMSPE（1）组合方法具有更好的预测能力。

值得说明的是，本节的研究发现数据驱动的机器学习方法比组合方法表现得更好，这意味着简单模型得出的结果可能比组合模型的结果要好。例如，Zhang 等（2019）发现，弹性网络和 LASSO 的样本外预测性能明显优于单个扩展的 HAR 模型和组合方法。每个模型都有不同的预测目标，因此组合预测结果并不一致。本节的结果与上述研究的观点一致，都解释了机器学习方法的优越性，同时也表明非线性 SVR 方法甚至比线性 LASSO 方法更好。当然，在后续研究中，结合最新的方法探讨能够充分考虑模型不确定性和时间序列数据结构突变特征的组合预测方法，也是很有价值的研究方向。

5）稳健性检验

为了检验以上实证结果的稳健性，本节给出了用已实现核估计（Realized Kernel）代替上述已实现方差的 MCS 检验结果（见表 4-15）。已实现核估计是已实现方差的另一种定义，为了克服计算已实现方差时可能出现的微观结构噪声，通过去除最极端的观测值（在 200 天滚动窗口定义的 4 个标准差之外）进行修正（Barndorff-Nielsen 等，2008）。这里的已实现核估计基于 R 软件中"high-frequency"实现，其中使用默认的 rectangular 内核函数。

表 4-15　已实现核估计预测性能

	Tmax		TR	Tmax
	HMSE	HMAE	HMSE	HMAE
m=511				
SVR-M4	0.044(0.002)	0.152(0.000)	0.044(0.002)	0.152(0.000)
SVR-M5	0.044(0.000)	0.153(0.000)	0.044(0.000)	0.153(0.000)
LASSO	0.115(0.000)	0.260(0.000)	0.115(0.000)	0.260(0.000)
Mean-OLS	0.097(0.000)	0.236 (0.000)	0.097(0.000)	0.236(0.000)
DMSPE(0.9)-OLS	0.085(0.000)	0.222(0.000)	0.085(0.000)	0.222(0.000)
DMSPE(1)-OLS	0.084(0.000)	0.221(0.000)	0.084(0.000)	0.220(0.000)
LASSO-OLS	0.072(0.001)	0.201(0.000)	0.072(0.001)	0.201(0.000)
DWC-OLS	0.092(0.000)	0.229(0.000)	0.092(0.000)	0.229(0.000)
Mean -SVR	0.054(0.000)	0.177(0.000)	0.054(0.000)	0.177(0.000)
DMSPE(0.9)-SVR	0.048(0.000)	0.166(0.000)	0.048(0.000)	0.167(0.000)
DMSPE(1)-SVR	0.047(0.000)	0.164(0.000)	0.047(0.000)	0.164(0.000)
LASSO-SVR	**<u>0.035(1.000)</u>**	**<u>0.138(1.000)</u>**	**<u>0.035(1.000)</u>**	**<u>0.138(1.000)</u>**
DWC-SVR	0.042(0.000)	0.151(0.000)	0.042(0.000)	0.151(0.000)
m=1022				
SVR-M4	**<u>0.051(1.000)</u>**	**<u>0.164(1.000)</u>**	**<u>0.051(1.000)</u>**	**<u>0.164(1.000)</u>**
SVR-M5	<u>0.051</u>(1.000)	<u>0.165</u>(0.482)	<u>0.051</u>(1.000)	<u>0.165</u>(0.482)
LASSO	0.155(0.000)	0.294(0.000)	0.155(0.000)	0.294(0.000)
Mean-OLS	0.113(0.000)	0.257(0.000)	0.113(0.000)	0.257(0.000)
DMSPE(0.9)-OLS	0.106(0.000)	0.248(0.000)	0.106(0.000)	0.248(0.000)
DMSPE(1)-OLS	0.097(0.000)	0.239(0.000)	0.097(0.000)	0.239(0.000)
LASSO-OLS	0.092(0.001)	0.225(0.000)	0.092(0.001)	0.225(0.000)
DWC-OLS	0.105(0.000)	0.245(0.000)	0.105(0.000)	0.245(0.000)
Mean -SVR	0.065(0.000)	0.193(0.000)	0.065(0.000)	0.193(0.000)
DMSPE(0.9)-SVR	0.061(0.000)	0.185(0.000)	0.060(0.000)	0.185(0.000)

续表

	Tmax		TR	Tmax
	HMSE	HMAE	HMSE	HMAE
DMSPE(1)-SVR	0.057(0.023)	0.178(0.000)	0.057(0.022)	0.178(0.000)
LASSO-SVR	0.078(0.002)	0.203 (0.000)	0.078(0.002)	0.203(0.000)
DWC-SVR	<u>0.051</u>(0.642)	0.165(0.001)	<u>0.051</u>(0.642)	0.165 (0.001)

注：粗体数字表示在特定标准下，相应模型的损失函数最低。下划线表示在95%置信水平下选出的最优模型。

表4-15给出了已实现核估计的样本外预测结果。显然，对于较长的滚动窗口（m=1022），SVR-M4 和 SVR-M5 的误差最小，并且在两种误差函数和检验统计量下SVR-M4被选入最优模型集合。对于较短的滚动窗口（m=512），在 LASSO-SVR 和 DWC-SVR 组合方法下 HMAE 和 HMSE 最低。这一结论进一步表明了将非线性 SVR 方法应用于已实现波动预测的必要性。

4.2.4 经济意义检验

本节从投资组合选择的角度进一步检验已实现波动预测的经济价值。根据关于波动率预测的文献〔Zhang 等, 2019），假设均值-方差投资者基于各种预测的波动率在风险资产（股票或股指期货）和无风险资产之间进行最优配置。投资组合收益率计算如下：

$$R_p = \omega\theta(r+r_f)+(1-\omega)r_f \tag{4-24}$$

其中，ω 是风险资产的投资组合权重，θ 代表杠杆率，r，r_f 分别代表风险资产的超额收益和无风险利率。投资组合收益率的方差满足：

$$Var(R_p) = \omega^2\theta^2\sigma^2 \tag{4-25}$$

其中，σ 是超额收益的波动率。预期效用通过确定性等价回报（CER）来衡量：

$$\begin{aligned}U(R_p) &= E(R_p)-0.5\gamma Var(R_p)\\&= \omega\theta(r+r_f)+(1-\omega)r_f-0.5\gamma w^2\theta^2\sigma^2\end{aligned} \tag{4-26}$$

式中，γ 表示投资者的相对风险规避系数。

然后，通过预期效用最大化得到的最优投资组合权重满足：

$$\omega_t = \frac{1}{\gamma} \frac{\theta \hat{r}_{t+1} + (1-\theta) r_{t+1}^f}{\theta^2 \hat{\sigma}_{t+1}^2} \tag{4-27}$$

其中，$\hat{r}_{t+1}$ 是第 $t+1$ 天的预测超额收益，使用直到时间 t 的历史平均值进行估计，$\hat{\sigma}_{t+1}^2$ 是第 $t+1$ 天的预测波动率。

均值-方差投资者实现的确定性等价收益率（CER）为

$$CER = \overline{R}_p - 0.5\gamma \sigma_p^2 \tag{4-28}$$

其中，$\overline{R}_p$，σ_p^2 是样本外评估期内投资组合收益率的均值和方差。

Sharpe 比率由下式给出：

$$SR = \frac{\overline{R}_p^e}{\sigma_p^e} \tag{4-29}$$

式中，$\overline{R}_p^e$，σ_p^e 是样本外评估期内投资组合超额收益率的平均值和标准差。

表 4-16 和表 4-17 给出了不同滚动窗口下所有预测模型的投资组合表现。可以发现，单个模型 SVR-M4 和 SVR-M5，以及 LASSO-SVR 和 DWC-SVR 组合方法，对于 CER 和 Sharpe 比率产生了明显更高的经济价值，获得了更高的投资组合回报，并且适用于其他风险规避系数或杠杆比率。这意味着采用已实现半变差和非线性 SVR 方法预测波动率的模型具有最高的经济价值，再次证实了本节的结论，也隐含着均值-方差投资者可以用 SVR 方法代替组合方法来指导资产配置。

4.2.5 小 结

本节提出 SVR-HAR 模型来研究基于沪深 300 指数的样本外已实现波动预测。采用两种新的组合方法，并与单个模型的预测能力进行了比较。实证结果表明，以已实现半变差作为回归变量的 SVR-HAR 模型预测误差最小，证实了非线性 SVR 方法和已实现半变差的强大预测能力。当改变预测窗口长度、检验统计量和已实现波动的度量时，结果是稳健的，并且采用已实现半变差和非线性 SVR 方法的模型获得最高的经济价值。本节的研究表明采用有效的机器学习技术进行波动率预测，对投资者和监管者以及对金融市场风险管理都具有重要意义。

表4-16　投资组合表现（m=511）

	theta=1			theta=3			theta=5		
	Ret	CER	SP	Ret	CER	SP	Ret	CER	SP
Gamma=1									
SVR-M4	**1.404**	**1.089**	**1.644**	**2.164**	**1.573**	**1.911**	**2.333**	**1.676**	**1.962**
SVR-M5	**1.429**	**1.114**	**1.673**	**2.194**	**1.604**	**1.938**	**2.364**	**1.708**	**1.989**
LASSO	0.759	0.641	1.310	1.187	0.937	1.532	1.285	1.003	1.577
Mean-OLS	0.828	0.677	1.304	1.290	0.985	1.532	1.395	1.054	1.578
DMSPE(0.9)-OLS	0.830	0.678	1.307	1.294	0.989	1.536	1.400	1.058	1.582
DMSPE(1)-OLS	0.834	0.681	1.308	1.300	0.993	1.538	1.407	1.062	1.584
LASSO-OLS	0.777	0.623	1.217	1.230	0.918	1.446	1.334	0.984	1.492
DWC-OLS	0.761	0.611	1.203	1.209	0.904	1.435	1.312	0.970	1.481
Mean-SVR	1.182	0.923	1.503	1.812	1.322	1.744	1.955	1.410	1.792
DMSPE(0.9)-SVR	1.246	0.980	1.569	1.907	1.406	1.816	2.056	1.498	1.864
DMSPE(1)-SVR	1.245	0.975	1.557	1.908	1.400	1.806	2.057	1.492	1.854
LASSO-SVR	**1.436**	**1.134**	**1.712**	**2.192**	**1.626**	**1.975**	**2.360**	**1.731**	**2.025**
DWC-SVR	**1.381**	**1.082**	**1.653**	**2.117**	**1.555**	**1.913**	**2.281**	**1.656**	**1.963**
Gamma=3									
SVR-M4	**0.468**	**0.396**	**1.644**	**0.721**	**0.558**	**1.911**	**0.778**	**0.592**	**1.962**
SVR-M5	**0.476**	**0.405**	**1.673**	**0.731**	**0.568**	**1.938**	**0.788**	**0.603**	**1.989**
LASSO	0.253	0.247	1.310	0.396	0.346	1.532	0.428	0.368	1.577
Mean-OLS	0.276	0.259	1.304	0.430	0.362	1.532	0.465	0.385	1.578
DMSPE(0.9)-OLS	0.277	0.259	1.307	0.431	0.363	1.536	0.467	0.386	1.582
DMSPE(1)-OLS	0.278	0.260	1.308	0.433	0.364	1.538	0.469	0.387	1.584
LASSO-OLS	0.259	0.241	1.217	0.410	0.339	1.446	0.445	0.361	1.492
DWC-OLS	0.254	0.237	1.203	0.403	0.335	1.435	0.437	0.357	1.481
Mean-SVR	0.394	0.341	1.503	0.604	0.474	1.744	0.652	0.503	1.792
DMSPE(0.9)-SVR	0.415	0.360	1.569	0.636	0.502	1.816	0.685	0.533	1.864
DMSPE(1)-SVR	0.415	0.358	1.557	0.636	0.500	1.806	0.686	0.531	1.854
LASSO-SVR	**0.479**	**0.411**	**1.712**	**0.731**	**0.575**	**1.975**	**0.787**	**0.610**	**2.025**
DWC-SVR	**0.460**	**0.394**	**1.653**	**0.706**	**0.552**	**1.913**	**0.760**	**0.585**	**1.963**

续表

	theta=1			theta=3			theta=5		
	Ret	CER	SP	Ret	CER	SP	Ret	CER	SP
Gamma=5									
SVR-M4	**0.281**	**0.258**	**1.644**	**0.433**	**0.355**	**1.911**	**0.467**	**0.375**	**1.962**
SVR-M5	**0.286**	**0.263**	**1.673**	**0.439**	**0.361**	**1.938**	**0.473**	**0.382**	**1.989**
LASSO	0.152	0.168	1.310	0.433	0.355	1.911	0.257	0.241	1.577
Mean-OLS	0.166	0.175	1.304	0.258	0.237	1.532	0.279	0.251	1.578
DMSPE(0.9)-OLS	0.166	0.176	1.307	0.259	0.238	1.536	0.280	0.252	1.582
DMSPE(1)-OLS	0.167	0.176	1.308	0.260	0.239	1.538	0.281	0.252	1.584
LASSO-OLS	0.155	0.165	1.217	0.246	0.224	1.446	0.267	0.237	1.492
DWC-OLS	0.152	0.162	1.203	0.242	0.221	1.435	0.262	0.234	1.481
Mean-SVR	0.236	0.225	1.503	0.362	0.304	1.744	0.391	0.322	1.792
DMSPE(0.9)-SVR	0.249	0.236	1.569	0.381	0.321	1.816	0.411	0.340	1.864
DMSPE(1)-SVR	0.249	0.235	1.557	0.382	0.320	1.806	0.411	0.338	1.854
LASSO-SVR	**0.287**	**0.267**	**1.712**	**0.438**	**0.365**	**1.975**	**0.472**	**0.386**	**2.025**
DWC-SVR	**0.276**	**0.256**	**1.653**	**0.423**	**0.351**	**1.913**	**0.456**	**0.371**	**1.963**

注：报告了各种波动率预测模型下在风险资产和无风险资产之间进行分配的投资组合回报、年化确定性等价回报（CER，百分比形式）和夏普比率，其中均值-方差有效投资者可能有不同的风险厌恶系数（1、3、5），表中给出了三个杠杆比率1、3、5下的结果。

表 4-17　投资组合表现（$m=1022$）

	theta=1			theta=3			theta=5		
	Ret	CER	SP	Ret	CER	SP	Ret	CER	SP
Gamma=1									
SVR-M4	**0.497**	**0.427**	**1.013**	**1.071**	**0.888**	**1.571**	**1.201**	**0.987**	**1.652**
SVR-M5	**0.471**	**0.401**	**0.961**	**1.045**	**0.863**	**1.535**	**1.176**	**0.962**	**1.618**
LASSO	0.497	0.427	1.013	0.751	0.666	1.448	0.831	0.730	1.510
Mean-OLS	0.322	0.298	0.838	0.696	0.605	1.311	0.783	0.673	1.386
DMSPE(0.9)-OLS	0.324	0.299	0.838	0.695	0.603	1.304	0.782	0.671	1.378
DMSPE(1)-OLS	0.323	0.297	0.832	0.698	0.605	1.304	0.786	0.674	1.379
LASSO-OLS	0.356	0.329	0.910	0.708	0.612	1.311	0.790	0.675	1.375
DWC-OLS	0.349	0.321	0.885	0.709	0.611	1.302	0.793	0.675	1.369
Mean-SVR	0.338	0.288	0.757	0.816	0.674	1.317	0.927	0.759	1.402
DMSPE(0.9)-SVR	0.371	0.318	0.817	0.869	0.721	1.380	0.984	0.808	1.464
DMSPE(1)-SVR	0.380	0.325	0.829	0.884	0.733	1.394	1.001	0.822	1.479
LASSO-SVR	**0.433**	**0.386**	**0.985**	**0.912**	**0.777**	**1.500**	**1.021**	**0.862**	**1.577**
DWC-SVR	**0.476**	**0.409**	**0.982**	**1.041**	**0.863**	**1.543**	**1.169**	**0.960**	**1.625**
Gamma=3									
SVR-M4	**0.166**	**0.176**	**1.013**	**0.357**	**0.329**	**1.571**	**0.400**	**0.362**	**1.652**
SVR-M5	**0.157**	**0.167**	**0.961**	**0.348**	**0.321**	**1.535**	**0.392**	**0.354**	**1.618**
LASSO	0.134	0.160	1.067	0.250	0.255	1.448	0.277	0.277	1.510
Mean-OLS	0.107	0.133	0.838	0.232	0.235	1.311	0.261	0.258	1.386
DMSPE(0.9)-OLS	0.108	0.133	0.838	0.232	0.234	1.304	0.261	0.257	1.378
DMSPE(1)-OLS	0.108	0.132	0.832	0.233	0.235	1.304	0.262	0.258	1.379
LASSO-OLS	0.119	0.143	0.910	0.236	0.237	1.311	0.263	0.258	1.375
DWC-OLS	0.116	0.140	0.885	0.236	0.237	1.302	0.264	0.258	1.369
Mean-SVR	0.113	0.129	0.757	0.272	0.258	1.317	0.309	0.286	1.402

									续表
DMSPE(0.9)-SVR	0.124	0.139	0.817	0.290	0.274	1.380	0.328	0.303	1.464
DMSPE(1)-SVR	0.127	0.142	0.829	0.295	0.278	1.394	0.334	0.307	1.479
LASSO-SVR	**0.144**	**0.162**	**0.985**	**0.304**	**0.292**	**1.500**	**0.340**	**0.321**	**1.577**
DWC-SVR	**0.159**	**0.170**	**0.982**	**0.347**	**0.321**	**1.543**	**0.390**	**0.353**	**1.625**
Gamma=5									
SVR-M4	**0.099**	**0.125**	**1.013**	**0.214**	**0.218**	**1.571**	**0.240**	**0.237**	**1.652**
SVR-M5	**0.094**	**0.120**	**0.961**	**0.209**	**0.213**	**1.535**	**0.235**	**0.232**	**1.618**
LASSO	0.080	0.116	1.067	0.150	0.173	1.448	0.166	0.186	1.510
Mean-OLS	0.064	0.100	0.838	0.139	0.161	1.311	0.157	0.175	1.386
DMSPE(0.9)-OLS	0.065	0.100	0.838	0.139	0.161	1.304	0.156	0.174	1.378
DMSPE(1)-OLS	0.065	0.099	0.832	0.140	0.161	1.304	0.157	0.175	1.379
LASSO-OLS	0.071	0.106	0.910	0.142	0.162	1.311	0.158	0.175	1.375
DWC-OLS	0.070	0.104	0.885	0.142	0.162	1.302	0.159	0.175	1.369
Mean-SVR	0.068	0.098	0.757	0.163	0.175	1.317	0.185	0.192	1.402
DMSPE(0.9)-SVR	0.074	0.104	0.817	0.174	0.184	1.380	0.197	0.202	1.464
DMSPE(1)-SVR	0.076	0.105	0.829	0.177	0.187	1.394	0.200	0.204	1.479
LASSO-SVR	**0.087**	**0.117**	**0.985**	**0.182**	**0.195**	**1.500**	**0.204**	**0.212**	**1.577**
DWC-SVR	**0.095**	**0.122**	**0.982**	**0.208**	**0.213**	**1.543**	**0.234**	**0.232**	**1.625**

注：报告了各种波动率预测模型下在风险资产和无风险资产之间进行分配的投资组合回报、年化确定性等价回报（CER，百分比形式）和夏普比率，其中均值-方差有效投资者可能有不同的风险厌恶系数（1、3、5），表中给出了三个杠杆比率1、3、5下的结果。

第 5 章
基于高频数据信息的波动率指数预测：跳–扩散分解视角

本章基于离散时间 GARCH 模型，结合高频数据已实现波动信息研究波动率指数预测。通过推导由条件方差和跳跃强度组成的向量的向前迭代关系得到解析表达式，并通过最大似然函数来估计参数。为了比较定价能力，本章还给出了几种简单 GARCH 类模型的 VIX 预测效果。实证研究发现，就样本内和样本外预测以及危机期间的样本内预测而言，DJI-GARCH 模型在整个样本和平稳期优于其他 GARCH 模型。这表明将已实现双幂变差和跳跃变差信息加入模型中，并综合波动率指数信息可以获得更准确的波动率指数预测。

5.1 问题的提出

CBOE 推出的波动率指数 VIX 已成为衡量股票市场波动的基准指标，受到学术界和业界的广泛关注。与高频数据已实现波动和 GARCH 模型刻画的波动率不同，VIX 是基于 S&P 500 指数期权价格计算的隐含波动率度量指标，用于反映投资者对未来 30 天市场波动率的预期。近年来国内外在波动率指数预测及相关衍生品定价方面成果丰硕。从目前的文献来看，关于 VIX 建模和预测以及波动率衍生品定价研究主要分为两类模型。早期的研究大多是基于连续时间随机波动率模型，根据标的指数收益率将 VIX 表示为瞬时波动率的线性函数（Zhang 和 Zhu，2006；Zhu 和 Zhang，2007；Duan 和 Yeh，2010；Zhang 等，2010；Lin，2007；Zhu 和 Lian，2012）。传统的离散时间模型 GARCH 类模型在衍生品定价中发挥了重要作用，极大地提高了衍生品的定价能力。近几年来部分学者开始将两类经典的离散时间波动率模型，即 GARCH 模型和 HAR 模型应用到波动率指数预测（Hao 和 Zhang，2013；Hansen 等，2015；Liu 等，2015；Lalancettte 和 Simonato，2017；Qiao 等，2020b）及波动率衍生品定价中（Wang 等，2017；Guo 和 Liu，2020；Yang 和 Wang，2018；Yang 等，2019）。

衍生品定价中非常关键的一项技术是对标的资产进行有效建模，由于标的资产受多种因素的影响，文献中通过引入更多的外部信息或提出更复杂的建模方式来提高波动率预测或相关衍生品定价效果，其中引入日内高频数据已实现波动信息成为一个主流方向。已有关于期权定价的研究发现，已实现波动加入 GARCH 模型能有效地提高定价效果，其已实现双幂变差和跳变差分解模式可以刻画金融市场的跳跃波动，已实现正、负半变差的分解模式能刻画波动率冲击的不对称性，将它们引入 GARCH 模型能更加显著地降低期权定价误差。但是，将已实现波动信息考虑到模型中来研究波动率指数预测还处于起步阶段。基于该研究现状，有必要以 GARCH 模型为基础，将已实现双幂变差和已实现跳变差加入 GARCH 模型来探讨 VIX 的预测效果，用可观测的高频数据信息来刻画跳跃波动，进一步深入系统地研究波动率指数预测。

本章进一步结合高频数据信息来表征动态跳跃强度，其中条件方差和跳跃强度与已实现双幂变差和跳跃变差有关。与简单的 GARCH 模型不同，新模型隐含着 VIX 平方是条件方差的线性函数，通过条件方差和跳跃强度组成的向量的向前迭代关系推导波动率指数的解析表达。然后，通过 VIX 预测误差的对数似然函数或收益率和 VIX 预测误差的联合对数似然函数来估计风险中性参数。实证结果表明，就样本内和样本外预测以及危机期间的样本内预测而言，新模型在整个样本和平稳期内的表现均优于其他 GARCH 模型。这些结果还表明将已实现双幂变差和跳跃变差加入模型中，并综合波动率指数信息可以获得更准确的波动率指数预测。但是，使用危机期间估计的参数对危机后进行样本外预测表明，GARCH 模型和 GJR-GARCH 模型的性能相对优于新模型，这也提醒我们在进行样本外预测时要谨慎，如果市场状况发生重大变化采用更复杂的模型可能无法获得所需的样本外结果。本章结合已实现跳跃变差来刻画 GARCH 模型框架下的跳跃，提出的模型与方法可以将高频数据和波动率指数信息有效地综合到参数估计中，同时克服了连续时间模型中的估计困难，并且更易于实现；同时本章结果也表明有必要从已实现波动中分离出跳跃部分来提高波动率预测能力。

本章在离散时间 GARCH 模型框架下加入已实现跳跃信息，补充了已有关于 VIX 预测的研究。提出的模型与方法可以有效地将高频数据和 VIX 信息整合到风险中性参数估计中，同时克服了连续时间模型参数估计困难的问题。实际上，有效地对资产价格跳跃建模已经成为实现波动率预测（Andersen 等，2011；Patton 和 Sheppard，2015）、期权定价（Duan，2006a，2006b；Christoffersen 等，2012；Christoffersen 等，2015），以及 VIX 预测和 VIX 期货定价（Duan 和 Yeh，2010；Luo 和 Zhang，2012；Zhang 等，2010；Lin，2007；Zhu 和 Lian，2012；Yang 等，2019）的关键。本研究表明，有必要结合高频数据将跳跃变差从已实现方差中分离来预测 VIX。值得强调的是，波动率预测是波动率衍生品定价的重要步骤，所提出的方法可以很容易地应用于波动率期货和波动率期权定价中。

5.2 简单 GARCH 模型下的 VIX 计算

Duan（1995）提出基于 GARCH 模型研究欧式期权定价的局部风险中性估值（LRNVR）方法。在物理测度下，假设标的资产的日收益率和条件方差遵循

$$R_t = r - \frac{1}{2}h_t + \lambda\sqrt{h_t} + z_t,$$
$$h_t = \omega + \beta h_{t-1} + \alpha z_{t-1}^2 \tag{5-1}$$

其中，R_t 表示日收益率，r 表示无风险利率，λ 是与条件方差 h_t 相关的股权风险溢价，满足 $\lambda > 0$，$z_t = \sqrt{h_t}\varepsilon_t$，$\varepsilon_t \sim N(0,1)$。

应用 LRNVR 方法，在风险中性测度下，资产收益率和条件方差的风险中性动态为

$$R_t = r - \frac{1}{2}h_t + z_t^*,$$
$$h_t = \omega + \beta h_{t-1} + \alpha(z_{t-1}^* - \lambda\sqrt{h_{t-1}})^2 \tag{5-2}$$

其中，$z_t^* = z_t + \lambda\sqrt{h_t}$，$z_t^* = \sqrt{h_t}\varepsilon_t^*$，$\varepsilon_t^* \sim N(0,1)$。参数满足 $\omega > 0, \alpha, \beta, \gamma \geq 0$，

平稳性约束为 $\Gamma<1$（其中 Γ 为条件方差持续性），在物理测度下 Γ 等于 $\beta+\alpha$，在风险中性测度下平稳性条件约束满足 $\Gamma^*=\beta+\alpha(1+\lambda^2)<1$，长期方差在这两种测度下分别为 $\Omega/(1-\Gamma)$，$\Omega^*/(1-\Gamma^*)$，其中 $\Omega=\Omega^*=\omega$。

Heston 和 Nandi（2000）提出了另一种被广泛使用的 GARCH 型期权定价模型，称为 HN-GARCH 模型。在物理测度下，假设标的资产的收益率和条件方差遵循

$$R_t = r + \left(\lambda - \frac{1}{2}\right)h_t + z_t, \\ h_t = \omega + \beta h_{t-1} + \alpha(\varepsilon_{t-1} - \gamma\sqrt{h_{t-1}})^2 \tag{5-3}$$

其中，参数满足 $\omega>0$，$\alpha, \beta \geq 0$，$\gamma > -0.5$，$\Omega = \omega + \alpha > 0$，条件方差持续性满足 $\Gamma = \beta + \alpha\gamma^2 < 1$。

在风险中性测度下，资产收益率和条件方差的风险中性动态为

$$R_t = r - \frac{1}{2}h_t + z_t^*, \\ h_t = \omega + \beta h_{t-1} + \alpha(\varepsilon_{t-1}^* - \gamma^*\sqrt{h_{t-1}})^2 \tag{5-4}$$

其中，$\varepsilon_t^* = \varepsilon_t + \lambda\sqrt{h_t}$，$\varepsilon_t^* \sim N(0,1)$，$\Omega^* = \omega + \alpha > 0$，条件方差持续性满足 $\Gamma^* = \beta + \alpha\gamma^{*2} < 1$，$\gamma^* = \gamma + \lambda$，长期方差为 $\Omega^*/(1-\Gamma^*)$，其中 $\Omega^* = \omega + \alpha$。

Glosten 等（1993）提出考虑了波动率杠杆效应的 GARCH 模型，称为 GJR-GARCH 模型。在物理测度下，假设标的资产的收益率和条件方差遵循

$$R_t = r - \frac{1}{2}h_t + \lambda\sqrt{h_t} + z_t, \\ h_t = \omega + \beta h_{t-1} + z_{t-1}^2(\alpha + \gamma I_{\{z_{t-1}<0\}}) \tag{5-5}$$

其中，$z_t = \sqrt{h_t}\varepsilon_t, \varepsilon_t \sim N(0,1)$，$I_{\{z_{t-1}<0\}}$ 是一个示性函数，当 $z_{t-1}<0$ 时取值为 1，否则取值为 0。参数满足 $\omega>0, \alpha, \beta, \gamma \geq 0, \Omega = \omega > 0$，条件方差持续性满足 $\Gamma = \alpha + \beta + \frac{1}{2}\gamma < 1$。

在风险中性测度下，资产收益率和条件方差的风险中性动态为

$$R_t = r - \frac{1}{2}h_t + z_t^*,$$
$$h_t = \omega + \beta h_{t-1} + (z_{t-1}^* - \lambda\sqrt{h_{t-1}})^2(\alpha + \gamma I_{\{z_{t-1}^* - \lambda\sqrt{h_{t-1}} < 0\}})$$
（5-6）

其中，$z_t^* = z_t + \lambda\sqrt{h_t}$，$z_t^* = \sqrt{h_t}\varepsilon_t^*$，$\varepsilon_t^* \sim N(0,1)$。参数满足 $\omega > 0, \alpha, \beta, \gamma \geqslant 0$，$\Omega^* = \omega$，条件方差持续性满足 $\Gamma^* = \beta + \alpha(1+\lambda^2) + \gamma[\lambda n(\lambda) + (1+\lambda^2)N(\lambda)] < 1$，其中 $N(\cdot), n(\cdot)$ 分别表示标准正态累积分布函数和概率密度函数。

Hao 和 Zhang（2013）证明了 GARCH(1,1)，HN-GARCH 和 GJR-GARCH 模型下隐含的 VIX 平方可以表示为条件方差的线性形式进行计算：

$$VIX_t^2 / (100^2 \times 252) = \frac{1}{22}\sum_{k=1}^{22}E_t^Q[h_{t+k}] = A + Bh_{t+1}$$
（5-7）

其中，$A = \frac{\Omega^*}{1-\Gamma^*}(1-B)$，$B = \frac{1-\Gamma^{*22}}{22[1-\Gamma^*]}$，满足 $\Gamma^* < 1$，$\Omega^* > 0$。具体计算详见附录 A。

另外，Hao 和 Zhang（2013）也证明了 EGARCH 模型隐含的 VIX 平方是条件方差的多项式函数，有关详细公式不再赘述。EGARCH 模型（Nelson，1991）在经验测度和风险中性测度下条件方差的表达式如下：

经验测度：
$$\ln h_t = \omega + \beta \ln h_{t-1} + g(\varepsilon_{t-1}),$$
$$g(\varepsilon_{t-1}) = \gamma\varepsilon_{t-1} + \alpha(|\varepsilon_{t-1}| - \sqrt{2/\pi})$$
（5-8）

风险中性测度：
$$\ln h_t = \omega + \beta \ln h_{t-1} + g(\varepsilon_{t-1}^* - \lambda),$$
$$g(\varepsilon_{t-1}^* - \lambda) = \gamma(\varepsilon_{t-1}^* - \lambda) + \alpha(|\varepsilon_{t-1}^* - \lambda| - \sqrt{2/\pi})$$
（5-9）

5.3 DJI-GARCH 模型下的 VIX 计算

5.3.1 模型设定

Christoffersen 等（2015）提出动态跳跃强度可观测的 GARCH 模型，将已实现方差分解的已实现双幂变差（RBV）和跳跃变差（RJV）加入 GARCH

模型中。这一模型仍然满足仿射形式，无须模拟资产价格路径便可计算期权价格。更重要的是，这一模型克服了连续时间模型参数估计困难的问题，使期权定价更易于实施。Qiao 等（2020）采用该模型研究 VIX 预测，称为具有可观测动态跳跃强度的 DJI-GARCH 模型。

假定在物理测度下标的资产收益率和条件方差满足如下形式：

$$R_{t+1} = r + \left(\lambda_z - \frac{1}{2}\right)h_{z,t} + (\lambda_y - \xi)h_{y,z} + z_{t+1} + y_{t+1}, \quad (5\text{-}10)$$

$$h_{z,t+1} = \omega_z + b_z h_{z,t} + a_z RBV_{t+1}, \quad h_{y,t+1} = \omega_y + b_y h_{y,t} + a_y RJV_{t+1} \quad (5\text{-}11)$$

式中，R_t 为标的资产收益率，r 为无风险利率。收益率由相互独立的正态冲击 z_{t+1} 和跳跃冲击 y_{t+1} 组成。正态部分满足 $z_{t+1} = \sqrt{h_{z+1,t}}\varepsilon_{1,t+1}$，$\varepsilon_{1,t+1} \overset{iid}{\sim} N(0,1)$，$h_{z,t+1}$ 为条件方差；跳跃部分 y_{t+1} 用复合泊松过程来刻画，定义为 $y_{t+1} = \sum_{j=0}^{n_t+1} x_{t+1}^j$，$x_{t+1}^j$ $N(\theta,\delta^2)$ 独立同分布，其中 θ 为平均跳跃大小，δ^2 为跳跃大小的方差，$h_{y,t+1}$ 表示跳跃强度，跳跃次数 n_{t+1} 服从强度为 $h_{y,t+1}$ 的泊松分布。

该模型通过 $h_{z,t}$ 和 $h_{y,t}$ 两个状态变量来刻画条件方差和动态跳跃强度，并与已实现双幂变差 RBV_{t+1} 和已实现跳变差 RJV_{t+1} 关联。

通过引入测量误差 $\varepsilon_{2,t+1} \overset{iid}{\sim} N(0,1)$，并且满足 $\varepsilon_{2,t+1}$ 与 $\varepsilon_{1,t+1}$ 的相关系数为 ρ，RBV_{t+1} 和 RJV_{t+1} 定义为

$$RBV_{t+1} = h_{z,t} + \sigma[(\varepsilon_{2,t+1} - \gamma\sqrt{h_{z,t}})^2 - (1+\gamma^2 h_{z,t})], \quad RJV_{t+1} = \sum_{j=0}^{n_{t+1}} (x_{t+1}^j)^2$$

$$(5\text{-}12)$$

在经验测度下，模型设定保证条件期望和条件方差满足 $E_t^P[RBV_{t+1}] = h_{z,t}$，$E_t^P[RJV_{t+1}] = (\theta^2 + \delta^2)h_{y,t}$，$Var_t^P[R_{t+1}] = h_{z,t} + (\theta^2 + \delta^2)h_{y,t}$[①]。

[①] 该模型的仿射形式与动态跳跃强度不可观测的非仿射 GARCH 模型（Christoffersen 等，2012）的最大区别及其优势在于，用该模型研究波动率指数及相关衍生品定价时可以推导显示解，从而有效避免近似或者蒙特卡洛模拟方式计算价格，减少计算量。

Christoffersen 等（2015）证明，风险中性测度下资产收益率和条件方差的风险中性动态为

$$R_{t+1} = r - \frac{1}{2}h_{z,t} - \xi^* h_{y,t}^* + \sqrt{h_{z,t}}\varepsilon_{1,t+1}^* + y_{t+1} \quad (5\text{-}13)$$

$$RBV_{t+1} = h_{z,t} + \sigma(\gamma^{*2} - \gamma^2)h_{z,t} + \sigma[(\varepsilon_{2,t+1}^* - \gamma^*\sqrt{h_{z,t}})^2 - (1+\gamma^{*2}h_{z,t})] \quad (5\text{-}14)$$

$$RJV_{t+1} = \sum_{j=0}^{n_{t+1}} (x_{t+1}^j)^2 \quad (5\text{-}15)$$

其中，$y_{t+1} = \sum_{j=0}^{n_{t+1}} x_{t+1}^j$，$x_{t+1}^j \overset{iid}{\sim} N(\theta^*, \delta^2)$，$n_{t+1} \sim Ps(h_{y,t}^*)$，$\varepsilon_{1,t+1}^*$ 和 $\varepsilon_{2,t+1}^*$ 为正态分布，$h_{y,t}^* = e^{\theta v_3 + \frac{1}{2}\delta^2 v_3^2} h_{y,t}$，$\theta^* = \theta + \delta^2 v_3$，$\xi^* = e^{\theta^* + \frac{1}{2}\delta^2} - 1$。条件均值和条件方差满足 $E_t^Q[RBV_{t+1}] = h_{z,t}$，$E_t^Q[RJV_{t+1}] = (\theta^{*2} + \delta^2)h_{y,t}^*$，$Var_t^Q[R_{t+1}] = h_{z,t} + (\theta^{*2} + \delta^2)h_{y,t}^*$。具体参考 Christoffersen 等（2015），不再详述。

特别地，该模型在 $h_{y,t} = 0$，$\rho=1$ 时退化为 HN-GARCH 模型（Heston 和 Nandi, 2000），在 $h_{y,t} = 0$ 时退化为 GARV 模型（Christoffersen 等，2014）。

5.3.2　VIX 计算

Christoffersen 等（2015）提出的动态跳跃强度可观测的仿射 GARCH 模型，将可观测的高频数据信息巧妙地加入模型中来刻画跳跃波动，易于计算期权价格显示解，解决了连续时间模型以及非仿射 GARCH 模型的参数估计问题，使得股指期权定价更简单精确。本节将给出 DJI-GARCH 模型下 VIX 的计算公式。

在理论推导方面，CBOE 关于 VIX 的计算是基于方差互换原理的（Britten-Jones 和 Neuberger，2000；Carr 和 Madan, 1998；Demeterfi 等，1999）。现有研究大多在连续时间随机波动率模型下将 VIX 平方表示为瞬时方差的线性函数。当模型加入跳跃时，VIX 平方仍然表示为瞬时方差的线性函数，但增加了跳跃参数（Jiang 和 Tian, 2005；Duan 和 Yeh, 2010；Luo 和 Zhang, 2012）。

类似地，可以证明离散时间 GARCH 模型下 VIX 平方是条件方差的线性函数（Hao 和 Zhang，2013；Liu 等，2015；Hansen 等，2015）。在 DJI-GARCH 模型设定下，VIX 平方需要通过由条件方差和跳跃强度构成的二维向量的向前迭代关系得到，计算如下：

$$VIX_t^2 / (100^2 \times 252) = \frac{1}{22} \sum_{k=0}^{21} E_t^Q [h_{z,t+k} + (\theta^{*2} + \delta^2) h_{y,t+k}^*]$$

$$= \left[V_{L,z}^* + (h_{z,t} - V_{L,z}^*) \frac{(1-\xi_z^{*22})}{22(1-\xi_z^*)} \right] + (\theta^{*2} + \delta^2) \left[V_{L,y}^* + (h_{y,t}^* - V_{L,y}^*) \frac{(1-\xi_y^{*22})}{22(1-\xi_y^*)} \right] \quad (5\text{-}16)$$

其中，$\xi_z^* = b_z + a_z + a_z \sigma(\gamma^{*2} - \gamma^2)$，$\xi_y^* = b_y + (\theta^{*2} + \delta^2) a_y$ 分别表示风险中性测度下已实现双幂变差（连续波动）和跳跃变差（跳跃波动）的持续性，$V_{L,z}^* = \omega_z / [1-(b_z + a_z + a_z \sigma(\gamma^{*2} - \gamma^2))]$ 和 $V_{L,y}^* = \omega_y / [1-(b_y + (\theta^{*2} + \delta^2) a_y)]$ 分别表示风险中性测度下两部分的长期方差。

进一步地，式（5-16）可以简化为条件方差 $h_{z,t}$ 和跳跃强度 $h_{y,t}$ 的线性组合，从而实现"条件方差的真正分离"，即

$$VIX_t^2 / (100^2 \times 252) = A + B h_{z,t} + C h_{y,t}^* \quad (5\text{-}17)$$

其中，A, B, C 为模型待估参数的函数，分别满足 $A = V_{L,z}^*(1-B) + V_{L,y}^*(\theta^{*2} + \delta^2 - C)$，$B = (1-\xi_z^{*n}) / [n(1-\xi_z^*)]$，$C = (\theta^{*2} + \delta^2)(1-\xi_y^{*n}) / [n(1-\xi_y^*)]$。

另外，该模型也可以计算物理测度下类似的 VIX 平方的线性形式，将风险中性参数替换为物理测度下的参数，风险中性持续性和长期方差用物理测度下的参数替代即可。

5.4 参数估计

5.4.1 物理测度下参数估计

本节将给出 DJI-GARCH 模型在物理测度下的参数估计方法，4 种简单的 GARCH 类模型可以参考已有研究，RV-GARCH 模型是 DJI-GARCH 模型的特殊形式。

定义 $X_{t+1} = (R_{t+1}, RBV_{t+1}, RJV_{t+1})'$，则第 $t+1$ 天的条件对数似然函数为

$$f_t(R_{t+1}, RBV_{t+1}, RJV_{t+1})$$
$$= \sum_{j=0}^{\infty} f_t(R_{t+1}, RBV_{t+1}, RJV_{t+1} \mid n_{t+1} = j) P[n_{t+1} = j]$$
$$= (2\pi)^{-\frac{3}{2}} |\Omega_t(j)|^{-1/2} \exp\left[-\frac{1}{2}(X_{t+1} - \mu_t(j))'\Omega_t(j)^{-1}(X_{t+1} - \mu_t(j))\right] \frac{h_{y,t}^j e^{-h_{y,t}}}{j!}$$

则总的对数似然函数定义为

$$\ln L^{R,RV} = \sum_{t=1}^{T-1} \ln(f_t(R_{t+1}, RBV_{t+1}, RJV_{t+1})) \tag{5-18}$$

对应的条件一阶矩满足

$$\mu_t(n_{t+1}) \equiv E_t^P[X_{t+1} \mid n_{t+1}], \quad E_t^P[R_{t+1} \mid n_{t+1}] = r + \left(\lambda_z - \frac{1}{2}\right)h_{z,t} + (\lambda_y - \xi)h_{y,t} + \theta n_{t+1},$$

$$E_t^P[RBV_{t+1} \mid n_{t+1}] = h_{z,t}, \quad E_t^P[RJV_{t+1} \mid n_{t+1}] = (\theta^2 + \delta^2)n_{t+1}$$

条件二阶矩 $\Omega_t(n_{t+1}) \equiv Var_t[X_{t+1} \mid n_{t+1}]$ 满足

$$Var_t^P[R_{t+1} \mid n_{t+1}] = h_{z,t} + \delta^2 n_{t+1}, \quad Var_t^P[RBV_{t+1} \mid n_{t+1}] = 2\sigma^2(1 + 2\gamma^2 h_{z,t}),$$

$$Var_t^P[RJV_{t+1} \mid n_{t+1}] = 2\delta^2(2\theta^2 + \delta^2)n_{t+1}, \quad Cov_t^P[R_{t+1}, RBV_{t+1} \mid n_{t+1}] = -2\rho\gamma\sigma h_{z,t},$$

$$Cov_t^P[R_{t+1}, RJV_{t+1} \mid n_{t+1}] = 2\theta\delta^2 n_{t+1}, \quad Cov_t^P[RJV_{t+1}, RBV_{t+1} \mid n_{t+1}] = 0$$

5.4.2　风险中性测度下参数估计

在参数估计方面，研究衍生品定价时对收益率和方差的动态过程进行有效的风险中性变换是关键。由于 DJI-GARCH 模型的风险中性参数加入了表示波动率和跳跃风险的信息，仅通过历史收益率无法得到这些信息，用波动率指数代替期权价格可以估计参数。同时，由于波动率指数比收益率包含更多的信息，加入波动率指数比仅用收益率估计参数的期权定价效果更好，且节省时间。理论上讲，采用 DJI-GARCH 模型研究波动率指数预测应该取得更好的效果。

Christoffersen 等（2015）提出同时使用指数收益率和期权价格估计模型参数。理论上讲，VIX 由期权价格计算，使用 VIX 估计参数应获得与期权价格相似的结果，同时更易于实现。假设 VIX 的预测误差遵循正态分布，即 $VIX^{mar} - VIX^{mod} = \mu$，$\mu \sim N(0, s_v^2)$，其中 VIX_t^{mar}，VIX_t^{mod} 分别表示市场价格和模型价格，s_v^2 是误差方差。VIX 预测误差的对数似然函数为

$$\ln L^{RV, VIX} = -\frac{T}{2}\ln(2\pi s_v^2) - \frac{1}{2s_v^2}\sum_{t=1}^{T}(VIX^{mar} - VIX^{mod}) \quad (5\text{-}19)$$

本章采用两种方法来获得风险中性参数，第一种方法是通过估计收益率和 VIX 预测误差的联合对数似然函数来获得风险中性参数，即最大化以下公式：

$$\ln L^{R, RV, VIX} = \ln L^{R, RV} + \ln L^{RV, VIX} \quad (5\text{-}20)$$

其中，$\ln L^{R, RV}$，$\ln L^{RV, VIX}$ 定义同式（5-18）和式（5-19）。

第二种方法直接通过 VIX 预测误差的最大对数似然函数来估计风险中性参数。DJI-GARCH 和 RV-GARCH 模型相对于传统 GARCH 型模型的一个优势在于将已实现方差及其分解被视为可观测变量，$h_{z,t}$ 和 $h_{y,t}$ 可以通过等式（5-11）直接通过前向递归获得。为了简化计算，我们在实证研究中选择 $j=3$。

简单起见，对于 DJI-GARCH 模型和 RV-GARCH 模型，将经验测度下的估计方法称为 Return-RV，对于简单的 GARCH 类模型，记为 Return。对于 DJI-GARCH 模型和 RV-GARCH 模型，联合估计方法记为 Return-RV-VIX，对于简单的 GARCH 模型，记为 Returns-VIX。对于 DJI-GARCH 模型和 RV-GARCH 模型，第二种风险中性方法称为 RV-VIX，对于简单的 GARCH 类模型，记为 VIX。

5.4.3　误差指标

为了测量预测能力，采用 6 种误差指标：平均误差（ME）、平均绝对误差（MAE）、误差标准差（StdErr）、平均百分比误差（MPE）、均方根误差（RMSE）和平均绝对百分误差（MAPE），这 6 个指标的定义如下：

$$ME = \frac{1}{m}\sum_{t=1}^{m}(VIX_t^{\text{mar}} - VIX_t^{\text{mod}}), \quad MAE = \frac{1}{m}\sum_{t=1}^{m}|VIX_t^{\text{mar}} - VIX_t^{\text{mod}}|,$$

$$\text{StdErr} = \sqrt{\frac{1}{m-1}\sum_{t=1}^{m}(u_t - \bar{u})^2}, \quad RMSE = \sqrt{\frac{1}{m}\sum_{t=1}^{m}(VIX_t^{\text{mar}} - VIX_t^{\text{mod}})^2},$$

$$MPE = \frac{1}{m}\sum_{t=1}^{m}(1 - VIX_t^{\text{mod}}/VIX_t^{\text{mar}}), \quad MAPE = \frac{1}{m}\sum_{t=1}^{m}|1 - VIX_t^{\text{mod}}/VIX_t^{\text{mar}}|$$

其中，m 是预测的样本容量，u_t 表示 t 时刻的预测误差，$\bar{u}$ 是平均预测误差。

5.5 实证分析

5.5.1 数据及描述统计

本章所使用的 VIX 是从 CBOE 网站下载的，已实现方差从国外学术机构 Oxford-Man Institute 的 Realized Library 获得，无风险利率采用 3 个月的美国国债收益率，总样本为 2000 年 1 月 4 日至 2019 年 4 月 18 日。实际上，Realized Library 这一数据库已被广泛应用于学术研究，如 Shephard 和 Sheppar（2010）、Patton 和 Ramadorai（2013）、Kamboroudis 等（2016）、Cubadda 等（2017）和 Ma 等（2019）。关于已实现方差各种度量指标的详细计算方法见 Heber 等（2009）以及网站 https://realized.oxford-man.ox.ac.uk/。

图 5-1 给出了 S&P 500 指数（左轴）和 VIX（右轴）的已实现方差。可以看出，已实现方差和 VIX 之间存在相似的趋势，在 2007 年之前较低，自 2007 年以来急剧增加，并在 2008 年 10 月 10 日达到最高水平。在经历了金融危机期的极高波动之后，它们变得稳定，之后处于相对较低的水平。

表 5-1 给出了 S&P 500 指数日收益、已实现方差等的描述性统计。在危机期间，金融市场剧烈波动，因此危机期的 VIX 预测能力可能与稳定期不同。由于本章的样本期涵盖了 2008 年左右的全球金融危机期间。金融市场在危机期间剧烈波动，并且跳跃波动更高。因此，危机期间模型对 VIX 的预测能力可能与平稳期不同。本章分别研究了 2007 年 1 月 1 日至 2011 年 12 月 30 日、

2012年1月3日至2017年12月29日两个子样本期间模型的预测能力,分别用来表示危机期和稳定期。危机时期的分割点大致从已实现方差高于总样本平均值的那一天开始,到已实现方差低于总样本平均值的那一天结束。

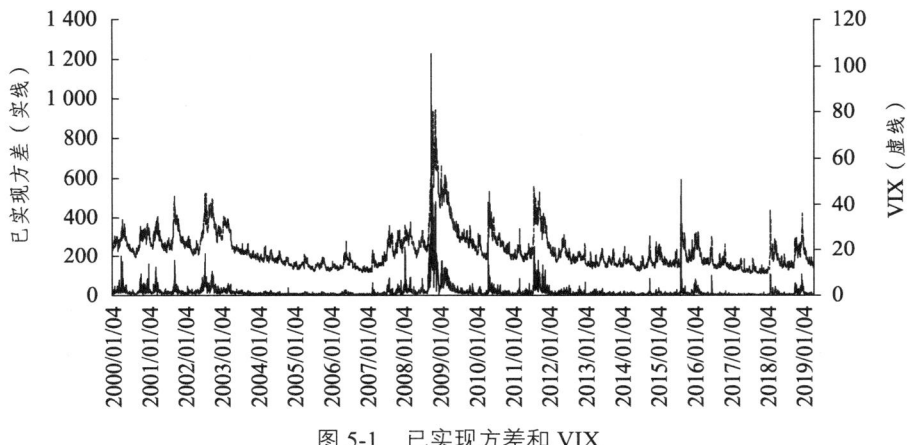

图 5-1 已实现方差和 VIX

表 5-1 描述性统计

	Returns	RV	RBV	RJV	VIX
Panel A：2000/1/4—2019/4/18					
N	4808	4808	4808	4808	4808
Min	−0.10	0.19	0.17	0.00	9.14
Max	0.10	1229.92	955.35	321.47	80.86
Mean	1.25×10^{-4}	17.06	13.80	3.45	19.62
Std	0.01	38.61	32.22	11.28	8.55
Skew	−0.36	11.99	11.66	13.18	2.13
Kurt	7.21	256.89	223.10	274.81	7.31
JB	3.66×10^3	5.18×10^7	3.89×10^7	5.93×10^7	1.11×10^4
Panel B：2007/1/1—2011/12/30					
N	1250	1250	1250	1250	1250
Min	−0.10	0.72	0.57	0.00	9.89
Max	0.10	1229.92	955.35	321.47	80.86
Mean	-2.00×10^{-4}	33.11	26.14	7.25	25.66

续表

	Returns	RV	RBV	RJV	VIX
Std	0.02	66.32	55.88	18.81	11.22
Skew	−0.42	7.71	7.54	8.25	1.76
Kurt	5.48	99.66	84.96	104.47	3.88
JB	3.57×10^2	5.00×10^5	3.62×10^5	5.50×10^5	1.04×10^3
Panel C：2012/1/3—2017/12/29					
N	1498	1498	1498	1498	1498
Min	−0.04	0.19	0.17	0.00	9.14
Max	0.08	592.06	342.88	249.18	40.74
Mean	5.14×10^{-4}	7.38	5.26	2.18	14.96
Std	7.56×10^{-3}	17.95	10.73	8.25	3.66
Skew	−0.33	23.92	21.78	19.68	1.39
Kurt	2.53	755.21	658.66	547.25	3.41
JB	41.89	3.56×10^7	2.70×10^7	1.86×10^7	4.92×10^2

可以看出，VIX 的标准差远低于已实现方差和已实现双幂变差。与 VIX 相比，RV，RBV 和 RJV 具有更高的偏度和峰度。危机期指数收益率平均为负，RV，RBV，RJV 和 VIX 具有更高的平均值和标准差，这些都表明了危机期间的市场状况恶化。相反，平稳期 RV，RBV，RJV 和 VIX 的平均值和标准差比危机期的平均值和标准差低得多。

5.2.2　预测误差分析

图 5-2 给出了两种风险中性方法（VIX-Q1 和 VIX-Q2）下的样本内模型 VIX 和 VIX 市场价格（VIXMar）。显然，所有模型都能很好地拟合 VIX 市场价格，其中 DJI-GARCH 模型表现最佳。

第5章 基于高频数据信息的波动率指数预测：跳-扩散分解视角

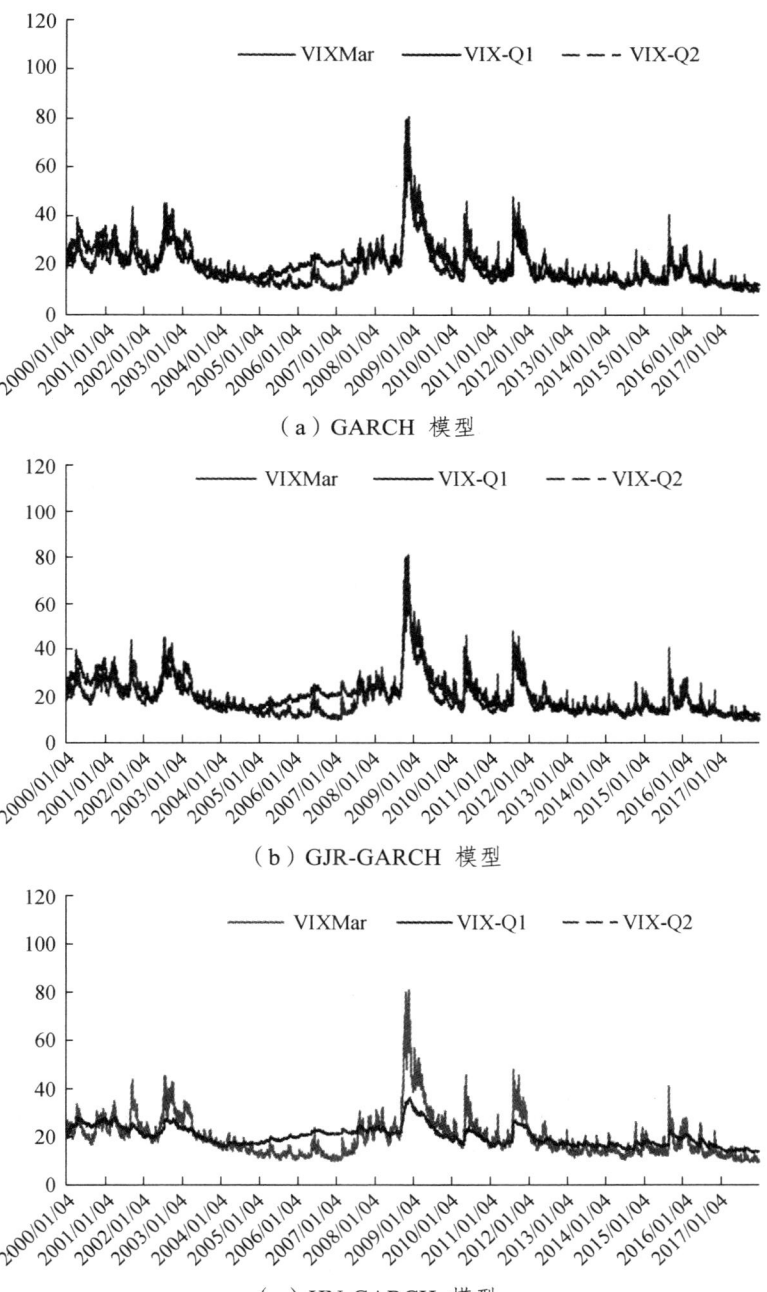

（a）GARCH 模型

（b）GJR-GARCH 模型

（c）HN-GARCH 模型

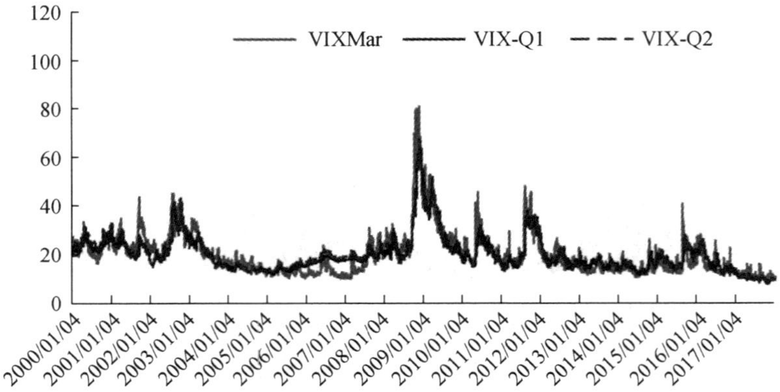

(d) EGARCH 模型

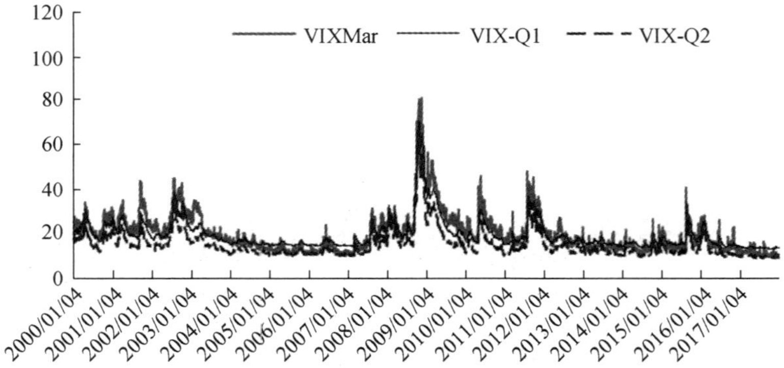

(e) RV-GARCH 模型

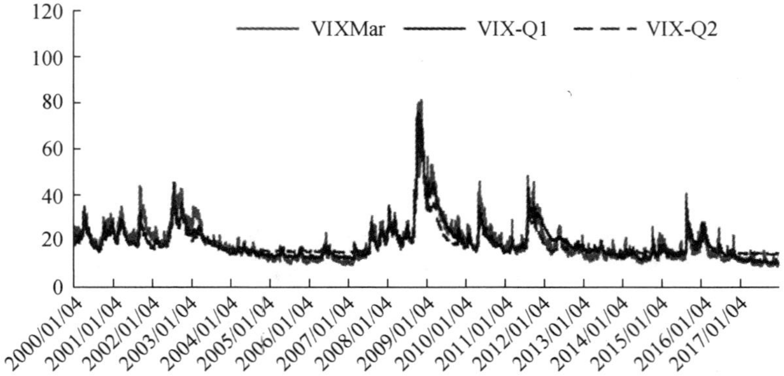

(f) DJI-GARCH 模型

图 5-2 样本内拟合 VIX 与 VIX 市场价格

表 5-2 是 2000 年 1 月 4 日至 2017 年 12 月 29 日样本期间数据估计的这 6 种 GARCH 类模型的样本内预测误差。可以看出，在两种风险估计方法下所有 VIX 样本误差都大大降低，这意味着 VIX 信息在参数估计中更重要。此外，基于 RV-VIX 方法估计的 DJI-GARCH 模型在 6 个模型中表现最佳，其次是 RV-GARCH 模型。相比之下，结合日内信息的 RV-GARCH 模型的预测误差要低于 RV-VIX 方法下的简单 GARCH 类模型预测误差。这些结果再次表明，将 VIX 和高频数据结合在一起，并将跳跃变差分离出来对于获得更高的准确性预测很重要。同时，对于 4 个简单的 GARCH 模型，EGARCH 模型优于其他三个模型，并且在 VIX 方法下获得的误差最小，其次是 GJR-GARCH 模型和 GARCH（1,1）模型。尽管 HN-GARCH 模型在推导衍生产品价格的分析表达式方面具有优势，并且在衍生产品价格中使用最广泛，但其在 VIX 预测中的表现实际上是最差的。

表 5-2 样本内 VIX 预测误差

模型	方法	ME	MAE	StdErr	RMSE	MPE	MAPE
GARCH	Return	−0.0996	4.1058	5.2601	5.2605	−0.0348	0.2238
	Return-VIX	0.0629	3.6247	4.7287	4.7286	−0.0479	0.1975
	VIX	−0.0428	3.6007	4.7198	4.7194	−0.0558	0.1973
GJR-GARCH	Return	1.8415	5.1481	5.9744	6.2511	0.0492	0.2688
	Return-VIX	0.0721	3.6236	4.7279	4.7279	−0.0474	0.1974
	VIX	−0.0450	3.6005	4.7197	4.7194	−0.0559	0.1974
HN-GARCH	Return	2.2993	5.2471	7.3882	7.7369	0.0164	0.2518
	Return-VIX	−0.3119	4.1908	5.9985	6.0060	−0.1122	0.2293
	VIX	−0.4456	4.1773	5.9789	5.9949	−0.1184	0.2298
EGARCH	Return	−0.0705	4.4292	5.8260	5.8258	−0.0532	0.2478
	Return-VIX	−0.0804	3.2396	4.3692	4.3695	−0.0433	0.1740
	VIX	0.0288	3.1472	4.3501	4.3497	−0.0361	0.1632

续表

模型	方法	ME	MAE	StdErr	RMSE	MPE	MAPE
RV-GARCH	Return-RV	9.1698	9.1830	3.6522	9.8702	0.4805	0.4809
	Return-RV-VIX	5.0341	5.0691	3.7480	6.2758	0.2331	0.2346
	RV-VIX	0.3704	2.5589	3.3473	3.3674	−0.0262	0.1357
DJI-GARCH	Return-RV	−0.8817	6.4984	8.6573	8.7012	−0.2012	0.3639
	Return-RV-VIX	0.5015	2.9884	3.8899	3.9217	−0.0356	0.1599
	RV-VIX	**0.1503**	**2.1339**	**2.9526**	**2.9561**	**−0.0176**	**0.1080**

注：本表给出了六种 GARCH 模型下的样本内预测误差，样本内估计期为 2000 年 1 月 4 日至 2017 年 12 月 29 日。"Return-RV""Return-RV-VIX"和"RV-VIX"分别表示三种估计方法。误差度量包括平均误差（ME）、平均绝对误差（MAE）、误差标准差（StdErr）、均方根误差（RMSE）、平均百分比误差（MPE）和平均绝对百分比误差（MAPE）。

表 5-3 是 VIX 的样本外预测误差，根据 2000 年 1 月 4 日至 2017 年 12 月 29 日的数据估计参数，计算 2018 年 1 月 2 日至 2019 年 4 月 18 日的预测误差。显然，基于 RV-VIX 方法的 DJI-GARCH 模型预测误差最低，RMSE 为 2.2696，MPE 和 MAPE 分别为 2.31%和 7.98%。GARCH 模型和 GJR-GARCH 模型的性能相似，并且优于 RV-GARCH 模型、EGARCH 模型和 HN-GARCH 模型，其中 Return-VIX 方法的性能比 VIX 方法好一些。尽管 RV-GARCH 模型的预测误差相对较高，但仍优于 EGARCH 模型和 HN-GARCH 模型。总体而言，采用 RV-VIX 方法的 DJI-GARCH 模型可以很好地融入已实现波动、跳跃波动和 VIX 含有的信息，从而获得最佳的样本内和样本外预测效果。

表 5-3　样本外 VIX 预测误差

模型	方法	ME	MAE	StdErr	RMSE	MPE	MAPE
GARCH	Return	−1.4371	1.9456	2.4136	2.8059	−0.0774	0.1082
	Return-VIX	−1.5726	2.2657	2.3848	2.8536	−0.1141	0.1413
	VIX	−1.6769	2.4671	2.5649	3.0611	−0.1252	0.1555
GJR-GARCH	Return	−0.6311	1.2669	1.6596	1.7731	−0.0375	0.0736
	Return-VIX	−1.5639	2.2679	2.3946	2.8570	−0.1137	0.1414
	VIX	−1.6788	2.4701	2.5674	3.0643	−0.1254	0.1557

续表

模型	方法	ME	MAE	StdErr	RMSE	MPE	MAPE
HN-GARCH	Return	−1.1580	2.3703	2.7276	2.9593	−0.1134	0.1600
	Return-VIX	−2.9278	3.8678	3.2659	4.3824	−0.2275	0.2607
	VIX	−2.9684	3.9985	3.4804	4.5702	−0.2329	0.2697
EGARCH	Return	−5.8627	6.0985	5.0612	7.7400	−0.4849	0.5044
	Return-VIX	−4.2111	4.7932	4.2803	5.9998	−0.3483	0.3965
	VIX	−3.8296	4.5009	4.0960	5.6028	−0.3168	0.3723
RV-GARCH	Return-RV	−1.0078	2.2538	2.7614	2.9355	−0.0899	0.1401
	Return-RV-VIX	3.3901	3.4086	2.3630	4.1303	0.1986	0.1996
	RV-VIX	7.6945	7.6945	1.9266	7.9313	0.4914	0.4914
DJI-GARCH	Return -VIX	−4.2176	5.4675	4.6322	6.2593	−0.3421	0.3872
	Return-RV -VIX	−1.9227	2.8065	2.7120	3.3210	−0.1521	0.1850
	RV-VIX	**0.5171**	**1.4361**	**2.2133**	**2.2696**	**0.0231**	**0.0798**

注：本表给出了六种 GARCH 模型下的样本外预测误差，样本外预测期为 2018 年 1 月 2 日至 2019 年 4 月 18 日。"Return-RV""Return-RV-VIX"和"RV-VIX"分别表示三种估计方法。误差度量包括平均误差（ME）、平均绝对误差（MAE）、误差标准差（StdErr）、均方根误差（RMSE）、平均百分比误差（MPE）和平均绝对百分比误差（MAPE）。

表 5-4 和表 5-5 是平稳期的样本内和样本外预测误差，样本内误差计算从 2012 年 1 月 3 日到 2017 年 12 月 29 日，样本外误差计算从 2018 年 1 月 2 日到 2019 年 4 月 18 日。可以看出，与整个样本的结果相反，预测误差变得更低，表明在市场稳定的情况下可以更准确地预测 VIX。在 RV-VIX 方法下，DJI-GARCH 模型再次获得最低的误差，其次是 RV-GARCH 模型，这对于样本内和样本外预测均成立。这进一步表明已实现双幂变差和跳跃变差中包含的信息对于 VIX 预测很重要。同时，在 4 个简单的 GARCH 类型模型中，Return-VIX 方法下的 GARCH 模型和 GJR-GARCH 模型在样本内预测方面表现最佳，而 VIX 方法下的 GARCH 模型在样本外预测中获得最低误差。

表 5-4　平稳期样本内 VIX 预测误差

模型	方法	ME	MAE	StdErr	RMSE	MPE	MAPE
GARCH	Return	2.9377	3.0866	2.7284	4.0086	0.1698	0.1842
	Return-VIX	0.0589	1.7433	2.3693	2.3692	−0.0186	0.1161
	VIX	0.0284	1.6899	2.3192	2.3186	−0.0209	0.1148

续表

模型	方法	ME	MAE	StdErr	RMSE	MPE	MAPE
GJR-GARCH	Return	3.0367	3.2267	2.5887	3.9898	0.1803	0.1982
	Return-VIX	0.0630	1.7431	2.3691	2.3691	-0.0188	0.1171
	VIX	-1.9787	2.6208	2.5125	3.1975	-0.1547	0.1876
HN-GARCH	Return	3.2831	3.5309	3.0401	4.4738	0.1880	0.2124
	Return-VIX	0.0840	1.9925	2.7288	2.7292	-0.0309	0.1346
	VIX	-0.0224	2.0078	2.7209	2.7201	-0.0379	0.1360
EGARCH	Return	3.0376	3.3727	2.9671	4.2456	0.1737	0.2059
	Return-VIX	0.0793	1.9262	2.5976	2.5980	-0.0205	0.1285
	VIX	0.0295	1.9276	2.5972	2.5965	-0.0238	0.1292
RV-GARCH	Return-RV	7.4316	7.4746	1.9880	7.6927	0.5128	0.5143
	Return-RV-VIX	5.6848	5.6848	3.4282	6.6379	0.3583	0.3583
	RV-VIX	0.0160	1.5235	2.0778	2.0772	-0.0167	0.1002
DJI-GARCH	Return-RV	1.1412	2.6627	3.6034	3.7786	0.0286	0.1657
	Return-RV-VIX	-0.5095	1.8424	2.2838	2.3393	-0.0618	0.1295
	RV-VIX	**0.0271**	**1.2219**	**1.7049**	**1.7046**	**-0.0097**	**0.0790**

注：本表给出了六种 GARCH 模型下平稳期的样本内预测误差，样本内估计期为 2012 年 1 月 3 日至 2017 年 12 月 29 日。"Return-RV" "Return-RV-VIX" 和 "RV-VIX" 分别表示三种估计方法。误差度量包括平均误差（ME）、平均绝对误差（MAE）、误差标准差（StdErr）、均方根误差（RMSE）、平均百分比误差（MPE）和平均绝对百分比误差（MAPE）。

表 5-5 平稳期样本外 VIX 预测误差

模型	方法	ME	MAE	StdErr	RMSE	MPE	MAPE
GARCH	Return	2.7038	2.7792	2.1246	3.4366	0.1474	0.1549
	Return-VIX	-2.7133	2.7449	1.8195	3.2653	-0.1679	0.1688
	VIX	-4.3121	4.3490	1.9474	4.7302	-0.2673	0.2683
GJR-GARCH	Return	0.8192	1.4159	1.6816	1.8682	0.0442	0.0818
	Return-VIX	-3.2135	3.2303	1.9544	3.7596	-0.1966	0.1971
	VIX	-7.1256	7.1256	3.1108	7.7732	-0.4289	0.4289
HN-GARCH	Return	-10.6500	10.8561	4.5042	11.5606	-0.7143	0.7206
	Return-VIX	-2.1288	2.9465	2.6860	3.4240	-0.1735	0.2021
	VIX	-2.1875	3.0517	2.7726	3.5283	-0.1771	0.2075

续表

模型	方法	ME	MAE	StdErr	RMSE	MPE	MAPE
EGARCH	Return	−1.1250	2.5006	2.8882	3.0954	−0.1062	0.1651
	Return-VIX	−2.6638	3.0769	2.2405	3.4785	−0.1893	0.2039
	VIX	−2.6422	3.1634	2.4802	3.6212	−0.1917	0.2100
RV-GARCH	Return-RV	7.6177	7.6177	1.6957	7.8036	0.4912	0.4912
	Return-RV-VIX	9.8103	9.8103	4.7067	10.8778	0.5678	0.5678
	RV-VIX	0.2297	1.3472	2.0518	2.0615	0.0004	0.0778
DJI-GARCH	Return-RV	2.6488	3.6696	4.5635	5.2704	0.1039	0.1918
	Return-RV-VIX	−0.9847	1.6524	1.9129	2.1489	−0.0742	0.1059
	RV-VIX	**0.7334**	**1.4174**	**1.8203**	**1.9599**	**0.0426**	**0.0813**

注：本表给出了六种 GARCH 模型下平稳期的样本外预测误差，样本外预测期为 2018 年 1 月 2 日至 2019 年 4 月 18 日。"Return-RV""Return-RV-VIX" 和 "RV-VIX" 分别表示三种估计方法。误差度量包括平均误差（ME）、平均绝对误差（MAE）、误差标准差（StdErr）、均方根误差（RMSE）、平均百分比误差（MPE）和平均绝对百分比误差（MAPE）。

表 5-6 是危机期的样本内预测误差，该误差由 2007 年 1 月 1 日至 2011 年 12 月 30 日的样本期计算得到。与平稳期相比，危机期的预测误差要高得多。这意味着在危机期间很难预测 VIX。在 RV-VIX 方法下 DJI-GARCH 模型获得了所有模型中最低的误差。例如，ME, MAE 分别为-0.0391 和 2.1266；MPE, MPAE 分别为-1.45%和 8.21%。RV-GARCH 模型的性能优于简单的 GARCH 类型模型，但不及 DJI-GARCH 模型。这些结果表明将 VIX 和高频数据信息相结合，并将跳跃与已实现双幂变差分开，对于获得更准确的预测很重要，这在危机时期尤为明显。

表 5-6 危机期样本内 VIX 预测误差

模型	方法	ME	MAE	StdErr	RMSE	MPE	MAPE
GARCH	Return	−0.1981	4.5855	5.8556	5.8566	−0.0523	0.2180
	Return-VIX	−0.0892	4.0053	5.4133	5.4119	−0.0621	0.1937
	VIX	−0.1675	3.9662	5.4065	5.4069	−0.0664	0.1926
GJR-GARCH	Return	2.2979	6.2634	7.0032	7.3679	0.0268	0.2845
	Return-VIX	−0.0802	4.0079	5.4137	5.4121	−0.0616	0.1938
	VIX	−0.1677	3.9656	5.4064	5.4069	−0.0665	0.1925

续表

模型	方法	ME	MAE	StdErr	RMSE	MPE	MAPE
HN-GARCH	Return	2.2114	6.6284	9.3493	9.6037	−0.0345	0.2683
	Return-VIX	−0.5720	5.3944	7.7304	7.7484	−0.1357	0.2441
	VIX	−0.7881	5.3885	7.6925	7.7297	−0.1443	0.2464
EGARCH	Return	1.4201	6.3386	8.0135	8.1351	−0.0374	0.2908
	Return-VIX	−0.1833	4.0531	5.6168	5.6175	−0.0614	0.1862
	VIX	−0.0864	3.9999	5.5749	5.5733	−0.0541	0.1775
RV-GARCH	Return-RV	6.1707	6.9542	4.7342	7.7764	0.2687	0.2914
	Return-RV-VIX	0.1741	2.9524	3.9598	3.9620	−0.0338	0.1291
	RV-VIX	0.3027	2.8998	3.9011	3.9112	−0.0274	0.1267
DJI-GARCH	Return-RV	0.8665	6.8649	9.7206	9.7553	−0.1001	0.2811
	Return-RV-VIX	0.4405	3.5028	4.6993	4.7180	−0.0421	0.1553
	RV-VIX	**−0.0391**	**2.1266**	**3.1022**	**3.1012**	**−0.0145**	**0.0821**

注：本表给出了六种 GARCH 模型下危机期的样本内预测误差，样本内估计期为 2007 年 1 月 1 日至 2011 年 12 月 30 日。"Return-RV""Return-RV-VIX" 和 "RV-VIX"分别表示三种估计方法。误差度量包括平均误差（ME）、平均绝对误差（MAE）、误差标准差（StdErr）、均方根误差（RMSE）、平均百分比误差（MPE）和平均绝对百分比误差（MAPE）。

表 5-7 是危机期的样本外预测误差，该误差基于 2012 年 1 月 3 日至 2013 年 12 月 31 日期间样本（危机后时期）计算得出。由于危机期间市场状况极度波动，DJI-GARCH 模型和 RV-GARCH 模型的估计参数结合了较高的已实现方差信息，可能会导致危机后时期预测过拟合。从表 5-7 中可以看出，在联合估计 Return-VIX 方法下，GARCH 模型和 GJR-GARCH 模型的性能相对较好。这也提醒我们在进行样本外预测时要谨慎，如果市场状况发生重大变化，采用更复杂的模型可能无法获得所需的样本外结果。此外，通过改变稳定期、危机期的开始日期和结束日期，我们发现上述实证结果变化不大，这进一步验证了结果的稳健性。

表 5-7 危机期样本外 VIX 预测误差

模型	方法	ME	MAE	StdErr	RMSE	MPE	MAPE
GARCH	Return	0.3767	1.9903	2.5170	2.5425	0.0058	0.1207
	Return-VIX	**−0.8246**	**2.0404**	2.3513	**2.4894**	**−0.0734**	**0.1337**
	VIX	−0.9422	2.0688	2.3376	2.5182	−0.0809	0.1363

续表

模型	方法	ME	MAE	StdErr	RMSE	MPE	MAPE
GJR-GARCH	Return	1.9858	2.2661	2.2779	3.0202	0.1085	0.1291
	Return-VIX	**−0.8094**	**2.0352**	2.3512	**2.4844**	**−0.0724**	**0.1332**
	VIX	−0.9511	2.0731	2.3383	2.5222	−0.0815	0.1366
HN-GARCH	Return	−2.4973	3.0572	2.2852	3.3835	−0.1806	0.2069
	Return-VIX	−4.8411	4.9889	2.3230	5.3686	−0.3319	0.3381
	VIX	−4.8693	5.0222	2.2930	5.3812	−0.3330	0.3394
EGARCH	Return	0.7441	2.0783	2.5593	2.6628	0.0313	0.1246
	Return-VIX	−0.9704	2.6301	3.0682	3.2151	−0.0828	0.1693
	VIX	−1.3735	2.8288	3.1549	3.4380	−0.1094	0.1842
RV-GARCH	Return-RV	5.2360	5.3113	2.2783	5.7093	0.3268	0.3318
	Return-RV-VIX	−2.7251	3.0307	2.1395	3.4633	−0.1943	0.2078
	RV-VIX	−2.4571	2.8227	2.1295	3.2500	−0.1768	0.1931
DJI-GARCH	Return-RV	−7.9266	7.9504	2.7008	8.3732	−0.5372	0.5381
	Return-RV-VIX	−3.2554	3.5517	2.3581	4.0183	−0.2324	0.2453
	RV-VIX	−3.2597	3.4397	**2.0726**	3.8617	−0.2160	0.2246

注：本表给出了六种 GARCH 模型下危机期的样本外预测误差，样本外预测期为 2012 年 1 月 3 日至 2013 年 12 月 31 日。"Return-RV""Return-RV-VIX" 和 "RV-VIX"分别表示三种估计方法。误差度量包括平均误差（ME）、平均绝对误差（MAE）、误差标准差（StdErr）、均方根误差（RMSE）、平均百分比误差（MPE）和平均绝对百分比误差（MAPE）。

本节进一步通过重新定义不同的跳跃（称为"截断跳跃"）来检验结果的稳健性，即如果跳跃变差低于某个数值，则将当天的截断跳跃视为零。这里，该值分别取为稳定期、整个样本和危机期的平均跳跃变差大小，即 2.18、3.45 或 7.28，尽管"截断跳跃"与以上定义的显著跳跃不同，但我们可以检测小的跳跃是否对 VIX 预测也发挥作用。

表 5-8 报告了在新的跳跃定义下估计参数计算出的样本外预测误差。总体而言，3 个检验样本的预测误差幅度变化不大，大跳跃起更重要的作用，小跳跃对样本外预测的影响较小。特别地，整个样本和稳定期的预测误差变得稍微低些，而危机时期的预测误差在最后两次"截断跳跃"下略高。

表 5-8　不同跳跃下样本外 VIX 预测误差

模型	方法	ME	MAE	StdErr	RMSE	MPE	MAPE
Panel A: 2000/1/4—2017/12/31							
GARCH	VIX	−1.6769	2.4671	2.5649	3.0611	−0.1252	0.1555
GJR-GARCH	VIX	−1.6788	2.4701	2.5674	3.0643	−0.1254	0.1557
HN-GARCH	VIX	−2.9684	3.9985	3.4804	4.5702	−0.2329	0.2697
EGARCH	VIX	−3.8296	4.5009	4.0960	5.6028	−0.3168	0.3723
RV-GARCH	RV-VIX	−1.0078	2.2538	2.7614	2.9355	−0.0899	0.1401
DJI-GARCH	RV-VIX	0.5171	1.4361	2.2133	2.2696	0.0231	0.0798
Truncated jump1	RV-VIX	0.3483	1.3146	2.0079	2.0348	0.0149	0.0743
Truncated jump2	RV-VIX	0.2564	1.3664	2.1164	2.1286	0.0054	0.0772
Truncated jump3	RV-VIX	−0.0809	1.4102	2.1277	2.1260	−0.0186	0.0824
Panel B: 2012/1/3—2017/12/29							
GARCH	VIX	−4.3121	4.349	1.9474	4.7302	−0.2673	0.2683
GJR-GARCH	VIX	−7.1256	7.1256	3.1108	7.7732	−0.4289	0.4289
HN-GARCH	VIX	−2.1875	3.0517	2.7726	3.5283	−0.1771	0.2075
EGARCH	VIX	−2.6422	3.1634	2.4802	3.6212	−0.1917	0.2100
RV-GARCH	RV-VIX	0.2297	1.3472	2.0518	2.0615	0.0004	0.0778
DJI-GARCH	RV-VIX	0.7334	1.4174	1.8203	1.9599	0.0426	0.0813
Truncated jump1	RV-VIX	0.1598	1.2608	1.8038	1.8081	0.0044	0.0721
Truncated jump2	RV-VIX	0.1237	1.2645	1.8134	1.8149	0.0013	0.0727
Truncated jump3	RV-VIX	−0.1545	1.3247	1.8501	1.8537	−0.0181	0.0784
Panel C: 2007/1/1—2011/12/30							
GARCH	VIX	−0.9422	2.0688	2.3376	2.5182	−0.0809	0.1363
GJR-GARCH	VIX	−0.9511	2.0731	2.3383	2.5222	−0.0815	0.1366
HN-GARCH	VIX	−4.8693	5.0222	2.2930	5.3812	−0.3330	0.3394

续表

模型	方法	ME	MAE	StdErr	RMSE	MPE	MAPE
EGARCH	VIX	−1.3735	2.8288	3.1549	3.4380	−0.1094	0.1842
RV-GARCH	RV-VIX	−2.4571	2.8227	2.1295	3.2500	−0.1768	0.1931
DJI-GARCH	RV-VIX	−3.2597	3.4397	2.0726	3.8617	−0.2160	0.2246
Truncated jump1	RV-VIX	−3.1941	3.3832	2.0879	3.8148	−0.2113	0.2204
Truncated jump2	RV-VIX	−3.3145	3.4789	2.0462	3.8941	−0.2199	0.2276
Truncated jump3	RV-VIX	−3.3349	3.4953	2.0164	3.8961	−0.2216	0.2290

注：本表给出了不同跳跃下的样本外预测误差，误差度量包括平均误差（ME）、平均绝对误差（MAE）、误差标准差（StdErr）、均方根误差（RMSE）、平均百分比误差（MPE）和平均绝对百分比误差（MAPE）。Truncated jump1、Truncated jump2 和 Truncated jump3 分别定义如下：当年化跳跃波动低于 2.18，3.45 和 7.28 时，当天的跳跃定义为 0。第一栏中样本内估计期为 2000 年 1 月 4 日至 2017 年 12 月 29 日，样本外预测期为 2018 年 1 月 2 日至 2019 年 4 月 18 日。第二栏中样本内估计期为 2012 年 1 月 3 日至 2017 年 12 月 29 日，样本外预测期为 2018 年 1 月 2 日至 2019 年 4 月 18 日。第三栏中样本内估计期为 2007 年 1 月 1 日至 2011 年 12 月 30 日，样本外预测期为 2012 年 1 月 3 日至 2013 年 12 月 31 日。

5.6 小 结

基于 S&P 500 指数期权价格计算的波动率指数已成为衡量股市波动性的基准。VIX 的有效建模和预测对于风险管理和波动性衍生工具定价很重要。DJI-GARCH 模型结合了可观测的高频数据信息来表征动态跳跃强度，已被有效地应用于股指期权定价中。但是，这种模型尚未应用于波动率指数预测及与波动率相关的衍生产品定价中。本章基于离散时间 DJI-GARCH 模型研究波动率指数预测，尤其是检验高频数据信息，隐含的动态跳跃是否有助于提高波动率指数的预测能力。该模型结合了高频数据信息来刻画动态跳跃强度，通过 VIX 预测误差的对数似然函数或联合对数似然函数来估计参数。实证结果发现，将 VIX 和高频信息相结合，将跳跃从已实现方差中分离出来对于获得准确度更高的预测非常重要，这对于平稳期的样本内和样本外预测尤为明显。但是，实证还发现如果市场状况发生重大变化，采用更复杂的模型可能无法获得理想的样本外结果。因此，在得出有关样本外预测的结论时，研究人员必须谨慎。

附录 A：简单 GARCH 模型下的 VIX 计算

根据 Meddahi 和 Renault（2004）、Hao 和 Zhang（2013），如果一个平稳平方可积过程 $\{\varepsilon_t\}$ 满足关于信息流 J_t 的鞅差分序列，则称其为 SR-SARV(p) 过程，即 $E[\varepsilon_t \mid J_{t-1}] = 0$。条件方差 h_t 是一个 J_t 适应的平稳鞅过程，满足 $h_t = Var(\varepsilon_t \mid J_{t-1})$，$h_t = \Omega + \Gamma h_{t-1} + V_t$，其中 $E[V_t \mid J_{t-1}] = 0$。

Hao 和 Zhang（2013）指出，GARCH 模型、GJR-GARCH 模型和 HN-GARCH 模型是 SR-SARV(p) 过程的特例，3 个模型下隐含的 VIX 模型可以表示为条件方差的线性函数。下面首先给出物理测度和风险中性测度下不同 GARCH 类模型 Ω 和 Γ 的计算。

GARCH (1, 1) 模型：

$$E_{t-1}^P[h_t] = E_{t-1}^P[\omega + \beta h_{t-1} + \alpha z_{t-1}^2] = \omega + (\alpha + \beta)h_{t-1}$$

则 $\Omega = \omega$，$\Gamma = \alpha + \beta$，$E_{t-1}^P[V_t] = E_{t-1}^P[\alpha z_{t-1}^2 - \alpha h_{t-1}] = 0$。

GJR-GARCH 模型：

$$E_{t-1}^P[h_t] = E_{t-1}^P[\omega + \beta h_{t-1} + z_{t-1}^2(\alpha + \gamma 1_{\{z_{t-1}<0\}})] = \omega + \left(\alpha + \beta + \frac{1}{2}\gamma\right)h_{t-1}$$

则 $\Omega = \omega$，$\Gamma = \alpha + \beta + \frac{1}{2}\gamma$，$E_{t-1}^P[V_t] = E_{t-1}^P\left[z_{t-1}^2(\alpha + \gamma 1_{\{z_{t-1}<0\}}) - \left(\alpha + \frac{1}{2}\gamma\right)h_{t-1}\right] = 0$。

HN-GARCH 模型：

$$E_{t-1}^P[h_t] = E_{t-1}^P[\omega + \beta h_{t-1} + \alpha(z_{t-1} - \gamma\sqrt{h_{t-1}})^2] = \omega + \alpha + (\beta + \alpha\gamma^2)h_{t-1}$$

则 $\Omega = \omega + \alpha$，$\Gamma = \beta + \alpha\gamma^2$，$E_{t-1}^P[V_t] = E_{t-1}^P[\alpha(z_{t-1} - \gamma\sqrt{h_{t-1}})^2 - (\alpha + \alpha\gamma^2 h_{t-1})] = 0$。

他们还证明 EGARCH 模型是一个特殊的 SR-SARV(1) 过程，满足

$$E_{t-1}^P[\ln h_t] = E_{t-1}^P[\omega + \beta \ln h_{t-1} + g\varepsilon_{t-1}] = \omega + \beta \ln h_{t-1}$$

则 $\Omega = \omega$，$\Gamma = \beta$，$V_t = \ln[h_t] - E_{t-1}^P[\ln[h_t]]$，$E_{t-1}^P[V_t] = 0$。

类似的计算可以在风险中性测度下进行，从而得到模型隐含 VIX 计算所

必需的风险中性 Ω^* 和 Γ^*。

GARCH (1, 1) 模型：

$$E_{t-1}^Q(h_t) = E_{t-1}^Q[\omega + \beta h_{t-1} + \alpha(z_{t-1}^* - \lambda\sqrt{h_{t-1}})^2] = \omega + [\beta + \alpha(1+\lambda^2)]h_{t-1}$$

则 $\Omega^* = \omega$，$\Gamma^* = \beta + \alpha(1+\lambda^2)$。

GJR-GARCH 模型：

$$E_{t-1}^Q[h_t] = E_{t-1}^Q[\omega + \beta h_{t-1} + (z_{t-1}^* - \lambda\sqrt{h_{t-1}})^2(\alpha + \gamma I_{\{z_{t-1}^* - \lambda\sqrt{h_{t-1}} < 0\}})]$$
$$= \omega + (\beta + \alpha(1+\lambda^2) + \gamma[\lambda n(\lambda) + (1+\lambda^2)N(\lambda)])h_{t-1}$$

则 $\Omega^* = \omega$，$\Gamma^* = \beta + \alpha(1+\lambda^2) + \gamma[\lambda n(\lambda) + (1+\lambda^2)N(\lambda)]$。

HN-GARCH 模型：

$$E_{t-1}^Q[h_t] = E_{t-1}^Q[\omega + \beta h_{t-1} + \alpha(\varepsilon_{t-1}^* - \gamma^*\sqrt{h_{t-1}})^2] = \omega + \alpha + [\beta + \alpha(\gamma + \lambda)^2]h_{t-1},$$

则 $\Omega^* = \omega + \alpha$，$\Gamma^* = \beta + \alpha(\gamma + \lambda)^2$。

EGARCH 模型：

$$E_{t-1}^Q[\ln h_t]$$
$$= E_{t-1}^Q[\omega + \beta \ln h_{t-1} + \gamma(\varepsilon_{t-1}^* - \lambda) + \alpha(|\varepsilon_{t-1}^* - \lambda| - \sqrt{2/\pi})]$$
$$= \omega + \beta \ln h_{t-1} - \gamma\lambda - \alpha\sqrt{2/\pi} + 2\alpha[n(\lambda) + \lambda N(-\lambda)]$$

则 $\Omega^* = \omega - \gamma\lambda - \alpha\sqrt{2/\pi} + 2\alpha[n(\lambda) + \lambda N(-\lambda)]$，$\Gamma^* = \beta$。

因此，在风险中性测度下，VIX 满足

$$VIX_t^2 / (252 \times 100^2) = \frac{1}{n}\sum_{k=1}^{n} E_t^Q[h_{t+k}] = \frac{1}{n}\sum_{k=0}^{n-1} E_t^Q[h_{t+k+1}] \quad (\text{A-1})$$

由

$$E_t^Q[h_{t+k+1}] = E_t^Q E_{t+k}^Q[h_{t+k+1}] = \Omega^* + \Gamma^* E_t^Q[h_{t+k}] \quad (\text{A-2})$$

可以推导出

$$\begin{aligned}
VIX_t^2/(252\times100^2) &= \frac{1}{n}\sum_{k=0}^{n-1}(\Omega^* + \Gamma^* E_t^Q[h_{t+k}]) \\
&= \frac{1}{n}\sum_{k=0}^{n-1}[\Omega^* + \Gamma^*(\Omega^* + \Gamma^* E_t^Q[h_{t+k-1}])] \\
&= \frac{1}{n}\sum_{k=0}^{n-1}[\Omega^*(1+\Gamma^*) + \Gamma^{*2} E_t^Q[h_{t+k-1}]] \\
&= \frac{1}{n}\sum_{k=0}^{n-1}[\Omega^*(1+\Gamma^* + \cdots + \Gamma^{*k-1}) + \Gamma^{*k} h_{t+1}] \quad\quad (\text{A-3})\\
&= \frac{1}{n}\sum_{k=0}^{n-1}\left[\Omega^*\frac{(1-\Gamma^{*k})}{1-\Gamma^*} + \Gamma^{*k} h_{t+1}\right] \\
&= \frac{\Omega^*}{1-\Gamma^*}\frac{1}{n}\sum_{k=0}^{n-1}(1-\Gamma^{*k}) + \frac{1-\Gamma^{*n}}{n(1-\Gamma^*)}h_{t+1} \\
&= A + B h_{t+1}
\end{aligned}$$

其中，$A=\dfrac{\Omega^*}{1-\Gamma^*}(1-B)$，$B=\dfrac{1-\Gamma^{*n}}{n(1-\Gamma^*)}$。对于 HN-GARCH 模型，$\Omega^*=\omega+\alpha$，对于 GARCH (1,1)模型和 GJR-GARCH 模型，$\Omega^*=\omega$。对于 HN-GARCH 模型、GARCH (1,1)模型和 GJR-GARCH 模型，长期方差 Γ^* 分别为 $\beta+\alpha\gamma^{*2}$，$\beta+\alpha(1+\lambda^2)$，$\beta+\alpha(1+\lambda^2)+\gamma[\lambda n(\lambda)+(1+\lambda^2)N(\lambda)]$。

附录B：DJI-GARCH 模型下的 VIX 计算

在风险中性测度下，在 DJI-GARCH 模型下标的资产收益率的条件方差满足 $Var_t^Q[R_{t+k}] = h_{z,t+k} + (\theta^{*2} + \delta^2)h_{y,t+k}^*$。因此，DJI-GARCH 模型隐含的 VIX 可以计算为

$$VIX_t^2 / (100^2 \times 252) = \frac{1}{22}\sum_{k=0}^{21} E_t^Q[h_{z,t+k} + (\theta^{*2} + \delta^2)h_{y,t+k}^*] \quad (\text{B-1})$$

其中，第一项计算如下：

$$\begin{aligned}
E_t^Q[h_{z,t+k}] &= E_t^Q[\omega_z + b_z h_{z,t+k-1} + a_z RBV_{t+k}] \\
&= \omega_z + [b_z + a_z + a_z\sigma(\gamma^{*2} - \gamma^2)]E_t^Q[h_{z,t+k-1}] \\
&= \omega_z + [b_z + a_z + a_z\sigma(\gamma^{*2} - \gamma^2)]E_t^Q[\omega_z + [b_z + a_z + a_z\sigma(\gamma^{*2} - \gamma^2)]h_{z,t+k-2}] \\
&= \frac{\omega_z}{1-[b_z + a_z + a_z\sigma(\gamma^{*2} - \gamma^2)]}\{1-[b_z + a_z + a_z\sigma(\gamma^{*2} - \gamma^2)]^k\} + \\
&\quad [b_z + a_z + a_z\sigma(\gamma^{*2} - \gamma^2)]^k h_{z,t}
\end{aligned}$$

设 $\xi_z^* = b_z + a_z + a_z\sigma(\gamma^{*2} - \gamma^2)$，$V_{L,z}^* = \omega_z / \{1-[b_z + a_z + a_z\sigma(\gamma^{*2} - \gamma^2)]\}$，分别表示风险中性测度下已实现二次幂变差的持久性和长期方差，则

$$\begin{aligned}
\frac{1}{22}\sum_{k=0}^{21} E_t^Q[h_{z,t+k}] &= \frac{1}{22}\sum_{k=0}^{21} E_t^Q[V_{L,z}^*(1-\xi_z^{*k}) + \xi_z^{*k} h_{z,t}] \\
&= \frac{1}{22}\sum_{k=0}^{21} E_t^Q[V_{L,z}^* + (h_{z,t} - V_{L,z}^*)\xi_z^{*k}] \quad (\text{B-2}) \\
&= V_{L,z}^* + (h_{z,t} - V_{L,z}^*)\frac{(1-\xi_z^{*22})}{22(1-\xi_z^*)}
\end{aligned}$$

类似地，第二项计算如下：

$$\begin{aligned}
E_t^Q[h_{y,t+k}^*] &= E_t^Q[\omega_y + [b_y + (\theta^{*2} + \delta^2)a_y]h_{y,t+k-1}^*] \\
&= \omega_y + [b_y + (\theta^{*2} + \delta^2)a_y]E_t^Q[h_{y,t+k-1}^*] \\
&= \omega_y + [b_y + (\theta^{*2} + \delta^2)a_y]E_t^Q[\omega_y + [b_y + (\theta^{*2} + \delta^2)a_y]h_{y,t+k-2}^*] \\
&= \frac{\omega_y}{1-[b_y + (\theta^{*2} + \delta^2)a_y]}\{1-[b_y + (\theta^{*2} + \delta^2)a_y]^k\} + [b_y + (\theta^{*2} + \delta^2)a_y]^k h_{y,t}^*
\end{aligned}$$

设 $\xi_y^* = b_y + (\theta^{*2} + \delta^2)a_y$，$V_{L,y}^* = \omega_y / \{1 - [b_y + (\theta^{*2} + \delta^2)a_y]\}$，分别表示风险中性测度下跳跃变差的持久性和长期方差，则

$$\frac{1}{22}\sum_{k=0}^{21} E_t^Q [h_{y,t+k}^*] = \frac{1}{22}\sum_{k=0}^{21} E_t^Q [V_{L,y}^*(1-\xi_y^{*k}) + \xi_y^{*k} h_{y,t}^*]$$

$$= \frac{1}{22}\sum_{k=0}^{21} E_t^Q [V_{L,y}^* + (h_{y,t}^* - V_{L,y}^*)\xi_y^{*k}] \quad \text{(B-3)}$$

$$= V_{L,y}^* + (h_{y,t}^* - V_{L,y}^*) \frac{1-\xi_y^{*22}}{22(1-\xi_y^*)}$$

因此

$$VIX_t^2 / (100^2 \times 252)$$

$$= \frac{1}{22}\sum_{k=0}^{21} E_t^Q [h_{z,t+k} + (\theta^{*2} + \delta^2)h_{y,t+k}^*]$$

$$= \left[V_{L,z}^* + (h_{z,t} - V_{L,z}^*) \frac{1-\xi_z^{*22}}{22(1-\xi_z^*)} \right] + (\theta^{*2} + \delta^2) \left[V_{L,y}^* + (h_{y,t}^* - V_{L,y}^*) \frac{1-\xi_y^{*22}}{22(1-\xi_y^*)} \right] \quad \text{(B-4)}$$

第 6 章
基于高频数据信息的波动率指数预测：已实现正-负半变差分解视角

本章将基于高频数据的已实现正-负半方差（即好波动率和坏波动率）引入离散时间 GARCH 模型中，并考虑波动率对正、负冲击的非对称响应，研究了 VIX 期限结构预测。首先推导了风险中性测度下的模型形式，并计算出 VIX 期限结构的解析表达式，然后用最大似然法估计模型参数。最后，基于 Wang 等（2018）提出的可预测性动量（MoP），将 MoP 策略应用于 VIX 期限结构预测。实证结果表明，为了获得更准确的预测，需要考虑高频数据和已实现方差的非对称冲击。MoP 策略的应用进一步证明了综合多个模型的优势对 VIX 期限结构预测的优越性。

6.1 问题的引入

VIX 作为关于波动率的风险中性远期度量指标受到广泛欢迎，它的有效建模和预测是研究波动率衍生品定价、构造对冲交易策略的关键。实际上，CBOE 还将 VIX 的计算方法应用于 S&P500 指数期权价格来计算 VIX 期限结构，帮助投资者深入了解市场对未来不同时期波动率的预期。研究发现，VIX 期限结构包含关于方差风险溢价的信息（Johnson，2017），VIX 期限结构中隐含的重要信息也有助于提高期权定价效果（Cao 等，2020）。由于 VIX 期限结构是以期权价格为基础计算的，VIX 期限结构的有效预测与期权定价有关。因此，对 VIX 期限结构进行有效的建模和预测对于波动率衍生品定价、构建套期保值交易策略均具有重要意义。

与此同时，金融资产日内高频数据的可获得性，推动了应用计量经济学和数量金融学的快速发展。高频数据包含更多的日内交易信息，这对市场参与者来说很重要。学者们将高频数据信息融入期权定价中来提高定价效果（Corsi 等，2013；Christoffersen 等，2014；Huang 等，2017）。Christoffersen 等（2015）在考虑已实现双幂方差和跳跃方差的基础上，提出了一种新的基于 GARCH 模型的期权定价模型。实际上，已实现方差除跳-扩散分解模式（连续波动和跳跃波动）外，还可以分解为已实现正半方差和已实现负半方差（Barndorff-Nielsen 等，2010），即分别对日内高频收益率的正收益率和负收益率计算平方和。这类信息也称"好波动"和"坏波动",可以解释波动率对市场中正、负信息冲击的不对称响应,并被用来提高已实现方差的预测能力(Patton 和 Sheppard,2015),研究股票风险溢价预测(Guo 等,2015),以及解释股票收益率的横截面信息(Bollerslev 等,2020)。Feunou 和 Okou(2019)通过整合已实现正-负半变差信息研究期权定价,发现新模型优于一般基准模型。第五章已经证实已实现方差的跳-扩散分解确实有助于提高 VIX 的预测能力(Qiao 等,2020b),本章进一步构建模型研究已实现正-负半变差对 VIX 预测的增量信息,并扩展到 VIX 期限结构预测的研究中(Qiao 等,2022)。

本章通过加入已实现正-负半方差的信息对离散时间 GARCH 模型进行扩展来研究 VIX 期限结构预测,称为 RV-ud-GARCH 模型。首先,推导出模型的风险中性形式,并计算出 VIX 期限结构的解析表达式。其次,通过预测误差的对数似然函数估计风险中性参数。与 GARCH 模型、HN-GARCH 模型、GJR-GARCH 模型,以及引入高频数据信息的 RV-GARCH 模型和 DJI-GARCH 模型结果进行比较分析,结果发现在样本内和样本外的预测中,已实现正-负半变差确实包含 VIX 期限结构预测的信息。这表明考虑来自高频数据的已实现方差的非对称冲击可以获得更准确的预测。最后,本章基于 Wang 等(2018)提出的可预测性动量策略(Momentum of Predictability,MoP)思想,将其拓展应用于 VIX 期限结构预测中。Wang 等(2018)在股票收益率预测研究中首先提出 MoP 策略的思想,Zhang 等(2019)将其推广到波动率预测中,在 GARCH 模型和 HAR 模型中选择最优预测值,Dai 等(2020)将 MoP 策略与经济约束相结合进行收益率预测。本章的实证结果证实了样本外 VIX 期限结构预测中动量效应的存在。更重要的是,MoP 策略的应用进一步表明整合多个模型的优势能够提高 VIX 期限结构的预测效果,这对于金融市场风险管理和衍生品市场的健康发展具有重要意义。

首先,本章通过可观测的已实现正-负半变差来解释波动率的不对称冲击,并比较已实现方差的两种分解模式(跳-扩散方差与已实现正-负半方差)

加入 GARCH 模型对 VIX 的预测效果。实证结果指出，与 DJI-GARCH 模型相比，在模型设定中考虑好波动和坏波动有效地提高了 VIX 的预测能力。其次，本章不仅研究了 VIX 预测，还对 VIX 期限结构预测进行了研究。VIX 期限结构包含方差风险溢价和期权价格的重要信息，通过考虑可观测的高频数据信息，从 VIX 期限结构预测的角度对已有文献进行补充（Luo 和 Zhang，2012；Johnson，2017；Cao 等，2020；Yang 和 Chen，2021）。最后，本章与好波动和坏波动对期权定价的研究密切相关，Feunou 和 Okou（2019）表明，在期权定价中考虑到可观测的已实现正-负半方差（即好坏波动）信息，定价结果优于将已实现波动分解为连续波动和跳跃波动的结果。相比之下，本章通过加入已实现半变差对 GARCH 模型进行扩展来研究 VIX 期限结构预测，由于 VIX 期限结构是根据期权价格计算的，本章的研究可以从这个新的角度验证已有结论。

6.2 模型设定

Christoffersen 等（2015）将可观测的高频数据信息引入 GARCH 模型，建立了一种新的期权定价模型，Qiao 等（2020b）将其扩展到对 VIX 预测的研究中。但是，这两项研究仅仅关注了已实现方差的跳-扩散分解模式。已实现方差的第二种分解模式已实现正-负半方差[①]可以解释金融市场对正负冲击的不对称反应（Patton 和 Sheppard，2015；Guo 等，2015；Bollerslev 等，2017；Feunou 和 Okou，2019），本章将其加入 GARCH 模型中研究 VIX 及 VIX 期限结构预测，新模型记为 RV-ud-GARCH 模型。假设标的资产日收益率为

$$R_{t+1} = r + \left(\lambda_u - \frac{1}{2}\right)h_{u,t} + \left(\lambda_d - \frac{1}{2}\right)h_{d,t} + \sqrt{h_{u,t}}\varepsilon_{1,t+1}^u + \sqrt{h_{d,t}}\varepsilon_{1,t+1}^d \quad (6\text{-}1)$$

其中，R_{t+1} 是资产收益率，资产收益率由两个具有独立正态分布的扰动项组成，满足 $\varepsilon_{1,t+1}^i \sim N(0,1)$，$i = u, d$；$r$ 表示无风险利率；$h_{u,t}$ 和 $h_{d,t}$ 分别表示与

---

① 已实现方差和已实现正-负半变差的计算分别参考 3.2 节和 4.1 节，不再重复。

已实现正半变差和已实现负半变差相关的条件方差部分；λ_u 和 λ_d 分别与这两项冲击相关的股权风险溢价相关。

假设两项条件方差分别满足

$$h_{u,t+1} = \omega_u + b_u h_{u,t} + a_u RV_{t+1}^u, \quad h_{d,t+1} = \omega_d + b_d h_{d,t} + a_d RV_{t+1}^d \quad (6-2)$$

其中，参数满足 $\omega_i > 0, b_i, a_i \geq 0$。为了保证平稳性，施加以下约束条件 $\omega_i + b_i < 1 (i = u, d)$。

通过引入与 $\varepsilon_{1,t+1}^i (i=u,d)$ 相关性为 ρ 的测量误差 $\varepsilon_{2,t+1}^i \sim N(0,1)$，$RV_{t+1}^u$ 和 RV_{t+1}^d 分别定义为

$$\begin{aligned}RV_{t+1}^u &= h_{u,t} + \sigma_u [(\varepsilon_{2,t+1}^u - \gamma_u \sqrt{h_{u,t}})^2 - (1 + \gamma_u^2 h_{u,t})], \\ RV_{t+1}^d &= h_{d,t} + \sigma_d [(\varepsilon_{2,t+1}^d - \gamma_d \sqrt{h_{d,t}})^2 - (1 + \gamma_d^2 h_{d,t})]\end{aligned} \quad (6-3)$$

该模型设定的思想源于将已实现方差加入 GARCH 模型的方法（Christoffersen 等，2014；Christoffersen 等，2015；Feunou 和 Okou，2019）。由于已实现半变差与 GARCH 模型拟合的方差高度相关，在以上模型设定下已实现半变差 RV_{t+1}^u 和 RV_{t+1}^d 的条件期望分别满足 $E_t[RV_{t+1}^u] = h_t^u$ 和 $E_t[RV_{t+1}^d] = h_t^d$。

可以证明，风险中性测度下的资产收益率动态变为

$$R_{t+1} = r - \frac{1}{2}h_{u,t} - \frac{1}{2}h_{d,t} + \sqrt{h_{u,t}}\varepsilon_{1,t+1}^{u*} + \sqrt{h_{d,t}}\varepsilon_{1,t+1}^{d*} \quad (6-4)$$

已实现半变差 RV_{t+1}^u 和 RV_{t+1}^d 分别满足

$$\begin{aligned}RV_{t+1}^u &= h_{u,t} + \sigma_u(\gamma_u^{*2} - \gamma_u^2)h_{u,t} + \sigma_u[(\varepsilon_{2,t+1}^{u*} - \gamma_u^* \sqrt{h_{u,t}})^2 - (1 + \gamma_u^{*2} h_{u,t})], \\ RV_{t+1}^d &= h_{d,t} + \sigma_d(\gamma_d^{*2} - \gamma_d^2)h_{d,t} + \sigma_d[(\varepsilon_{2,t+1}^{d*} - \gamma_d^* \sqrt{h_{d,t}})^2 - (1 + \gamma_d^{*2} h_{d,t})]\end{aligned} \quad (6-5)$$

其中，$\varepsilon_{1,t+1}^{i*} = \varepsilon_{1,t+1}^i + \lambda_i \sqrt{h_{i,t}}$，$\varepsilon_{2,t+1}^{i*} = \varepsilon_{2,t+1}^i + (\gamma_i^* - \gamma_i)\sqrt{h_{i,t}}$，$\varepsilon_{1,t+1}^{i*} \sim N(0,1)$，$\varepsilon_{2,t+1}^{i*} \sim N(0,1)$，$i = u, d$。详细证明见附录 A。

由于 RV-ud-GARCH 模型属于仿射模型，可以计算出 VIX 期限结构（简称 VIXT）的表达式：

$$VIXT_t^2 / (252 \times 100^2) = \frac{1}{n}\sum_{k=0}^{n-1} E_t^Q\left[h_{u,t+k} + h_{d,t+k}\right] = A + Bh_{u,t} + Ch_{d,t} \quad (6\text{-}6)$$

其中，A, B 和 C 为模型参数的函数，分别满足 $A = V_{L,u}^*(1-B) + V_{L,d}^*(1-C)$，$B = (1-\xi_u^{*n})/(n(1-\xi_u^*))$，$C = (1-\xi_d^{*n})/(n(1-\xi_d^*))$；$\xi_i^* = b_i + a_i + a_i\sigma_i\left(\gamma_i^{*2} - \gamma_i^2\right)$ 为条件方差的持续性；$V_{L,i}^* = \omega_i/(1-\xi_i^*)$ 代表已实现正、负半方差的长期方差。对于VIX1M、VIX3M、VIX6M，n 分别取 22、63、126。具体计算详见附录B。

特别地，当已实现方差作为整体加入 GARCH 模型时，模型退化为特殊形式，即 RV-GARCH 模型。

本章所采用的基准模型有 GARCH 模型、HN-GARCH 模型、GJR-GARCH 模型，以及加入高频数据的 RV-GARCH 模型和 DJI-GARCH 模型，详细介绍参见第5章。

可以证明，DJI-GARCH 模型下的 VIX 期限结构的计算公式为

$$VIXT_t^2 / (100^2 \times 252) = \frac{1}{n}\sum_{k=0}^{n-1} E_t^Q[h_{z,t+k} + (\theta^{*2}+\delta^2)h_{y,t+k}^*] = A + Bh_{z,t} + Ch_{y,t}^* \quad (6\text{-}7)$$

其中，A, B, C 为模型参数的函数，分别满足 $A = V_{L,z}^*(1-B) + V_{L,y}^*(\theta^{*2}+\delta^2-C)$，$B = (1-\xi_z^{*n})/[n(1-\xi_z^*)]$，$C = (\theta^{*2}+\delta^2)(1-\xi_y^{*n})/[n(1-\xi_y^*)]$；$\xi_z^* = b_z + a_z + a_z\sigma(\gamma^{*2} - \gamma^2)$，$\xi_y^* = b_y + (\theta^{*2}+\delta^2)a_y$ 分别表示风险中性测度下连续波动和跳跃波动的持续性；$V_{L,z}^* = \omega_z/\{1-[b_z+a_z+a_z\sigma(\gamma^{*2}-\gamma^2)]\}$，$V_{L,y}^* = \omega_y/\{1-[b_y+(\theta^{*2}+\delta^2)a_y]\}$ 分别表示风险中性测度下连续波动和跳跃波动的长期方差。对于VIX1M、VIX3M和VIX6M，n 分别取22、63和126。关于 DJI-GARCH 模型的更多细节参见第5章。

6.3 参数估计及误差度量

由于 VIX 期限结构代表的是未来不同期限的隐含波动率水平，因此它包含方差风险溢价的额外信息。根据已有研究（Hao 和 Zhang，2013；Kanniainen 等，2014；Liu 等，2015；Wang 等，2017；Qiao 等，2020b），本书结合已实现正-负半变方差以及 VIX 期限结构信息来估计 RV-ud-GARCH 模型参数。

假设 VIX 期限结构预测误差服从正态分布，即 $VIXT^{\text{mar}} - VIXT^{\text{mod}} = \mu_v$，其中 $\mu_v \sim N(0, s_v^2)$，$VIXT_t^{\text{mar}}$，$VIXT_t^{\text{mod}}$ 分别表示 VIX 期限结构的市场价格和模型隐含价格，s_v^2 表示误差方差。

通过最大化VIX期限结构预测误差的对数似然函数来估计风险中性参数

$$\ln L^{VIXT} = -\frac{T}{2}\ln(2\pi s_v^2) - \frac{1}{2s_v^2}\sum_{t=1}^{T}(VIXT^{\text{mar}} - VIXT^{\text{mod}})^2 \qquad (6\text{-}8)$$

其中，T 用于估计参数的样本容量。

因为基于期权价格的 VIX 期限结构和基于高频数据的已实现半变差都包含关于波动率预测的信息，将这两种信息结合在一起，不仅可以有效地减少预测误差，还可以使估计更加简洁和方便。为了评估不同模型预测能力，本章采用以下四种误差测量方法：

$$MAE = \frac{1}{m}\sum_{t=1}^{m}\left|VIXT_t^{\text{mar}} - VIXT_t^{\text{mod}}\right| \qquad (6\text{-}9)$$

$$RMSE = \sqrt{\frac{1}{m}\sum_{t=1}^{m}(VIXT_t^{\text{mar}} - VIXT_t^{\text{mod}})^2} \qquad (6\text{-}10)$$

$$MAPE = \frac{1}{m}\sum_{t=1}^{m}\left|1 - VIXT_t^{\text{mod}}/VIXT_t^{\text{mar}}\right| \qquad (6\text{-}11)$$

$$QLIKE = \frac{1}{m}\sum_{t=1}^{m}[\ln(VIXT_t^{\text{mod}}) + VIXT_t^{\text{mar}}/VIXT_t^{\text{mod}}] \qquad (6\text{-}12)$$

其中，m 是样本内或样本外窗口的长度。

6.4 实证分析

6.4.1 数据及描述统计

本章所使用的 VIX 期限结构数据（VIX1M、VIX3M 和 VIX6M）来自 CBOE 网站，样本期为 2008 年 1 月 7 日至 2021 年 5 月 19 日。S&P 500 指数日收盘价、已实现方差、已实现半方差从牛津曼研究所（Oxford-Man Institute）

的 Realized Library 获得，无风险利率取 3 个月的美国国债收益率，其中已实现方差和已实现半方差选取基于 5 分钟日内收益率计算的数据。

将已实现方差和已实现半变差乘以 252 并开方转化为与 VIX 具有相同的数量级。图 6-1 显示了 S&P500 指数的已实现波动和 VIX 期限结构相似的变化趋势。在全球金融危机（2008—2009）和 COVID-19 时期（2020），其波动性较大，在其他时期，它们变得稳定并保持在相对较低的水平。

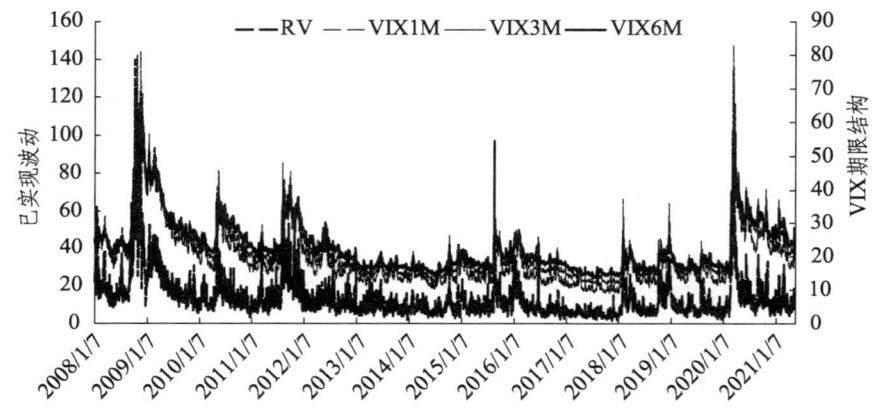

图 6-1　S&P 500 已实现波动和 VIX 期限结构

表 6-1　描述性统计

	N	Min	Max	Mean	Std	Skew	Kurt	JB
Return	3332	−0.13	0.10	0.0003	0.01	−0.71	15.03	2.04×10^4
RV	3332	1.75	139.73	13.45	11.11	3.40	21.04	5.16×10^4
RV^u	3332	1.30	103.13	9.34	7.85	3.54	22.86	5.16×10^4
RV^d	3332	0.75	94.27	9.31	8.30	3.44	21.05	5.18×10^4
VIX1M	3332	9.14	82.69	20.19	9.86	2.34	10.42	1.07×10^4
VIX3M	3332	11.85	72.98	21.74	8.53	1.94	7.94	5.49×10^3
VIX6M	3332	13.75	61.47	21.74	7.48	1.57	5.89	2.53×10^3

注：给出了 S&P500 指数日收益率、已实现方差(RV)、已实现正半方差(RV^u)、已实现负半方差(RV^d)和 VIX 期限结构(VIX1M、VIX3M、VIX6M)的描述性统计，其中 RV，RV^u，RV^d 通过 $100\sqrt{252 \times RV}$，$100\sqrt{252 \times RV^u}$，$100\sqrt{252 \times RV^d}$ 转换为与 VIX 期限结构相同的度量。

表 6-1 给出了各变量的描述性统计。可以看出，S&P500 指数的已实现方差、已实现正半变差和负半变差的平均值分别为 13.45%、9.34%、9.31%，VIX1M、VIX3M 和 VIX6M 的平均值分别为 20.19%、21.74%、22.89%，均高于已实现方差的平均值，这表明 VIX 期限结构中包含方差风险溢价的信息。VIX 期限结构的平均值随着到期日的延长而增加，标准差分别为 9.86、8.53、7.48，低于已实现方差的标准差。另外，与 VIX 期限结构相比，已实现方差、已实现半变差具有更高的偏度和峰度，Jarque-Bera 检验证明各个变量是非正态的。

6.4.2 参数估计

表 6-2（a）和表 6-2（b）报告了 6 个模型的参数估计结果，样本内估计期为 2008 年 1 月 7 日至 2014 年 12 月 31 日。表 6-2（a）表明 3 个简单 GARCH 模型都具有很高的方差持续性，GARCH 模型的股权风险溢价要大于 GJR-GARCH 模型。表 6-2（b）表明 RV-GARCH、DJI-GARCH 和 RV-ud-GARCH 模型比三种简单 GARCH 模型具有更高的持续性。6 个模型下条件方差的系数都接近于 1，这表明条件方差具有很强的自相关性。

表 6-2（a） 简单 GARCH 型模型下参数估计

	VIX1M			VIX3M			VIX6M		
	HN-GARCH	GARCH	GJR-GARCH	HN-GARCH	GARCH	GJR-GARCH	HN-GARCH	GARCH	GJR-GARCH
α	2.83×10^{-6}	0.0466	0.0185	1.14×10^{-6}	0.0243	0.0163	1.71×10^{-6}	1.71×10^{-2}	0.0166
β	0.9114	0.9432	0.9544	0.9717	0.9728	0.9749	0.9947	0.9807	0.9807
ω	1.01×10^{-10}	2.20×10^{-6}	1.97×10^{-6}	2.03×10^{-9}	1.30×10^{-6}	1.26×10^{-6}	1.00×10^{-10}	1.08×10^{-6}	1.09×10^{-6}
γ			1.78×10^{-8}			0.0013			0.0003
γ^*	165.6493			144.3599			2.0514		
λ	0.3216		0.0423		0.0803	0.0114		0.0017	0.0007
持续性	0.9891	0.9946	0.9729	0.9955	0.9973	0.9919	0.9947	0.9977	0.9975
长期方差	0.0003	4.11×10^{-4}	7.29×10^{-5}	2.52×10^{-4}	4.80×10^{-4}	1.56×10^{-4}	3.21×10^{-4}	4.74×10^{-4}	4.30×10^{-4}
极大似然值	7.48×10^{3}	8.30×10^{3}	6.29×10^{3}	7.65×10^{3}	8.48×10^{3}	7.42×10^{3}	7.64×10^{3}	8.46×10^{3}	8.45×10^{3}

注：给出了 VIX1M、VIX3M 和 VIX6M 在 3 个 GARCH 模型（HN-GARCH 模型、GARCH(1, 1) 模型、GJR-GARCH 模型）下的参数估计。样本内估计期为 2008 年 1 月 7 日至 2014 年 12 月 31 日。

表 6-2（b） 引入已实现方差的模型参数估计

	VIX1M			VIX3M			VIX6M		
	RV-GARCH	DJI-GARCH	RV-ud-GARCH	RV-GARCH	DJI-GARCH	RV-ud-GARCH	RV-GARCH	DJI-GARCH	RV-ud-GARCH
a_1	0.0667	0.0442	0.0262	0.0297	0.0221	0.0135	0.0199	0.0167	0.0471
b_1	0.9333	0.9557	0.9737	0.9703	0.9778	0.9864	0.9801	0.9832	0.9519
ω_1	2.68×10^{-6}	3.10×10^{-7}	0.0000	1.35×10^{-6}	1.54×10^{-6}	1.00×10^{-9}	9.52×10^{-7}	1.68×10^{-6}	1.33×10^{-6}
a_2		22.2356	0.2712		0.3905	0.0622		19.9864	0.0093
b_2		0.8834	0.7287		0.8980	0.9377		0.5866	0.9906
ω_2		0.0003	1.61×10^{-7}		1.01×10^{-9}	1.77×10^{-6}		1.13×10^{-9}	1.00×10^{-9}
σ_1	0.0015	3.0250	5.8443	9.42E-07	43.8928	0.0031	0.2389	0.0000	12.7528
γ_1	10.0215	5.2573	9.4426	0.3018	0.0908	47.0490	8.77×10^{-8}	0.4280	1.79×10^{-9}
γ_1^*	10.0215	5.2573	9.4426	4.2679	0.0908	47.0490	1.13×10^{-7}	0.4280	0.0377
σ_2/θ		0.0722	5.85×10^{-5}		-0.5085	1.3226		-0.1408	1.01×10^{-9}
γ_2/δ		2.80×10^{-8}	7.1118		0.0453	5.74×10^{-7}		0.0942	6.4684
γ_2^*/v_3		7.5403	7.1120		6.87×10^{-8}	0.0002		28.0810	9.9893

续表

	VIX1M			VIX3M			VIX6M		
	RV-GARCH	DJI-GARCH	RV-ud-GARCH	RV-GARCH	DJI-GARCH	RV-ud-GARCH	RV-GARCH	DJI-GARCH	RV-ud-GARCH
持续性									
RV^u/RBV (or RV-GARCH)	1.0000	0.9999	0.9999	1.0000	0.9999	0.9999	1.0000	0.9999	0.9999
RV^d/RJV		0.9995	0.9999		0.9578	0.9999		0.9998	0.9999
长期方差									
RV^u/RBV (or RV-GARCH)	0.3578	0.0031	0.0131	1.82×10^2	1.00×10^{-5}	1.00×10^{-5}	5.96×10^3	0.0154	0.0132
RV^d/RJV		0.5760	0.0016		0.0014	0.0177		5.21×10^{-6}	1.00×10^{-5}
极大似然值	8.27×10^3	8.30×10^3	8.41×10^3	8.45×10^3	8.30×10^3	8.59×10^3	8.49×10^3	8.55×10^3	8.59×10^3

注：给出了引入已实现方差的 VIX1M、VIX3M、VIX6M 的估计参数（包括 RV-GARCH 模型、DJI-GARCH 模型、RV-ud-GARCH 模型）。估计期为 2008 年 1 月 7 日至 2014 年 12 月 31 日。其中，a_1 代表 DJI-GARCH 模型中的 a_z，RV-ud-GARCH 模型中的 a_u，以下参数类似，θ, δ, v_3 为 DJI-GARCH 模型中的参数。

6.4.3 样本内预测误差

表 6-3 给出了各个模型的样本内预测误差。在所有损失函数下,RV-ud-GARCH 模型对 VIX 期限结构的预测在 6 个模型中表现最好,其次是 DJI-GARCH 模型。结果表明为了获得更准确的预测,需要结合高频数据并充分考虑已实现方差分解后的非对称冲击。对于 3 种简单的 GARCH 类模型,GARCH(1,1)模型在样本内预测方面优于其他两种模型。

表 6-3 样本内预测误差

	MAE	RMSE	MAPE	QLIKE
Panel A: VIX1M				
HN-GARCH	3.5300	5.2782	0.1548	4.0410
GARCH	2.5616	3.3036	0.1194	4.0347
GJR-GARCH	6.3728	8.6924	0.2399	4.0917
RV-GARCH	2.6524	3.4995	0.1249	4.0357
DJI-GARCH	2.4726	3.3049	0.1147	4.0341
RV-ud-GARCH	**2.3733**	**3.1130**	**0.1112**	**4.0329**
Panel B: VIX3M				
HN-GARCH	3.1203	4.7846	0.1199	4.1167
GARCH	2.3360	2.9712	0.1033	4.1121
GJR-GARCH	3.6791	4.8985	0.1389	4.1235
RV-GARCH	2.3313	2.9629	0.1047	4.1120
DJI-GARCH	2.2308	2.8757	0.0993	4.1114
RV-ud-GARCH	**2.1460**	**2.8013**	**0.0943**	**4.1108**
Panel C: VIX6M				
HN-GARCH	3.5941	4.8098	0.1485	4.1858
GARCH	2.4128	3.0153	0.1004	4.1777
GJR-GARCH	2.4046	3.0248	0.0997	4.1779
RV-GARCH	2.3605	2.9261	0.1006	4.1773
DJI-GARCH	2.3210	2.9721	0.0983	4.1775
RV-ud-GARCH	**2.2198**	**2.8097**	**0.0943**	**4.1767**

注:本表给出了 VIX 期限结构在六种 GARCH 模型下的样本内预测误差,样本内估计期为 2008 年 1 月 7 日至 2014 年 12 月 31 日。误差度量包括平均绝对误差(MAE)、均方根误差(RMSE)、平均绝对百分比误差(MAPE)和高斯拟极大似然误差(QLIKE)。

6.4.4 样本外预测评价

表 6-4 报告了基于样本内估计参数计算的样本外预测误差，样本外期间为 2015 年 1 月 2 日至 2021 年 5 月 19 日，共计 1586 个交易日。对于样本外预测，在 MAE、RMSE 和 QLIKE 三个误差指标下，RV-ud-GARCH 模型仍然是最优的模型。对于 MAPE 来说，RV-ud-GARCH 模型下 VIX1M 的预测略高于 DJI-GARCH 模型，VIX3M 的预测略高于 GJI-GARCH 模型。另外，GJR-GARCH 模型在 3 个简单 GARCH 模型（也非常接近 RV-GARCH 模型）下表现最优，这意味着考虑波动率的杠杆效应可以提高预测精度。同时，HN-GARCH 模型在所有 VIX 期限结构下的性能是最差的，尽管它的仿射形式使得它在推导衍生品价格的解析表达式方面具有优势。

表 6-4 样本外预测误差

	MAE	RMSE	MAPE	QLIKE
Panel A: VIX1M				
HN-GARCH	9.2181	11.3625	0.6326	3.9168
GARCH	4.3838	5.3746	0.2707	3.8345
GJR-GARCH	3.4877	5.6214	0.1610	3.8382
RV-GARCH	3.1189	4.0410	0.1869	3.8224
DJI-GARCH	2.7849	3.9267	**0.1536**	3.8185
RV-ud-GARCH	**2.6840**	**3.4164**	0.1652	**3.8171**
Panel B: VIX3M				
HN-GARCH	6.3999	8.2143	0.3788	3.9831
GARCH	3.4977	4.4808	0.1820	3.9419
GJR-GARCH	2.5623	3.8598	**0.1172**	3.9383
RV-GARCH	2.7896	3.7504	0.1412	3.9380
DJI-GARCH	2.6144	3.5382	0.1335	3.9363
RV-ud-GARCH	**2.4481**	**3.3660**	0.1231	**3.9353**
Panel C: VIX6M				
HN-GARCH	4.0884	4.7178	0.2224	4.0161
GARCH	3.2117	3.9712	0.1600	4.0064
GJR-GARCH	3.1206	3.8564	0.1553	4.0059
RV-GARCH	2.6858	3.2909	0.1337	4.0036

续表

	MAE	RMSE	MAPE	QLIKE
DJI-GARCH	2.6107	3.1832	0.1327	4.0033
RV-ud-GARCH	**2.4895**	**3.0923**	**0.1220**	**4.0023**

注：本表给出了 VIX 期限结构在六种 GARCH 模型下的样本外预测误差，样本外预测期为 2015 年 1 月 2 日至 2021 年 5 月 19 日。误差度量包括平均绝对误差（MAE）、均方根误差（RMSE）、平均绝对百分比误差（MAPE）和高斯拟极大似然误差（QLIKE）。

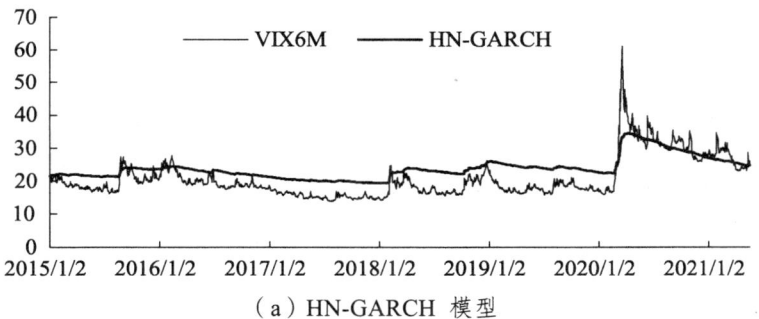

（a）HN-GARCH 模型

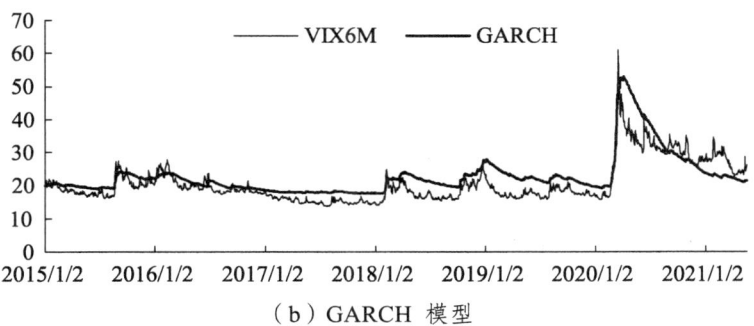

（b）GARCH 模型

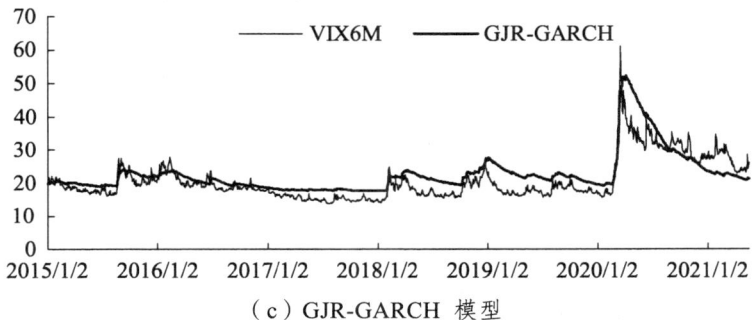

（c）GJR-GARCH 模型

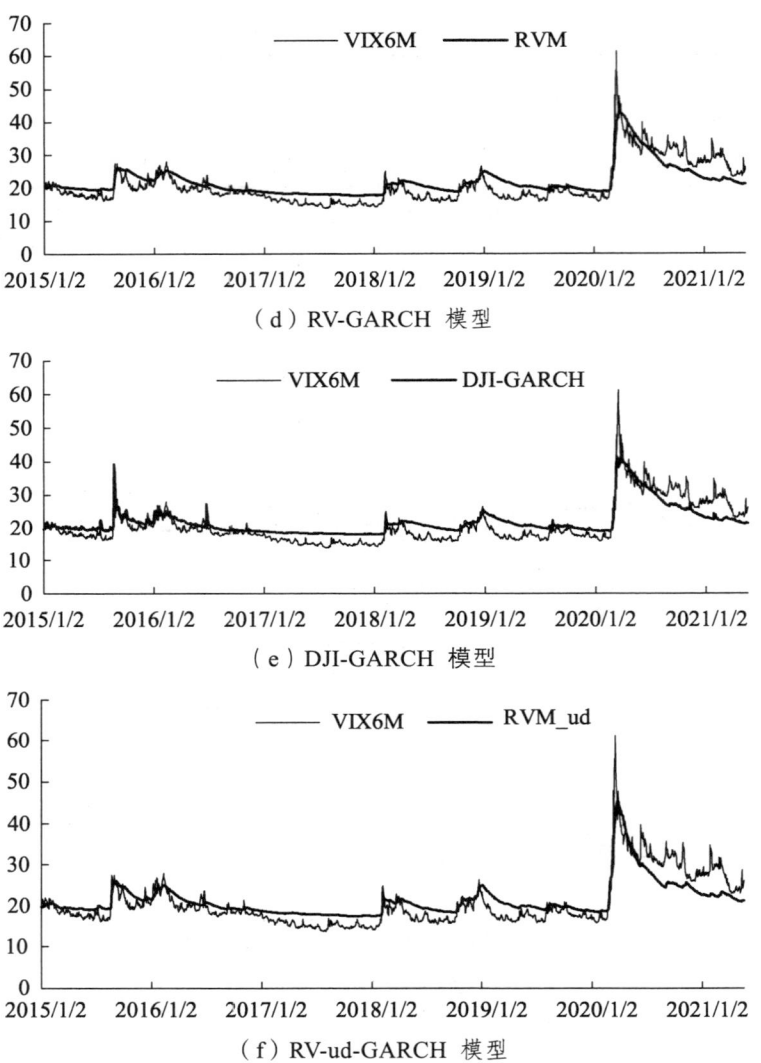

（d）RV-GARCH 模型

（e）DJI-GARCH 模型

（f）RV-ud-GARCH 模型

图 6-2　样本外模型隐含 VIX6M 和市场 VIX6M

图6-2显示了6种模型下 VIX6M 的样本外拟合曲线①。可以观察到，这6个模型都能很好地拟合 VIX 期限结构的市场价格。具体来说，RV-ud-GARCH 模型表现最好。自新冠肺炎疫情爆发以来 VIX 期限结构大部分时间被低估。

---

① VIX1M 和 VIX3M 预测图类似。

最后，采用 MCS 检验方法对各个模型的预测能力进行评价，并与其他 5 个模型进行比较。关于 MCS 检验的原理参考 3.4.4 节，这里不再赘述。

表 6-5 给出了 VIX 期限结构样本外预测时 MCS 检验的 p 值，4 种损失函数分别为 MAE、RMSE、MAPE 和 QLIKE，临界值设置为 0.25。一般情况下，一个模型的 MCS 检验的 p 值大于 0.25 就可以通过 MCS 检验，p 值越大的模型预测能力越强。由表 6-5 可以看出，除了在 VIX1M、VIX3M 的 MAPE 损失函数外，RV-ud-GARCH 模型的 p 值均最大。与前述对预测误差的分析结果类似。这也再次表明引入高频数据并将已实现正-负半变差信息加入模型能够获得更准确的预测效果。同时，GJR-GARCH 模型的 p 值对于 VIX3M 预测下的 MAE、RMSE、MAPE 和 VIX1M 预测下的 MAPE 均大于 0.25，这进一步证实了考虑波动率的杠杆效应可以提高预测能力。对于 DJI-GARCH 模型来说，在 VIX1M 下的 4 个损失函数和 VIX6M 下的 MAE、RMSE、QLIKE 的 p 值大于 0.25，从而证实了考虑已实现方差的跳-扩散分解有助于提高 VIX 期限结构的预测能力，尽管其预测能力略低于 RV-ud-GARCH 模型。

表 6-5 VIX 期限结构样本外预测的 MCS 检验

	MAE	RMSE	MAPE	QLIKE
Panel A: VIX1M				
HN-GARCH	0.000	0.000	0.000	0.000
GARCH	0.000	0.000	0.000	0.000
GJR-GARCH	0.092	0.095	**0.981**	0.001
RV-GARCH	0.000	0.000	0.000	0.000
DJI-GARHC	**0.943**	**0.940**	**1.000**	**0.913**
RV-ud-GARCH	**1.000**	**1.000**	0.561	**1.000**
Panel B: VIX3M				
HN-GARCH	0.000	0.000	0.000	0.000
GARCH	0.008	0.011	0.000	0.002
GJR-GARCH	**0.963**	**0.965**	**1.000**	0.242
RV-GARCH	0.000	0.000	0.000	0.000
DJI-GARCH	0.068	0.074	0.001	0.033
RV-ud-GARCH	**1.000**	**1.000**	**0.948**	**1.000**

续表

	MAE	RMSE	MAPE	QLIKE
Panel C: VIX6M				
HN-GARCH	0.000	0.000	0.000	0.000
GARCH	0.001	0.000	0.000	0.000
GJR-GARCH	0.065	0.069	0.003	0.033
RV-GARCH	0.083	0.090	0.002	0.039
DJI-GARCH	0.600	**0.594**	0.033	**0.296**
RV-ud-GARCH	**1.000**	**1.000**	**1.000**	**1.000**

注：本表给出了 VIX 期限结构的样本外 MCS 检验结果（p 值），样本外预测期为 2015 年 1 月 2 日至 2021 年 5 月 19 日。误差度量包括平均绝对误差（MAE）、均方根误差（RMSE）、平均绝对百分比误差（MAPE）和高斯拟极大似然误差（QLIKE）。

6.5 MoP 策略

6.5.1 基本原理

本节的研究动机来自 Wang 等（2018），他们在股票收益预测的研究中提出了可预测性动量（Momentum of Predictability，MoP）策略，指出股票收益率的预测性存在动量效应，在最近一段时间内产生更准确的预测因子可以继续成功预测未来的收益率，这意味着某些预测因子的样本外预测能力具有持续性。Dai 等（2020）和 Zhang 等（2019）分别对 MoP 策略进行了推广，用于收益率预测或波动率预测的研究。本书进一步将 MoP 策略应用于 VIX 期限结构预测的研究中。MoP 的本质是，模型过去的表现与当前的表现相关。换言之，相对良好的模型近期预测性能总是伴随着相对良好的当前性能，因此通常选择在最近一段时间内预测性能相对较好的模型。本节将一个模型相对于基准模型在第 t 天的历史表现定义为

$$pp_t(k) = I\left[\sum_{i=t-k}^{t-1}(VIXT_i^{mar} - \widehat{VIXT}_{1,i})^2 - \sum_{i=t-k}^{t-1}(VIXT_i^{mar} - \widehat{VIXT}_{2,i})^2 < 0\right] \quad (6\text{-}13)$$

其中，k 是回溯期的长度，本章取 k 为 1，3，6，9，12；$I(\cdot)$ 是一个示性函数；$\widehat{VIXT}_{1,t}$，$\widehat{VIXT}_{2,t}$ 分别是评估模型和基准模型下模型预测的 VIX 期限结构（VIX1M、VIX3M 或 VIX6M）。

根据 $pp_t(k)$ 的近期表现，MoP 策略下的最优预测定义为

$$\widehat{VIXT}_{\text{MoP},t}(k) = \begin{cases} \widehat{VIXT}_{1,t}, \text{ if } pp_t(k) = 1 \\ \widehat{VIXT}_{2,t}, \text{ if } pp_t(k) = 0 \end{cases} \quad (6\text{-}14)$$

由于 MoP 策略的成功取决于可预测性动量效应的存在性，所以需要测试具有良好历史预测能力的模型当前时刻是否具有良好的预测能力。与 $pp_t(k)$ 类似，定义第 t 天一个模型相对于基准模型的预测能力 cp_t 为

$$cp_t = I[(VIXT_t^{\text{mar}} - \widehat{VIXT}_{1,t})^2 - (VIXT_t^{\text{mar}} - \widehat{VIXT}_{2,t})^2 < 0] \quad (6\text{-}15)$$

在本研究中，$\widehat{VIXT}_{1,t}$ 是基于评估模型 RV-ud-GARCH 计算得出的，$\widehat{VIXT}_{2,t}$ 是基于基准模型 HN-GARCH 模型、GARCH(1,1)模型、GJR-GARCH 模型、RVM 模型或 DJI-GARCH 模型计算得出的，将其分别记为 MoP1、MoP2、MoP3、MoP4、MoP5。

在此基础上，本章提出了 6 种 MoP 策略来研究 VIX 期限结构预测。前五种策略将 RV-ud-GARCH 模型与一个基准模型进行比较：① RV-ud-GARCH 模型与 HN-GARCH 模型；② 将 RV-ud-GARCH 模型与 GARCH(1,1)模型相结合；③ RV-ud-GARCH 模型与 GJR-GARCH 模型；④ RV-ud-GARCH 模型与 RV-GARCH 模型；⑤ RV-ud-GARCH 模型与 DJI-GARCH 模型。

最后，本章提出了混合所有单个模型的第 6 种 MoP 策略，通过在 6 个单独的模型中选择过去和当前预测误差的最小值，定义了六维向量 $pp_t(k)$ 和 cp_t[①]：

$$\arg\min_j \sum_{i=t-k}^{t-1}(VIXT_{j,i}^{\text{mar}} - \widehat{VIXT}_{j,i})^2, \ j = 1,2,\cdots,6 \quad (6\text{-}16)$$

$$\arg\min_j (VIXT_t^{\text{mar}} - \widehat{VIXT}_{j,t})^2, \ j = 1,2,\cdots,6 \quad (6\text{-}17)$$

其中，只有第 j 维等于 1，其他维定义为 0。

---

① 此处使用相同的符号 $pp_t(k)$ 和 cp_t。

通过这种方法，实际上是在这 6 种模型中选择了预测误差最小的模型，这必将产生更高的预测精度。为清晰起见，表 6-6 总结了 6 种具体的 MoP 策略，将它们简称为 MoP1、MoP2、MoP3、MoP4、MoP5 和 MoP6。

表 6-6 MoP 模型汇总

MoP 策略	模型
MoP1	RV-ud-GARCH+ HN-GARCH
MoP2	RV-ud-GARCH+ GARCH (1, 1)
MoP3	RV-ud-GARCH+ GJR-GARCH
MoP4	RV-ud-GARCH+ RV-GARCH
MoP5	RV-ud-GARCH+ DJI-GARCH
MoP6	mix the six models

为了检验本节提出的模型在 VIX 期限结构预测方面动量效应的存在性，下面给出 MoP 策略的准确率，定义如下：

$$AR(k) = \frac{1}{q-k} \sum_{t=m+k+1}^{m+q} I(pp_t(k) = cp_t) \quad (6\text{-}18)$$

其中，$AR(k)$ 是 MoP 策略在回溯周期长度为 k 时的准确率，可以解释为 MoP 策略成功选择相对准确模型的概率；m，q 分别是样本内估计期和样本外预测期的长度。

表 6-7 显示了 6 种 MoP 策略对 VIX1M、VIX3M、VIX6M 预测的样本外准确率，其中 k =1，3，6，9，12。结果显示：首先，所有的准确率都超过 0.75，大于 Zhang 等（2019）的波动率预测，这意味着 VIX 期限结构的预测存在更强的动量效应；其次，随着 k 的降低，所有 MoP 策略的准确率都提高，且当 k=1 时准确率最高。

表 6-7 MoP 策略预测的样本外准确率

回溯期	k=12	k=9	k=6	k=3	k=1
Panel A: VIX1M					
MoP1	0.8951	0.9027	0.9091	0.9263	0.9377
MoP2	0.8487	0.8652	0.8773	0.8913	0.8964

续表

回溯期	$k=12$	$k=9$	$k=6$	$k=3$	$k=1$
MoP3	0.8061	0.8188	0.8455	0.8659	0.8919
MoP4	0.7572	0.7705	0.7775	0.8055	0.8296
MoP5	0.7762	0.7896	0.8175	0.8468	0.8729
MoP6	0.7622	0.7807	0.8074	0.8264	0.8525
Panel B: VIX3M					
MoP1	0.8989	0.9085	0.9186	0.9402	0.9460
MoP2	0.8481	0.8601	0.8779	0.9008	0.9123
MoP3	0.7997	0.8163	0.8404	0.8767	0.8945
MoP4	0.8512	0.8640	0.8830	0.8919	0.9116
MoP5	0.8220	0.8353	0.8595	0.8722	0.8875
MoP6	0.8398	0.8474	0.8620	0.8811	0.9059
Panel C: VIX6M					
MoP1	0.9237	0.9294	0.9256	0.9383	0.9549
MoP2	0.8779	0.8932	0.9097	0.9269	0.9396
MoP3	0.8824	0.8900	0.9021	0.9174	0.9332
MoP4	0.8792	0.8913	0.9116	0.9301	0.9383
MoP5	0.8468	0.8595	0.8748	0.8913	0.9027
MoP6	0.8919	0.9008	0.9091	0.9193	0.9313

注：本表给出了 VIX 期限结构在六种 MoP 策略下的样本外预测准确率，样本外预测期为 2015 年 1 月 2 日至 2021 年 5 月 19 日。

6.5.2 样本外预测评价

本节评估了 6 种 MoP 策略的样本外预测能力，并在表 6-8 中给出了 VIX 期限结构的预测误差。很明显，所有 MoP 策略相比 6 种单个模型获得了更低的样本外预测误差，这证实了 MoP 策略在 VIX 期限结构预测中的优越性。同时，随着回溯周期 k 的减小，预测误差进一步减小，当 $k=1$ 时预测误差最小。此外，在 6 种 MoP 策略中，对于 3 种期限结构的预测，MoP6 的误差都最小，这也符合我们的想法，即 MoP6 策略可以整合所有 6 种个体模型，并结合它们的最优预测。

表 6-8 MoP 策略下的样本外预测误差

	k=12				k=9				k=6				k=3				k=1			
	MAE	RMSE	MAPE	QLIKE	MAE	RMSE	MAPE	QLIKE	MAE	RMSE	MAPE	QLIKE	MAE	RMSE	MAPE	QLIKE	MAE	RMSE	MAPE	QLIKE
Panel A: VIX1M																				
MoP1	2.5539	3.2298	0.1612	3.8149	2.5521	3.2402	0.1612	3.8149	2.5266	3.2062	0.1600	3.8147	2.4933	3.1654	0.1584	3.8144	2.4686	3.1356	0.1575	3.8142
MoP2	2.5781	3.2946	0.1612	3.8152	2.5533	3.2619	0.1601	3.8151	2.5415	3.2402	0.1597	3.8150	2.5306	3.2123	0.1594	3.8149	2.5063	3.1813	0.1583	3.8147
MoP3	2.0170	3.0535	0.1073	3.8101	1.9827	3.0275	0.1050	3.8098	1.9244	2.9705	0.1012	3.8092	1.8860	2.9348	0.0988	3.8087	1.8303	2.8908	0.0952	3.8082
MoP4	2.6963	3.4547	0.1649	3.8162	2.6692	3.4115	0.1641	3.8160	2.6497	3.3818	0.1637	3.8159	2.6042	3.3201	0.1620	3.8156	2.5849	3.2987	0.1611	3.8156
MoP5	2.3793	3.2690	0.1364	3.8127	2.3590	3.2486	0.1354	3.8125	2.3185	3.1760	0.1338	3.8121	2.2773	3.1191	0.1321	3.8117	2.2444	3.0787	0.1305	3.8115
MoP6	**1.8906**	**2.8448**	**0.1029**	**3.8087**	**1.8321**	**2.7933**	**0.0998**	**3.8084**	**1.7421**	**2.6665**	**0.0949**	**3.8074**	**1.6164**	**2.4633**	**0.0893**	**3.8065**	**1.5193**	**2.3608**	**0.0838**	**3.8059**
Panel B: VIX3M																				
MoP1	1.9868	2.7717	0.1069	3.9310	1.9776	2.7169	0.1066	3.9309	1.9555	2.6972	0.1056	3.9308	1.9130	2.6476	0.1038	3.9305	1.9123	2.6534	0.1037	3.9305
MoP2	2.2512	2.9540	0.1170	3.9327	2.2377	2.9133	0.1167	3.9326	2.2206	2.8832	0.1161	3.9326	2.1898	2.8384	0.1152	3.9324	2.1786	2.8264	0.1147	3.9324
MoP3	2.0755	3.1571	0.0994	3.9322	2.0603	3.1453	0.0985	3.9322	2.0281	3.1092	0.0970	3.9319	1.9986	3.1004	0.0953	3.9318	1.9804	3.0925	0.0943	3.9317
MoP4	2.4252	3.3336	0.1226	3.9342	2.4199	3.3272	0.1224	3.9342	2.4132	3.3239	0.1220	3.9342	2.4143	3.3241	0.1220	3.9342	2.4079	3.3168	0.1218	3.9341
MoP5	2.3744	3.2726	0.1207	3.9339	2.3716	3.2668	0.1206	3.9338	2.3681	3.2639	0.1204	3.9338	2.3641	3.2622	0.1202	3.9338	2.3542	3.2561	0.1199	3.9338
MoP6	**1.6427**	**2.2973**	**0.0847**	**3.9286**	**1.6065**	**2.2169**	**0.0832**	**3.9284**	**1.5561**	**2.1545**	**0.0811**	**3.9282**	**1.4982**	**2.0912**	**0.0785**	**3.9280**	**1.4563**	**2.0540**	**0.0763**	**3.9278**

续表

	k=12				k=9				k=6				k=3				k=1			
	MAE	RMSE	MAPE	QLIKE	MAE	RMSE	MAPE	QLIKE	MAE	RMSE	MAPE	QLIKE	MAE	RMSE	MAPE	QLIKE	MAE	RMSE	MAPE	QLIKE
Panel C: VIX6M																				
MoP1	2.0627	2.5098	0.1082	3.9993	2.0623	2.5177	0.1079	3.9993	2.0618	2.5098	0.1080	3.9993	2.0453	2.4920	0.1074	3.9992	2.0207	2.4658	0.1065	3.9991
MoP2	2.2878	2.7756	0.1153	4.0004	2.2727	2.7514	0.1148	4.0003	2.2461	2.7077	0.1141	4.0002	2.2293	2.6745	0.1136	4.0001	2.2125	2.6484	0.1130	4.0001
MoP3	2.2763	2.7707	0.1146	4.0004	2.2591	2.7438	0.1141	4.0003	2.2406	2.7129	0.1136	4.0002	2.2275	2.6846	0.1132	4.0002	2.2113	2.6640	0.1126	4.0001
MoP4	2.3979	2.9678	0.1193	4.0012	2.3925	2.9609	0.1191	4.0012	2.3895	2.9594	0.1189	4.0012	2.3831	2.9556	0.1187	4.0012	2.3853	2.9564	0.1187	4.0012
MoP5	2.3357	2.8973	0.1169	4.0008	2.3324	2.8940	0.1167	4.0008	2.3221	2.8712	0.1164	4.0008	2.3186	2.8638	0.1162	4.0007	2.3088	2.8535	0.1159	4.0007
MoP6	2.0022	2.4023	0.1051	3.9989	1.9849	2.3919	0.1044	3.9988	1.9596	2.3562	0.1036	3.9988	1.9355	2.3212	0.1028	3.9987	1.9048	2.2707	0.1016	3.9986

注：本表给出了 VIX 期限结构在六种 MoP 策略下的样本外预测误差，样本外预测期为 2015 年 1 月 2 日至 2021 年 5 月 19 日。误差度量包括平均绝对误差（MAE）、均方根误差（RMSE）、平均绝对百分比误差（MAPE）和高斯拟极大似然误差（QLIKE）。

表 6-9 给出了 6 种 MoP 策略的 MCS 检验的 p 值,样本期为 2015 年 1 月 2 日至 2021 年 5 月 19 日。显然,MoP6 在 4 个预测误差下拥有最大的 p 值,这表明该策略在 VIX 期限结构预测方面表现最好,与上述结果一致。这也说明综合多种模型的优点可以得到更精确的预测模型。

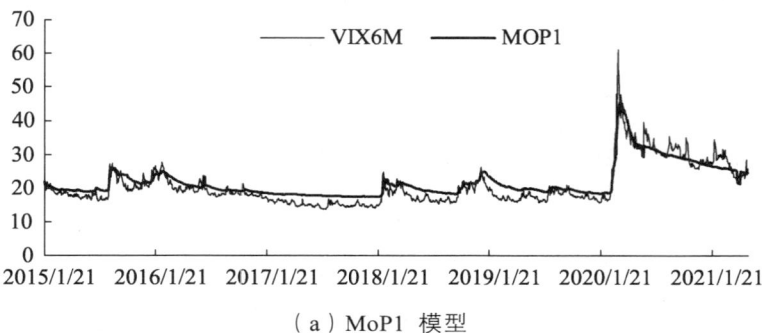

(a) MoP1 模型

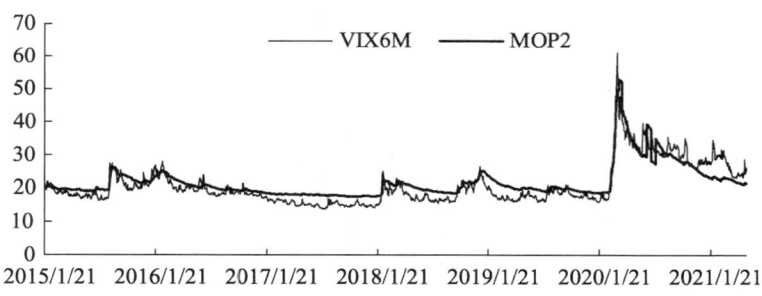

(b) MoP2 模型

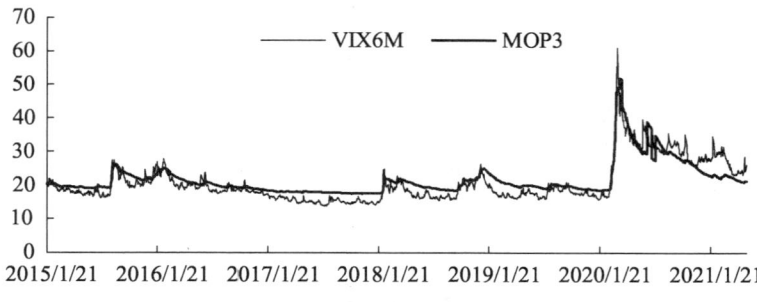

(c) MoP3 模型

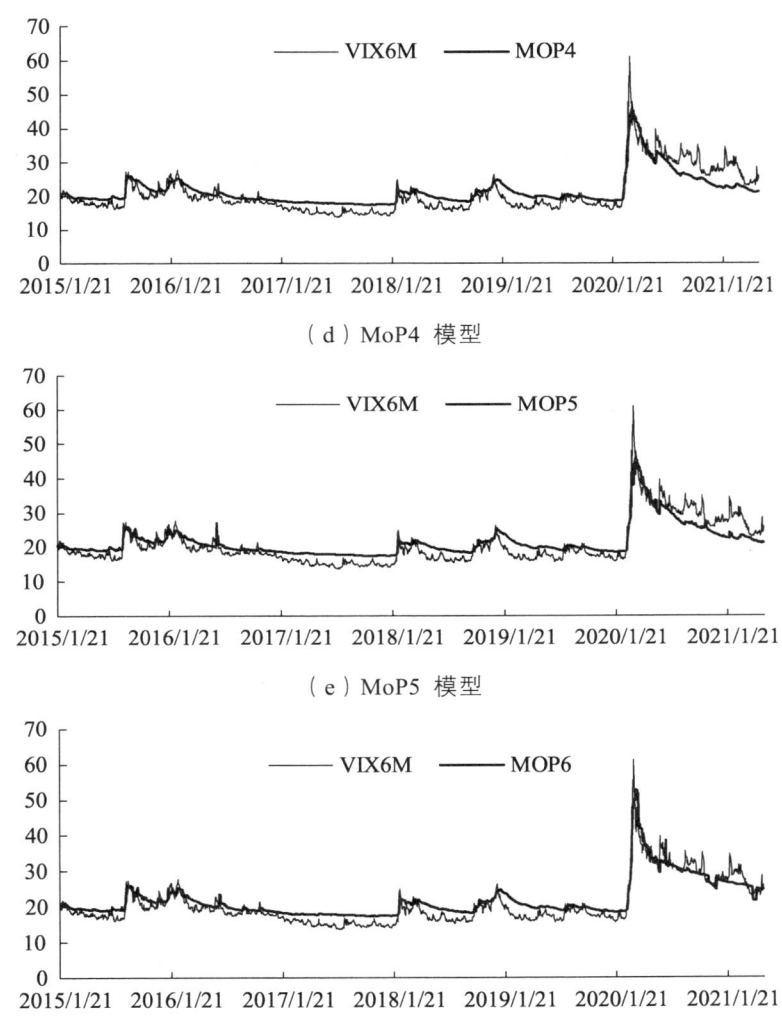

图 6-3 MoP 模型的样本外隐含 VIX6M 和市场 VIX6M

图 6-3 显示了 6 种 MoP 策略下样本外预测的 VIX6M 及其市场值[①]。显然，所有 MoP 模型对于 VIX 期限结构的拟合都比单个模型要好，其中 MoP6 模型拟合得最好。

---

① VIX1M 和 VIX3M 预测图表可以在补充数据中查看。

表 6-9 MoP 策略下的样本外 MCS 检验

	MAE					RMSE					MAPE					QLIKE				
	k=12	k=9	k=6	k=3	k=1	k=12	k=9	k=6	k=3	k=1	k=12	k=9	k=6	k=3	k=1	k=12	k=9	k=6	k=3	k=1
Panel A: VIX1M																				
MoP1	0.000	0.000	0.000	0.000	0.000	0.000	0.000	0.000	0.000	0.000	0.000	0.000	0.000	0.000	0.000	0.000	0.000	0.000	0.000	0.000
MoP2	0.000	0.000	0.000	0.000	0.000	0.000	0.000	0.000	0.000	0.000	0.000	0.000	0.000	0.000	0.000	0.000	0.000	0.000	0.000	0.000
MoP3	**0.500**	0.290	0.158	0.033	0.009	**0.492**	0.279	0.149	0.031	0.010	**0.529**	0.341	0.146	0.003	0.001	0.107	0.249	0.079	0.013	0.005
MoP4	0.000	0.000	0.000	0.000	0.000	0.000	0.000	0.000	0.000	0.000	0.000	0.000	0.000	0.000	0.000	0.000	0.000	0.000	0.000	0.000
MoP5	0.000	0.000	0.000	0.000	0.000	0.000	0.000	0.000	0.000	0.000	0.000	0.000	0.000	0.000	0.000	0.000	0.000	0.000	0.000	0.000
MoP6	**1.000**	**1.000**	**1.000**	**1.000**	**1.000**	**1.000**	**1.000**	**1.000**	**1.000**	**1.000**	**1.000**	**1.000**	**1.000**	**1.000**	**1.000**	**1.000**	**1.000**	**1.000**	**1.000**	**1.000**
Panel B: VIX3M																				
MoP1	0.001	0.000	0.000	0.000	0.000	0.001	0.000	0.000	0.000	0.000	0.000	0.000	0.000	0.000	0.000	0.002	0.000	0.000	0.000	0.000
MoP2	0.000	0.000	0.000	0.000	0.000	0.000	0.000	0.000	0.000	0.000	0.000	0.000	0.000	0.000	0.000	0.000	0.000	0.000	0.000	0.000
MoP3	0.042	0.029	0.025	0.018	0.011	0.038	0.032	0.026	0.017	0.011	0.034	0.009	0.008	0.013	0.001	0.023	0.012	0.023	0.022	0.005
MoP4	0.000	0.000	0.000	0.000	0.000	0.000	0.000	0.000	0.000	0.000	0.000	0.000	0.000	0.000	0.000	0.000	0.000	0.000	0.000	0.000
MoP5	0.000	0.000	0.000	0.000	0.000	0.000	0.000	0.000	0.000	0.000	0.000	0.000	0.000	0.000	0.000	0.000	0.000	0.000	0.000	0.000
MoP6	**1.000**	**1.000**	**1.000**	**1.000**	**1.000**	**1.000**	**1.000**	**1.000**	**1.000**	**1.000**	**1.000**	**1.000**	**1.000**	**1.000**	**1.000**	**1.000**	**1.000**	**1.000**	**1.000**	**1.000**

续表

	MAE					RMSE					MAPE					QLIKE				
	k=12	k=9	k=6	k=3	k=1	k=12	k=9	k=6	k=3	k=1	k=12	k=9	k=6	k=3	k=1	k=12	k=9	k=6	k=3	k=1

Panel C: VIX6M

MoP1	0.115	0.012	0.003	0.007	0.014	0.125	0.013	0.003	0.007	0.015	0.009	0.002	0.000	0.001	0.000	0.058	0.031	0.016	0.020	0.025
MoP2	0.031	0.034	0.029	0.023	0.015	0.032	0.031	0.031	0.021	0.015	0.018	0.018	0.017	0.014	0.004	0.089	0.083	0.078	0.081	0.055
MoP3	0.048	0.049	0.035	0.028	0.019	0.045	0.046	0.039	0.026	0.018	0.038	0.036	0.030	0.021	0.008	0.120	0.114	0.102	0.101	0.067
MoP4	0.020	0.017	0.010	0.010	0.007	0.023	0.016	0.012	0.010	0.006	0.011	0.012	0.007	0.007	0.001	0.037	0.027	0.021	0.025	0.014
MoP5	0.035	0.027	0.020	0.013	0.012	0.035	0.024	0.021	0.015	0.010	0.024	0.021	0.016	0.012	0.003	0.052	0.036	0.029	0.033	0.020
MoP6	1.000	1.000	1.000	1.000	1.000	1.000	1.000	1.000	1.000	1.000	1.000	1.000	1.000	1.000	1.000	1.000	1.000	1.000	1.000	1.000

注：本表给出了 VIX 期限结构在六种 MoP 策略下样本外 MCS 检验结果（p 值），样本外预测期为 2015 年 1 月 2 日至 2021 年 5 月 19 日。误差度量包括平均绝对误差（MAE）、均方根误差（RMSE）、平均绝对百分比误差（MAPE）和高斯拟极大似然误差（QLIKE）。

6.6 小　结

以往的文献表明，对已实现方差进行分解可以改善已实现波动的预测效果。本章提出了一种新的用于 VIX 期限结构预测的离散时间 RV-ud-GARCH 模型，该模型包含来自高频数据的已实现正-负半变差的信息。实证结果表明，无论是在样本内还是样本外的预测方面，新提出的模型显著优于其他 5 种模型（HN-GARCH 模型、GARCH(1, 1)模型、GJR-GARCH 模型、RV-GARCH 模型、DJI-GARCH 模型），这说明在结合高频数据的情况下，将已实现正半方差和负半方差从已实现方差中分离出来对于获得更准确的预测是非常重要的。同时，实证结果也证实了好-坏波动率的分解方法优于连续-跳跃波动率的分解方法。此外，基于可预测性的动量效应，本章还采用了 6 种 MoP 策略来研究 VIX 期限结构预测效果，结果表明应用 MoP 策略可以获得比单个模型更低的误差，尤其是 MoP6 将 6 个单独模型组合在一起表现最好。

附录 A：RV-ud-GARCH 模型风险中性变换

根据已有的风险中性变换方法（Christoffersen 等，2014），由于 RV-ud-GARCH 模型有两个冲击，定价核定义为

$$Z_{t+1} = \frac{\exp(v_{1,t}\varepsilon_{1,t+1}^u + v_{2,t}\varepsilon_{1,t+1}^d + v_{3,t}\varepsilon_{2,t+1}^u + v_{4,t}\varepsilon_{2,t+1}^d)}{E_t[\exp(v_{1,t}\varepsilon_{1,t+1}^u + v_{2,t}\varepsilon_{1,t+1}^d + v_{3,t}\varepsilon_{2,t+1}^u + v_{4,t}\varepsilon_{2,t+1}^d)]}$$

$$= \exp\left(v_{1,t}\varepsilon_{1,t+1}^u + v_{2,t}\varepsilon_{1,t+1}^d + v_{3,t}\varepsilon_{2,t+1}^u + v_{4,t}\varepsilon_{2,t+1}^d - \frac{1}{2}v_{1,t}^2 - \frac{1}{2}v_{2,t}^2\right)$$

$$\exp\left(-\frac{1}{2}v_{3,t}^2 - \frac{1}{2}v_{4,t}^2 - \rho_u v_{1,t}v_{3,t} - \rho_d v_{2,t}v_{4,t}\right) \quad (A\text{-}1)$$

其中，$\varepsilon_{2,t+1}^i \sim N(0,1)$ 与 $\varepsilon_{1,t+1}^i$ 的相关性为 ρ_i，$i = u, d$。

在无套利条件下：

$$E_t^Q[\exp(R_{t+1})] = E_t[Z_{t+1}\exp(R_{t+1})] = \exp(r) \quad (A\text{-}2)$$

$$E_t^Q[\exp(R_{t+1})]$$
$$= \exp(r + \lambda_u h_{u,t} + \lambda_d h_{d,t} + v_{1,t}\sqrt{h_{u,t}} + v_{2,t}\sqrt{h_{d,t}} + \rho_u v_{3,t}\sqrt{h_{u,t}} + \rho_d v_{4,t}\sqrt{h_{d,t}}) \quad (A\text{-}3)$$

这意味着

$$\lambda_u h_{u,t} + \lambda_d h_{d,t} + v_{1,t}\sqrt{h_{u,t}} + v_{2,t}\sqrt{h_{d,t}} + \rho_u v_{3,t}\sqrt{h_{u,t}} + \rho_d v_{4,t}\sqrt{h_{d,t}} = 0 \quad (A\text{-}4)$$

为了确定风险中性分布的形式，考虑矩生成函数

$$E_t^Q[\exp(u_1\varepsilon_{1,t+1}^u + u_2\varepsilon_{1,t+1}^d + u_3\varepsilon_{2,t+1}^u + u_4\varepsilon_{2,t+1}^d)]$$
$$= \exp\Big[u_1(v_{1,t} + \rho_u v_{3,t}) + u_2(v_{2,t} + \rho_d v_{4,t}) + u_3(v_{3,t} + \rho_u v_{1,t}) + u_4(v_{4,t} + \rho_d v_{2,t}) +$$
$$\frac{1}{2}v_{1,t}^2 + \frac{1}{2}v_{2,t}^2 + \frac{1}{2}v_{3,t}^2 + \frac{1}{2}v_{4,t}^2 + \rho_u u_1 u_3 + \rho_d u_2 u_4\Big] \quad (A\text{-}5)$$

在风险中性测度下，有

$$\varepsilon_{1,t+1}^{u*} = \varepsilon_{1,t+1}^{u} - (v_{1,t} + \rho_u v_{3,t}), \quad \varepsilon_{1,t+1}^{d*} = \varepsilon_{1,t+1}^{d} - (v_{2,t} + \rho_d v_{4,t}),$$

$$\varepsilon_{2,t+1}^{u*} = \varepsilon_{2,t+1}^{u} - (v_{3,t} + \rho_u v_{1,t}), \quad \varepsilon_{2,t+1}^{d*} = \varepsilon_{2,t+1}^{d} - (v_{4,t} + \rho_d v_{2,t})$$

其中，$\varepsilon_{1,t+1}^{u*} \overset{iid}{\sim} N(0,1)$，$\varepsilon_{1,t+1}^{d*} \overset{iid}{\sim} N(0,1)$，$\varepsilon_{2,t+1}^{u*} \overset{iid}{\sim} N(0,1)$，$\varepsilon_{2,t+1}^{d*} \overset{iid}{\sim} N(0,1)$。

已实现正-负半变差可以表示成

$$\begin{aligned} RV_{t+1}^{u} &= h_{u,t} + \sigma_u[(\varepsilon_{2,t+1}^{u} - \gamma_u \sqrt{h_{u,t}})^2 - (1+\gamma_u^2 h_{u,t})] \\ &= h_{u,t} + \sigma_u[(\varepsilon_{2,t+1}^{u*} + v_{3,t} + \rho_u v_{1,t} - \gamma_u \sqrt{h_{u,t}})^2 - (1+\gamma_u^2 h_{u,t})] \end{aligned} \quad (\text{A-6})$$

$$\begin{aligned} RV_{t+1}^{d} &= h_{d,t} + \sigma_d[(\varepsilon_{2,t+1}^{d} - \gamma_d \sqrt{h_{d,t}})^2 - (1+\gamma_d^2 h_{d,t})] \\ &= h_{d,t} + \sigma_d[(\varepsilon_{2,t+1}^{d*} + v_{4,t} + \rho_d v_{2,t} - \gamma_d \sqrt{h_{d,t}})^2 - (1+\gamma_d^2 h_{d,t})] \end{aligned} \quad (\text{A-7})$$

为了保证模型在风险中性测度 Q 下仍然具有仿射形式，需满足

$$\begin{aligned} v_{3,t} + \rho_u v_{1,t} - \gamma_u \sqrt{h_{u,t}} &= -\gamma_u^* \sqrt{h_{u,t}}, \\ v_{4,t} + \rho_d v_{2,t} - \gamma_d \sqrt{h_{d,t}} &= -\gamma_d^* \sqrt{h_{d,t}} \end{aligned} \quad (\text{A-8})$$

即

$$\begin{aligned} v_{3,t} &= (\gamma_u - \gamma_u^*)\sqrt{h_{u,t}} - \rho_u v_{1,t}, \\ v_{4,t} &= (\gamma_d - \gamma_d^*)\sqrt{h_{d,t}} - \rho_d v_{2,t} \end{aligned} \quad (\text{A-9})$$

使用上述无套利条件意味着

$$\begin{aligned} &\lambda_u h_{u,t} + \lambda_d h_{d,t} + v_{1,t}\sqrt{h_{u,t}} + v_{2,t}\sqrt{h_{d,t}} + \rho_u \sqrt{h_{u,t}}[(\gamma_u - \gamma_u^*)\sqrt{h_{u,t}} - \rho_u v_{1,t}] + \\ &\rho_d \sqrt{h_{d,t}}[(\gamma_d - \gamma_d^*)\sqrt{h_{d,t}} - \rho_d v_{2,t}] = 0 \end{aligned} \quad (\text{A-10})$$

可以得到

$$\lambda_u h_{u,t} + v_{1,t}\sqrt{h_{u,t}} + \rho_u \sqrt{h_{u,t}}[(\gamma_u - \gamma_u^*)\sqrt{h_{u,t}} - \rho_u v_{1,t}] = 0 \quad (\text{A-11})$$

$$\lambda_d h_{d,t} + v_{2,t}\sqrt{h_{d,t}} + \rho_d \sqrt{h_{d,t}}[(\gamma_d - \gamma_d^*)\sqrt{h_{d,t}} - \rho_d v_{2,t}] = 0 \quad (\text{A-12})$$

因此

$$v_{1,t} = \frac{\rho_u(\gamma_u^* - \gamma_u) - \lambda_u}{1-\rho_u^2}\sqrt{h_{u,t}}, \quad v_{2,t} = \frac{\rho_d(\gamma_d^* - \gamma_d) - \lambda_d}{1-\rho_d^2}\sqrt{h_{d,t}} \quad \text{（A-13）}$$

现在可以将风险中性测度下的收益方程表示为

$$\begin{aligned}
R_{t+1} &= r + \left(\lambda_u - \frac{1}{2}\right)h_{u,t} + \left(\lambda_d - \frac{1}{2}\right)h_{d,t} + \sqrt{h_{u,t}}\varepsilon_{1,t+1}^u + \sqrt{h_{d,t}}\varepsilon_{1,t+1}^d \\
&= r + \left(\lambda_u - \frac{1}{2}\right)h_{u,t} + \left(\lambda_d - \frac{1}{2}\right)h_{d,t} + \sqrt{h_{u,t}}[\varepsilon_{1,t+1}^{u*} + (v_{1,t} + \rho_u v_{3,t})] + \sqrt{h_{d,t}}[\varepsilon_{1,t+1}^{d*} + (v_{2,t} + \rho_d v_{4,t})] \\
&= r + \left(\lambda_u - \frac{1}{2}\right)h_{u,t} + \left(\lambda_d - \frac{1}{2}\right)h_{d,t} + \sqrt{h_{u,t}}(\varepsilon_{1,t+1}^{u*} - \lambda_u\sqrt{h_{u,t}}) + \sqrt{h_{d,t}}(\varepsilon_{1,t+1}^{d*} - \lambda_d\sqrt{h_{d,t}}) \\
&= r - \frac{1}{2}h_{u,t} - \frac{1}{2}h_{d,t} + \sqrt{h_{u,t}}\varepsilon_{1,t+1}^{u*} + \sqrt{h_{d,t}}\varepsilon_{1,t+1}^{d*}
\end{aligned}$$

（A-14）

因此，在风险中性测度下，有

$$\begin{aligned}
\varepsilon_{1,t+1}^{u*} &= \varepsilon_{1,t+1}^u - (v_{1,t} + \rho_u v_{3,t}) \\
&= \varepsilon_{1,t+1}^u - \{v_{1,t} + \rho_u[(\gamma_u - \gamma_u^*)\sqrt{h_{u,t}} - \rho_u v_{1,t}]\} \\
&= \varepsilon_{1,t+1}^u + \lambda_u\sqrt{h_{u,t}}
\end{aligned} \quad \text{（A-15）}$$

$$\begin{aligned}
\varepsilon_{2,t+1}^{u*} &= \varepsilon_{2,t+1}^u - (v_{3,t} + \rho_u v_{1,t}) \\
&= \varepsilon_{2,t+1}^u - [(\gamma_u - \gamma_u^*)\sqrt{h_{u,t}} - \rho_u v_{1,t} + \rho_u v_{1,t}] \\
&= \varepsilon_{2,t+1}^u + (\gamma_u^* - \gamma_u)\sqrt{h_{u,t}}
\end{aligned} \quad \text{（A-16）}$$

同理

$$\varepsilon_{1,t+1}^{d*} = \varepsilon_{1,t+1}^d + \lambda_d\sqrt{h_{d,t}}, \quad \varepsilon_{2,t+1}^{d*} = \varepsilon_{2,t+1}^d + (\gamma_d^* - \gamma_d)\sqrt{h_{d,t}},$$

$$\begin{aligned}
RV_{t+1}^u &= h_{u,t} + \sigma_u[(\varepsilon_{2,t+1}^u - \gamma_u\sqrt{h_{u,t}})^2 - (1+\gamma_u^2 h_{u,t})] \\
&= h_{u,t} + \sigma_u[(\varepsilon_{2,t+1}^{u*} + v_{3,t} + \rho_u v_{1,t} - \gamma_u\sqrt{h_{u,t}})^2 - (1+\gamma_u^2 h_{u,t})] \\
&= h_{u,t} + \sigma_u[(\varepsilon_{2,t+1}^{u*} - \gamma_u^*\sqrt{h_{u,t}})^2 - (1+\gamma_u^2 h_{u,t})] \\
&= h_{u,t} + \sigma_u(\gamma_u^{*2} - \gamma_u^2)h_{u,t} + \sigma_u[(\varepsilon_{2,t+1}^{u*} - \gamma_u^*\sqrt{h_{u,t}})^2 - (1+\gamma_u^{*2} h_{u,t})]
\end{aligned} \quad \text{（A-17）}$$

$$\begin{aligned}
RV_{t+1}^d &= h_{d,t} + \sigma_d[(\varepsilon_{2,t+1}^d - \gamma_d \sqrt{h_{d,t}})^2 - (1+\gamma_d^2 h_{d,t})] \\
&= h_{d,t} + \sigma_d[(\varepsilon_{2,t+1}^{d*} + v_{4,t} + \rho_d v_{2,t} - \gamma_d \sqrt{h_{d,t}})^2 - (1+\gamma_d^2 h_{d,t})] \\
&= h_{d,t} + \sigma_d[(\varepsilon_{2,t+1}^{d*} - \gamma_d^* \sqrt{h_{d,t}})^2 - (1+\gamma_d^2 h_{d,t})] \\
&= h_{d,t} + \sigma_d(\gamma_d^{*2} - \gamma_d^2)h_{d,t} + \sigma_d[(\varepsilon_{2,t+1}^{d*} - \gamma_d^* \sqrt{h_{d,t}})^2 - (1+\gamma_d^{*2} h_{d,t})]
\end{aligned} \quad (\text{A-18})$$

附录B：RVM-ud-GARCH 模型下的 VIX 期限结构计算

在风险中性测度下，可以得到

$$\begin{aligned}
E_t^Q[h_{i,t+k}] &= E_t^Q[\omega_i + b_i h_{i,t+k-1} + a_i RV_{t+k}] \\
&= \omega_i + [b_i + a_i + a_i \sigma_i (\gamma_i^{*2} - \gamma_i^2)] E_t^Q[h_{i,t+k-1}] \\
&= \omega_i + \xi_i^* E_t^Q[\omega_i + \xi_i^* h_{i,t+k-2}] \\
&= \frac{\omega_i}{1-\xi_i^*}(1-\xi_i^{*k}) + \xi_i^{*k} h_{i,t}
\end{aligned} \quad (\text{B-1})$$

其中，$\xi_i^* = b_i + a_i + a_i \sigma_i (\gamma_i^{*2} - \gamma_i^2)$，$i = u, d$ 代表条件方差持续性。

设 $V_{L,i}^* = \omega_i / (1-\xi_i^*)$ 为 $h_{i,t}$ 的长期方差，模型隐含 VIX 期限结构可以计算为

$$\begin{aligned}
VIXT_t^2 / (100^2 \times 252) &= \frac{1}{n} \sum_{k=0}^{n-1} E_t^Q[h_{u,t+k} + h_{d,t+k}] \\
&= \frac{1}{n} \sum_{k=0}^{n-1} E_t^Q[V_{L,u}^*(1-\xi_u^k) + \xi_u^k h_{u,t} + V_{L,d}^*(1-\xi_d^k) + \xi_d^k h_{d,t}] \\
&= \frac{1}{n} \sum_{k=0}^{n-1} E_t^Q[V_{L,u}^* + (h_{u,t} - V_{L,u}^*)\xi_u^k + V_{L,d}^* + (h_{d,t} - V_{L,d}^*)\xi_d^k] \\
&= V_{L,u}^* + (h_{u,t} - V_{L,u}^*)\frac{1-\xi_u^{*n}}{n(1-\xi_u^*)} + V_{L,d}^* + (h_{d,t} - V_{L,d}^*)\frac{1-\xi_d^{*n}}{n(1-\xi_d^*)}
\end{aligned} \quad (\text{B-2})$$

可以简化为

$$VIXT_t^2 / (100^2 \times 252) = A + B h_{u,t} + C h_{d,t}$$

其中，A，B，C 为模型参数的函数，分别满足 $A = V_{L,u}^*(1-B) + V_{L,d}^*(1-C)$，$B = (1-\xi_u^{*n}) / [n(1-\xi_u^*)]$，$C = (1-\xi_d^{*n}) / [n(1-\xi_d^*)]$。对于 VIX1M、VIX3M 和 VIX6M，$n$ 取 22，63，126。

对于风险中性测度下的 DJI-GARCH 模型，VIX 期限结构可计算为

$$VIXT_t^2 / (100^2 \times 252) = \frac{1}{n} \sum_{k=0}^{n-1} E_t^Q[h_{z,t+k} + (\theta^{*2} + \delta^2) h_{y,t+k}^*] \quad (\text{B-3})$$

其中

$$E_t^Q[h_{z,t+k}] = E_t^Q[\omega_z + b_z h_{z,t+k-1} + a_z RBV_{t+k}]$$

$$= \omega_z + [b_z + a_z + a_z\sigma(\gamma^{*2} - \gamma^2)]E_t^Q[h_{z,t+k-1}]$$

$$= \omega_z + [b_z + a_z + a_z\sigma(\gamma^{*2} - \gamma^2)]E_t^Q[\omega_z + [b_z + a_z + a_z\sigma(\gamma^{*2} - \gamma^2)]h_{z,t+k-2}]$$

$$= \frac{\omega_z\{1 - [b_z + a_z + a_z\sigma(\gamma^{*2} - \gamma^2)]^k\}}{1 - [b_z + a_z + a_z\sigma(\gamma^{*2} - \gamma^2)]} + [b_z + a_z + a_z\sigma(\gamma^{*2} - \gamma^2)]^k h_{z,t} \quad (B\text{-}4)$$

记 $\xi_z^* = b_z + a_z + a_z\sigma(\gamma^{*2} - \gamma^2)$，$V_{L,z}^* = \omega_z / \{1 - [b_z + a_z + a_z\sigma(\gamma^{*2} - \gamma^2)]\}$ 分别为 RBV 的方差持续性和长期方差，则有

$$\frac{1}{n}\sum_{k=0}^{n-1} E_t^Q[h_{z,t+k}] = \frac{1}{n}\sum_{k=0}^{n-1} E_t^Q[V_{L,z}^*(1-\xi_z^{*k}) + \xi_z^{*k} h_{z,t}]$$

$$= \frac{1}{n}\sum_{k=0}^{n-1} E_t^Q[V_{L,z}^* + (h_{z,t} - V_{L,z}^*)\xi_z^{*k}]$$

$$= V_{L,z}^* + (h_{z,t} - V_{L,z}^*)\frac{1 - \xi_z^{*n}}{n(1 - \xi_z^*)} \quad (B\text{-}5)$$

类似地，可得

$$E_t^Q[h_{y,t+k}^*] = E_t^Q[\omega_y + [b_y + (\theta^{*2} + \delta^2)a_y]h_{y,t+k-1}^*]$$

$$= \omega_y + [b_y + (\theta^{*2} + \delta^2)a_y]E_t^Q[h_{y,t+k-1}^*]$$

$$= \omega_y + [b_y + (\theta^{*2} + \delta^2)a_y]E_t^Q[\omega_y + [b_y + (\theta^{*2} + \delta^2)a_y]h_{y,t+k-2}^*]$$

$$= \frac{\omega_y\{1 - [b_y + (\theta^{*2} + \delta^2)a_y]^k\}}{1 - [b_y + (\theta^{*2} + \delta^2)a_y]} + [b_y + (\theta^{*2} + \delta^2)a_y]^k h_{y,t}^* \quad (B\text{-}6)$$

记 $\xi_y^* = b_y + (\theta^{*2} + \delta^2)a_y$，$V_{L,y}^* = \omega_y / \{1 - [b_y + (\theta^{*2} + \delta^2)a_y]\}$ 分别为 RJV 的持续性和长期方差，则有

$$\frac{1}{n}\sum_{k=0}^{n-1}E_t^Q[h_{y,t+k}^*] = \frac{1}{n}\sum_{k=0}^{n-1}E_t^Q[V_{L,y}^*(1-\xi_y^{*k}) + \xi_y^{*k}h_{y,t}^*]$$

$$= \frac{1}{n}\sum_{k=0}^{n-1}E_t^Q[V_{L,y}^* + (h_{y,t}^* - V_{L,y}^*)\xi_y^{*k}]$$

$$= V_{L,y}^* + (h_{y,t}^* - V_{L,y}^*)\frac{1-\xi_y^{*n}}{n(1-\xi_y^*)} \quad (\text{B-7})$$

因此，DJI-GARCH 模型下 VIX 期限结构可计算为

$$VIXT_t^2 / (100^2 \times 252)$$

$$= \frac{1}{n}\sum_{k=0}^{n}E_t^Q[h_{z,t+k} + (\theta^{*2} + \delta^2)h_{y,t+k}^*]$$

$$= \left[V_{L,z}^* + (h_{z,t} - V_{L,z}^*)\frac{1-\xi_z^{*n}}{n(1-\xi_z^*)}\right] + (\theta^{*2} + \delta^2)\left[V_{L,y}^* + (h_{y,t}^* - V_{L,y}^*)\frac{1-\xi_y^{*n}}{n(1-\xi_y^*)}\right]$$

$$= A_t + B_t h_{z,t} + C_t h_{y,t}^* \quad (\text{B-8})$$

其中，A,B,C 为模型参数的函数，分别满足 $A = V_{L,z}^*(1-B) + V_{L,y}^*(\theta^{*2} + \delta^2 - C)$，$B = (1-\xi_z^{*n})/[n(1-\xi_z^*)]$，$C = (\theta^{*2} + \delta^2)(1-\xi_y^{*n})/[n(1-\xi_y^*)]$。对于 VIX1M、VIX3M 和 VIX6M，$n$ 取 22，63，126。

第 7 章
基于高频数据信息的波动率期货直接定价法

CHAPTER 7

7.1 问题的提出

关于已实现波动预测的 HAR 模型得到非常广泛的应用，它的各种扩展形式下对波动率预测取得较好的效果（Andersen 等，2011；Patton 和 Sheppard，2015；Ma 等，2019；Audrino 和 Hu，2016；Qiao 等，2019）。近年来，部分学者将该类模型应用到衍生品定价时的波动率建模中，发现该模型也可以很好地匹配期权价格的隐含波动率结构。例如，Corsi 等（2013）提出用伽马分布刻画扰动项的 HAR 模型，Majewski 等（2015）提出带杠杆效应的 HARG 模型研究期权定价，Huang 等（2019）使用 Majewski 等（2015）提出的拓展模型（LHARG）推导出不同期限结构下的 VIX 期货封闭定价公式。总体来说，将 HAR 族模型应用到衍生品定价中还处于探索阶段，而且以上研究均是对最底层标的资产建模来研究衍生品定价的。由于波动率衍生品最直接的标的资产是波动率指数，而不是最底层标的资产股票价格指数，所以能否直接用 HAR 模型对波动率指数建模来研究波动率衍生品定价是值得深入思考的问题。理论上来说，由于波动率衍生品仅含有关于波动率的风险暴露，采用 HAR 模型来直接刻画波动率指数的风险中性动态变化具有合理性。目前的研究至少可以从以下三方面支撑这一思想：一是对波动率指数预测的文献中指出，HAR 模型也可以很好地拟合波动率指数（Fernandes 等，2014；Campos 等，2017）；二是基于连续时间模型研究波动率衍生品定价的文献中强调，对 VIX 对数建模的优势在于直接模拟风险中性测度下 VIX 的路径，而无须关注最底层标的资产价格，更简单直接（Park，2016；Zang 等，2017）；三是基于 GARCH 模型对 VIX 和 VIX 期货定价的文献中指出，风险中性参数隐含着对应的风险中性测度，而无须推导定价核的具体形式（Liu 等，2015；Guo 和 Liu，2019）。同时，与对最底层标的资产股票价格指数建模来研究波动率衍生品定价的传统方式不同，这种建模方式还可以引入其他外生信息对该模型进行扩展，模型简单易于估计，且具有很高的预测精度，称为直接定价法（Yin 等，2021）。

本章基于 HAR 模型直接对 VIX 对数建模来研究 VIX 期货定价。VIX 作为波动率衍生品最直接的标的资产，其本身波动剧烈，这一点可以从 VVIX（VIX 的波动率指数，见 CBOE 网站说明）看出，因此在对 VIX 直接建模时有必要进一步考虑 VIX 的异方差效应。本章充分考虑 HAR 模型的异方差效应，采用 HN-GARCH 模型对 HAR 模型的条件方差进行建模，称为 HAR-GARCH 模型。通过推导对数 VIX 滞后项的向前迭代关系得到解析表达式，并通过最大似然函数估计参数。这种方法可以比较方便地估计模型参数，并计算 VIX 期货价格。实证结果表明，仅用 VIX 信息估计参数时，HAR 类模型（包括 HAR 模型和 HAR-GARCH 模型）的表现优于传统的对最底层标的资产建模的 HN-GARCH 模型。当引入 VIX 期货价格估计模型参数时，所有模型的误差均低于仅用 VIX 信息估计参数时的误差，这可以归因于 VIX 期货价格比 VIX 包含更多的定价信息。更重要的是，考虑异方差效应的模型在 VIX 期货定价方面表现出优越性，稳健性检验也进一步验证了以上结果。这些实证结果均表明在直接对 VIX 建模来研究 VIX 期货定价时，有必要考虑 VIX 对数条件方差的异方差效应。

另外，由于金融市场受到众多经济和政治因素的影响，金融资产的价格跳跃频繁，而跳跃波动已被证明是影响波动率预测和衍生品定价的重要因素。本章在 Christoffersen 等（2015）、Qiao 等（2020b）研究的基础上，进一步加入高频数据信息对 VIX 对数的异方差效应建模，借鉴对最底层标的资产建模的 DJI-GARCH 模型（见第 5 章）来刻画 HAR 模型的异方差效应，基于 VIX 自身的高频数据计算已实现双幂变差（连续波动）和已实现跳跃变差（跳跃波动），将其加入模型中来刻画条件方差的异方差效应。这种建模方式充分融合了 VIX 自身的高频数据信息，将 VIX 自身已实现方差分解的跳跃波动来刻画 VIX 的跳跃，这也是本研究与现有考虑跳跃的模型之间的本质区别（Yang 等，2019；Yin 等，2021）。通过推导对数 VIX 滞后项的向前迭代关系得到解析表达式，并利用最大似然估计得到风险中性测度下的参数。实证结果表明，当引入 VIX 期货价格估计模型参数时，所有模型的误差均低于仅用 VIX 信息估计参数时的误差，表明 VIX 期货价格比 VIX 包含更多信息。更重要的是，加入 VIX 高频数据信息的新模型在样本内和样本外均优于简单的 HAR 模型、HAR-GARCH 模型以及 HN-GARCH 模型。这些结果也进一步表明，为了获得更准确的 VIX 期货定价，有必要综合 VIX 高频数据信息，尤其是将已实现方差分离的跳跃波动信息。

7.2 模型设定

7.2.1 基准模型：HN-GARCH 模型

Wang 等（2017）提出了基于 HN-GARCH 模型的 VIX 期货定价公式，第 t 天到期时间为 T 的 VIX 期货价格为

$$F(t,T) = E_t^Q[VIX_T] = 100 E_t^Q\left[\sqrt{A + Bh_{T+1}}\right] \quad (7\text{-}1)$$

其中，Q 表示风险中性测度，A 和 B 的表达式见 GARCH 模型下的 VIX 计算[见第 5 章公式（5-7）]。

可以推导出

$$F(t,T) = \frac{100}{2\sqrt{\pi}} \int_0^\infty \frac{1 - e^{-sA} f(-sB; t, T, h_{t+1})}{s^{3/2}} ds \quad (7\text{-}2)$$

其中，$f(\phi; t, T, h_{t+1})$ 是条件方差 h_{t+1} 的矩母函数，表示为

$$f(\phi; t, T, h_{t+1}) = \exp[A(t;T,\phi) + B(t;T,\phi)h_{t+1}] \quad (7\text{-}3)$$

其中，条件方差通过 VIX 市场价格倒推计算得到，即 $h_{t+1} = \dfrac{VIX_t^2/(100^2 \times 252) - A}{B}$。简记 $A_t = A(t; T, \phi)$，$B_t = B(t; T, \phi)$[①]，其迭代关系分别满足 $A_t = A_{t+1} + \omega B_{t+1} - 0.5\ln(1 - 2\alpha B_{t+1})$，$B_t = \beta B_{t+1} + \alpha \gamma^{*2} B_{t+1}/(1 - 2\alpha B_{t+1})$。终值条件为满足 $A_T = 0$，$B_T = \phi$。详细证明见附录 A。

---

① A_t 和 B_t 与 GARCH 模型下 VIX 计算公式 [见公式（5-7）] 中的 A 和 B 不同。

7.2.2 基于 HAR 模型的 VIX 期货定价

由于 VIX 期货的定价与条件方差相关，已有研究提出直接定义风险中性测度下的对数 VIX 动态（Park 等，2016；Zang 等，2017）。基于这一思想，本书直接假设在风险中性测度下，对数 VIX 具有以下形式：

$$y_t = \beta_0 + \beta_d y_t^{(d)} + \beta_w y_t^{(w)} + \beta_m y_t^{(m)} + z_t \tag{7-4}$$

其中，$y_t = \ln(VIX_t)$ 表示对数 VIX，$z_t \stackrel{iid}{\sim} N(0, \sigma^2)$，$y_t^{(d)} = y_{t-1}$，$y_t^{(w)} = \frac{1}{4}\sum_{s=2}^{5} y_{t-s}$ 和 $y_t^{(m)} = \frac{1}{17}\sum_{s=6}^{22} y_{t-s}$ 分别代表市场投资者的短期效应、中期效应和长期效应。为了方便起见，该模型仍然记为 HAR 模型[①]。

关于以上模型设定说明如下：第一，考虑到 VIX 信息的重叠，将第 t 天的对数 VIX 表示为第 t-1 天的对数 VIX、第 t-2 天到第 t-5 天的平均对数 VIX，以及第 t-6 天到第 t-22 天的平均对数 VIX 的回归。这种滞后变量的定义避免了信息交叉，使波动率指数期货价格的计算表达式更加简洁。第二，由于 VIX 市场价格原则上可直接表示风险中性的隐含波动率，所以在模型设定时直接假设风险中性测度下的形式，无须进行风险中性变换。第三，本章的模型假定不同于 Majewski 等（2015）和 Huang 等（2019）中的 LHARG 模型，他们假设最底层标的资产收益率即股指收益率具有 GARCH 模型形式，而收益率的方差遵循 HAR 模型形式。

根据已有研究（Carr 和 Wu，2006；Lin 等，2007；Zhang 和 Zhu，2006），到期时间为 T 的 VIX 期货在第 t 天的价格可以表示为

$$F(t,T) = E_t^Q[VIX_T] = E_t^Q[\exp(y_T)] \tag{7-5}$$

其中，$E_t^Q[\exp(y_T)]$ 是风险中性测度下 y_T 的条件矩母函数。

由于这个新模型仍然属于离散时间模型，所以可以计算从期货合约到期

[①] 我们也在假设 VIX（不取对数）遵循 HAR 框架的情况下检验了定价结果。VIX 期货价格可以表示为 VIX 滞后项的线性函数，其定价误差略高于对数 VIX 模型下的定价误差，说明对数模型能够更好地拟合数据。

日开始向前迭代的 VIX 期货价格。可以证明，到期时间为 T 的 VIX 期货在第 t 天的价格满足以下形式：

$$F(t,T) = \exp\left(C(t;T) + \sum_{s=1}^{22} \phi_s^{(t)} y_{t+1-s} \right) \quad (7\text{-}6)$$

简记 $C_t = C(t;T)$，满足迭代关系 $C_t = C_{t+1} + \beta_0 \phi_1^{(t+1)} + \dfrac{(\phi_1^{(t+1)})^2 \sigma^2}{2}$。$\phi_s^{(t)}$ 可以通过以下迭代关系来表示：

$$\phi_s^{(t)} = \begin{cases} \phi_2^{(t+1)} + \beta_d \phi_1^{(t+1)}, s = 1 \\ \phi_{s+1}^{(t+1)} + \dfrac{\beta_w}{4} \phi_1^{(t+1)}, 2 \leqslant s \leqslant 5 \\ \phi_{s+1}^{(t+1)} + \dfrac{\beta_m}{17} \phi_1^{(t+1)}, 6 \leqslant s \leqslant 21 \\ \dfrac{\beta_m}{17} \phi_1^{(t+1)}, s = 22 \end{cases} \quad (7\text{-}7)$$

终值条件满足 $C_T = 0$，$\phi_1^{(T)} = 1$，当 $s > 1$ 时，$\phi_s^{(T)} = 0$。详细证明见附录 B。

可以看出，VIX 期货价格的对数是当期 VIX 对数与 VIX 对数滞后项的线性函数。与对股指收益率用 HN-GARCH 模型建模下的 VIX 期货定价相比，这种新的定价方法在充分利用 VIX 信息的同时，避免了平方根问题。后续的实证部分也表明，本章的定价框架使得参数估计更容易完成，从而有效地提高了计算效率，更重要的是估计的参数比 GARCH 类模型下的参数更为稳健。由于波动性衍生品只包含波动性的风险敞口，这种方法在理论上是可行的，在考虑其他可能影响 VIX 期货价格的因素时也更加灵活。

7.2.3 考虑异方差效应的 VIX 期货定价

由于 VIX 是基于期权价格计算的隐含波动率指数，其本身波动剧烈，所以在对 VIX 建模时有必要考虑扰动项的异方差效应。本节进一步假设对数 VIX 的条件方差具有异方差性，采用 HN-GARCH 模型（Heston 和 Nandi, 2000）来刻画对数 VIX 条件方差的异方差效应，称为 HAR-GARCH 模型。在风险中性测度下，模型设定如下：

$$\begin{aligned}y_t &= \beta_0 + \beta_d y_t^{(d)} + \beta_w y_t^{(w)} + \beta_m y_t^{(m)} + \sqrt{h_t}\varepsilon_t^* \\ h_t &= w + \beta h_{t-1} + \alpha(\varepsilon_{t-1}^* - \gamma^*\sqrt{h_{t-1}})^2\end{aligned} \quad (7-8)$$

其中，$y_t = \ln(VIX_t)$ 表示对数 VIX，$\varepsilon_t \overset{iid}{\sim} N(0,1)$，$y_t^{(d)} = y_{t-1}$，$y_t^{(w)} = \frac{1}{4}\sum_{s=2}^{5} y_{t-s}$，$y_t^{(m)} = \frac{1}{17}\sum_{s=6}^{22} y_{t-s}$ 分别代表期货市场投资者的短期效应、中期效应和长期效应，α，β（$\beta \geq 0$）为 GARCH 模型的参数，$\Omega^* = \omega + \alpha > 0$，$\Gamma^* = \beta + \alpha\gamma^{*2} < 1$ 表示方差的持续性，风险中性长期方差计算为 $\Omega^*/(1-\Gamma^*)$。

在 HAR-GARCH 模型下，可以计算出到期时间为 T 的 VIX 期货在第 t 天的价格满足以下形式：

$$F(t,T,y_{t+k}) = \exp\left(C(t,T) + D(t,T)h_{t+1} + \sum_{s=1}^{22}\phi_s^{(t)}y_{t+1-s}\right) \quad (7-9)$$

简记 $C_t = C(t,T)$，$D_t = D(t,T)$，分别满足迭代关系 $C_t = C_{t+1} + \beta_0\phi_1^{(t+1)} + D_{t+1}\omega - \frac{1}{2}\ln(1-2D_{t+1}\alpha)$，$D_t = D_{t+1}\beta + \dfrac{D_{t+1}\alpha\gamma^*(\gamma^* - 2\phi_1^{(t+1)}) + \frac{1}{2}\phi_1^{(t+1)2}}{1-2D_{t+1}\alpha}$，$\phi_s^{(t)}$ 满足迭代关系式（7-7）。终值条件满足 $C_T = D_T = 0$，$\phi_1^{(T)} = 1$，当 $s > 1$ 时，$\phi_s^{(T)} = 0$。详细证明见附录 C。

可以观察到，在 HAR-GARCH 模型下 VIX 期货价格的对数是当期 VIX 对数、VIX 对数滞后项，以及 VIX 对数条件方差的线性函数。而 HN-GARCH 模型下 VIX 期货价格仅通过条件方差与同期 VIX 关联。因此，与 HAR 模型和 HN-GARCH 模型相比，HAR-GARCH 模型下的 VIX 期货定价不仅避免了平方根问题，同时也融入了更多 VIX 的信息。同样地，该模型下的参数估计也比较容易完成，并且更稳健。

7.2.4 基于高频数据信息的 VIX 期货定价

Christoffersen 等（2015）通过将 S&P 500 指数的高频数据已实现波动信息加入 GARCH 模型研究股指期权定价。在此基础上，Qiao 等（2020b）利用该模型来研究 VIX 预测。但是这两项研究均是对标的资产 S&P 500 指数进行建模。本节假设 VIX 对数在风险中性测度下遵循 HAR 模型，通过引入 VIX 自身的高频数据信息，采用类似于 DJI-GARCH 模型（见第 5 章）的形式对 VIX 回归方程的扰动性建模，记为 HAR-DJI-GARCH 模型。

在风险中性测度下，假设 HAR-DJI-GARCH 模型服从以下形式：

$$\begin{aligned} y_t &= \beta_0 + \beta_d y_t^{(d)} + \beta_w y_t^{(w)} + \beta_m y_t^{(m)} + Z_t + J_t, \\ h_{z,t} &= w_z + b_z h_{z,t-1} + a_z RBV_t, \\ h_{J,t} &= w_J + b_J h_{J,t-1} + a_J RJV_t \end{aligned} \quad (7\text{-}10)$$

其中，$y_t = \ln(VIX_t)$ 表示对数 VIX，$\varepsilon_t \stackrel{iid}{\sim} N(0,\sigma^2)$，$y_t^{(d)} = y_{t-1}$，$y_t^{(w)} = \frac{1}{4}\sum_{s=2}^{5} y_{t-s}$，$y_t^{(m)} = \frac{1}{17}\sum_{s=6}^{22} y_{t-s}$ 分别表示市场投资者的短期效应、中期效应和长期效应。扰动项由相互独立的正态冲击 z_t 和跳跃冲击 J_t 组成，其中正态部分满足 $z_{t+1} = \sqrt{h_{z,t}}\varepsilon_{1,t+1}$，$\varepsilon_{1,t+1} \stackrel{iid}{\sim} N(0,1)$，$h_{z,t+1}$ 为条件方差，跳跃部分 J_t 用复合泊松过程来刻画，满足 $J_t = \sum_{j=0}^{n_t} x_t^j$，$x_t^j \stackrel{iid}{\sim} N(\theta^*, \delta^2)$，$h_{J,t}$ 表示跳跃强度，跳跃次数 n_{t+1} 服从强度为 $h_{y,t+1}$ 的泊松分布，θ^* 为平均跳跃大小，δ^2 为跳跃大小的方差。模型参数满足约束条件 $w_z, b_z, a_z, w_J, b_J, a_J, \delta > 0$。

通过引入测量误差 $\varepsilon_{2,t}^* \stackrel{iid}{\sim} N(0,1)$，并且满足 $\varepsilon_{2,t}^*$ 与 $\varepsilon_{1,t}^*$ 的相关系数为 ρ，RBV_t，RJV_t 分别定义为

$$\begin{aligned} RBV_t &= h_{z,t-1} + \sigma(\gamma^{*2} - \gamma^2)h_{z,t-1} + \sigma[(\varepsilon_{2,t}^* - \gamma^*\sqrt{h_{z,t-1}})^2 - (1+\gamma^{*2}h_{z,t-1})], \\ RJV_t &= \sum_{j=0}^{n_t} (x_t^j)^2 \end{aligned} \quad (7\text{-}11)$$

其中，$\sigma > 0$, $\gamma > 0$, $\gamma^* > \gamma$。平稳性条件要求条件方差持续性 $\Gamma^* < 1$，其中风险中性测度下已实现双幂变差（连续波动）和跳跃变差（跳跃波动）的持续性分别为 $b_z + a_z + a_z\sigma(\gamma^{*2} - \gamma^2)$，$b_J + (\theta^{*2} + \delta^2)a_J$，长期方差分别为 $\omega_z / \{1 - [b_z + a_z + a_z\sigma(\gamma^{*2} - \gamma^2)]\}$，$\omega_J / \{1 - [b_J + (\theta^{*2} + \delta^2)a_J]\}$。

在 HAR-DJI-GARCH 模型下，可以计算出到期时间为 T 的 VIX 期货在第 t 天的价格满足以下形式：

$$F(t, T, y_{t+k}) = \exp\left(C(t,T) + A(t,T)h_{z,t} + B(t,T)h_{J,t} + \sum_{s=1}^{22} \phi_s^{(t)} y_{t+1-s} \right) \quad (7\text{-}12)$$

简记 $C_t = C(t,T)$，$A_t = A(t,T)$，$B_t = B(t,T)$，分别满足迭代关系

$$C_t = C_{t+1} + \beta_0 \phi_1^{(t+1)} + A_{t+1}(w_z - a_z\sigma) + B_{t+1}w_J - \frac{1}{2}\ln(1 - 2A_{t+1}a_z\sigma),$$

$$A_t = A_{t+1}[b_z + a_z + a_z\sigma(\gamma^{*2} - \gamma^2)] +$$
$$\frac{\frac{1}{2}(\phi_1^{(t+1)})^2 + 2A_{t+1}a_z\sigma\gamma^*(A_{t+1}a_z\sigma\gamma^* - \rho\phi_1^{(t+1)}) - A_{t+1}a_z\sigma(\phi_1^{(t+1)})^2(1-\rho^2)}{1 - 2A_{t+1}a_z\sigma},$$

$$B_t = B_{t+1}b_J + e^V - 1$$

其中，$V = -\frac{1}{2}\ln(1 - 2B_{t+1}a_J\delta^2) + \dfrac{\frac{1}{2}(\phi_1^{(t+1)})^2\delta^2 + (\phi_1^{(t+1)} + B_{t+1}a_J)\theta^*}{1 - 2B_{t+1}a_J\delta^2}$。$\phi_s^{(t)}$ 满足迭代关系式（7-7）。终值条件满足 $C_T = A_T = B_T = 0$，$\phi_1^{(T)} = 1$，当 $s > 1$ 时，$\phi_s^{(T)} = 0$。详细证明见附录 E。

特别地，当 $h_{J,t} = 0$ 时，HAR-DJI-GARCH 退化为一种特殊形式，记为 HAR-RV-GARCH 模型，此时模型形式可以表示为

$$\begin{aligned} y_t &= \beta_0 + \beta_d y_t^{(d)} + \beta_w y_t^{(w)} + \beta_m y_t^{(m)} + \sqrt{h_{t-1}}\varepsilon_{1,t}^*, \\ h_t &= w + \beta h_{t-1} + \alpha RV_t \end{aligned} \quad (7\text{-}13)$$

RV_t 满足

$$RV_t = h_{t-1} + \sigma(\gamma^{*2} - \gamma^2)h_{t-1} + \sigma[(\varepsilon_{2,t}^* - \gamma^*\sqrt{h_{t-1}})^2 - (1 + \gamma^{*2}h_{t-1})] \quad (7\text{-}14)$$

其中，$\sigma > 0$，$\gamma > 0$，$\gamma^* > \gamma$。平稳性条件要求 $\beta + \alpha + \alpha\sigma(\gamma^{*2} - \gamma^2) < 1$，长期方差计算为 $\omega / \{1-[\beta + \alpha + \alpha\sigma(\gamma^{*2} - \gamma^2)]\}$。

在 HAR-RV-GARCH 模型下，可以计算出到期时间为 T 的 VIX 期货在第 t 天的价格满足以下形式：

$$F(t,T,y_{t+k}) = \exp\left(C(t,T) + D(t,T)h_t + \sum_{s=1}^{22} \phi_s^{(t)} y_{t+1-s} \right) \quad (7\text{-}15)$$

简记 $C_t = C(t,T)$，$D_t = D(t,T)$，分别满足迭代关系

$$C_t = C_{t+1} + \beta_0 \phi_1^{(t+1)} + D_{t+1}(\omega - \alpha\sigma) - \frac{1}{2}\ln(1 - 2D_{t+1}\alpha\sigma),$$

$$D_t = D_{t+1}[\beta + \alpha + \alpha\sigma(\gamma^{*2} - \gamma^2)] + \\ \frac{\frac{1}{2}(\phi_1^{(t+1)})^2 + 2D_{t+1}\alpha\sigma\gamma^*(D_{t+1}\alpha\sigma\gamma^* - \rho\phi_1^{(t+1)}) - D_{t+1}\alpha\sigma(\phi_1^{(t+1)})^2(1-\rho^2)}{1 - 2D_{t+1}\alpha\sigma}$$

$\phi_s^{(t)}$ 满足迭代关系式（7-7）。终值条件满足 $C_T = D_T = 0$，$\phi_1^{(T)} = 1$，当 $s > 1$ 时，$\phi_s^{(T)} = 0$。详细证明见附录 D。

可以观察到，在 HAR-DJI-GARCH 模型下 VIX 期货价格的对数是当期 VIX 对数、VIX 对数滞后项，以及 VIX 对数的条件方差和跳跃强度的线性函数。而 HN-GARCH 模型下 VIX 期货价格仅通过条件方差与同期 VIX 关联。因此，与 HAR-GARCH 模型相比，HAR-DJI-GARCH 模型下的 VIX 期货定价进一步考虑了 VIX 自身已实现方差分解的跳跃波动信息。尽管该模型比 HAR 模型要复杂很多，但是 VIX 期货的价格仍然避免了 GARCH 模型下的平方根问题，从而有效地克服了 GARCH 型模型积分耗时且有时不准确的问题。

7.3 参数估计和误差度量

现有文献采用 GARCH 模型研究 VIX 预测和 VIX 期货定价，或通过添加高频数据信息（Huang 和 Wang，2012；Hansen 等，2015）和波动率指数信息（Liu 等，2015）。Wang 等（2017）、Yang 和 Wang（2018）、Huang 等（2019）

将现有的 GARCH 模型推广到 VIX 期货定价。由于基于期权价格的波动率指数和基于高频数据的已实现方差都包含波动率预测的信息。将波动率指数信息纳入其预测（Liu 等，2015）和衍生品定价（Kanniaineen 等，2014；Wang 等，2018）中，不仅可以提高波动率预测和衍生品定价能力，而且可以使估计更加简洁方便。将高频数据信息引入波动率指数预测（Huang 和 Wang，2012）和衍生品定价（Christoffersen 等，2013；Christoffersen 等，2014；Huang 等，2019），也可以有效减少预测和定价误差。

参考 Hao 和 Zhang（2013）、Kanniainen 等（2014）、Wang 等（2018）的观点，本章使用两种方法来获得风险中性参数。第一种方法是根据 VIX 信息得到风险中性参数，估计的参数被用来直接计算 VIX 期货价格。然而，仅使用 VIX 信息可能不足以灵活地为 VIX 期货定价。以往关于金融衍生品定价的研究指出，将衍生品价格中包含的信息纳入其中，可以显著提高定价能力。因此，我们进一步通过最大化 VIX 期货定价误差的似然函数来估计参数。

7.3.1 基于 VIX 的参数估计方法

对于 HAR-DJI-GARCH 模型，相互独立的正态冲击 Z_t 和跳跃冲击 J_t 的均值分别满足 $E(Z_t)=0$, $E(J_t)=\theta^* h_{J,t}$，方差分别满足 $Var(Z_t)=h_{z,t-1}$, $Var(J_t)=\delta^2 h_{J,t}$。模型参数通过如下对数似然函数得到：

$$\ln L^{VIX} = -\frac{T}{2}\ln[2\pi(h_{z,t-1}+\delta^2 h_{J,t})] - \frac{1}{2(h_{z,t-1}+\delta^2 h_{J,t})}\sum_{t=1}^{T}(y_t^{\mathrm{mar}}-\mathrm{cons})^2 \quad (7\text{-}16)$$

其中，y_t^{mar} 表示对数 VIX 的市场价格，T 表示估计参数的交易日数，$\mathrm{cons}=\beta_0+\beta_d y_t^{(d)}+\beta_w y_t^{(w)}+\beta_m y_t^{(m)}+\theta^* h_{J,t}$。

HAR-RV-GARCH 模型下的对数似然函数具有如下形式：

$$\ln L^{VIX} = -\frac{T}{2}\ln(2\pi h_{t-1}) - \frac{1}{2h_{t-1}}\sum_{t=1}^{T}(y_t^{\mathrm{mar}}-\mathrm{cons})^2 \quad (7\text{-}17)$$

其中，$\mathrm{cons}=\beta_0+\beta_d y_t^{(d)}+\beta_w y_t^{(w)}+\beta_m y_t^{(m)}$。HAR-GARCH 模型下的对数似然函

数与式（7-17）类似，不再重复。

在 HN-GARCH 模型下，假设 VIX 对数的预测误差服从正态分布 $VIX_t^{mar} - VIX_t^{mod} = v_t$，其中 $u_t \overset{iid}{\sim} N(0, \sigma_v^2)$，参数通过如下的最大化预测误差的似然函数计算得到：

$$\ln L^{VIX} = -\frac{T}{2}\ln(2\pi\sigma_v^2) - \frac{1}{2\sigma_v^2}\sum_{t=1}^{T}(VIX_t^{mar} - VIX_t^{mod})^2 \qquad (7-18)$$

其中，VIX_t^{mar}，VIX_t^{mod} 分别代表 VIX 的市场价格和模型隐含价格。

以上方法简记为"VIX"参数估计方法。

7.3.2 基于 VIX 期货价格的参数估计方法

假定 VIX 期货定价误差服从正态分布 $F_j^{mar} - F_j^{mod} = v_j$，$v_j \overset{iid}{\sim} N(0, \sigma_F^2)$，相应的对数似然函数为

$$\ln L^{Fut} = -\frac{N}{2}\ln(2\pi\sigma_F^2) - \frac{1}{2\sigma_F^2}\sum_{j=1}^{N}(F_j^{mar} - F_j^{mod})^2 \qquad (7-19)$$

其中，F_j^{mar} 和 F_j^{mod} 分别代表 VIX 期货市场价格和模型计算的价格，σ_F^2 表示误差的方差。该方法简称为"Fut"参数估计法。

7.3.3 误差度量

为了衡量定价能力，本章采用了 4 种误差度量：平均绝对误差（MAE）、均方根误差（RMSE）、平均绝对百分比误差（MAPE）和高斯拟最大似然误差（QLIKE），分别定义为

$$MAE = \frac{1}{m}\sum_{j=1}^{m}|F_j^{mar} - F_j^{mod}|, \quad RMSE = \sqrt{\frac{1}{m}\sum_{j=1}^{m}(F_j^{mar} - F_j^{mod})^2},$$

$$MAPE = \frac{1}{m}\sum_{j=1}^{m}|1 - F_j^{mod}/F_j^{mar}|, \quad QLIKE = \frac{1}{m}\sum_{j=1}^{m}(\ln F_j^{mod} + F_j^{mar}/F_j^{mod}),$$

其中，m 是评估期内 VIX 期货价格的样本量。

7.4 考虑异方差效应的期货定价实证分析

7.4.1 数据及描述统计

本章所使用的 VIX 和 VIX 期货价格数据来自 CBOE 网站，S&P 500 指数的每日收盘价由牛津曼研究所（Oxford-Man Institute）的 Realized Library 中获得（https://realized.oxford-man.ox.ac.uk），样本期为 2004 年 3 月 31 日至 2019 年 2 月 14 日。参考已有研究对 VIX 期货价格数据进行处理，首先计算每个交易日对应的每个期货合约的到期日，将到期日少于 5 天或每日持仓量少于 200 的观察值排除，以避免任何与流动性相关的偏差，期货价格采用每日结算价表示。期货价格的最长期限为 419 天，最短期限为 7 天。期货价格按到期日分为 (0，60]、(60，180]、>180 三组，分别代表短期、中期和长期的 VIX 期货价格。VIX 期货的价格通常反映了市场对未来波动率指数的预期，因此本章也将 VIX 期货价格按 VIX 水平分为三组：(0，15]、(15，20]、>20。

图 7-1 显示了 S&P 500 股指的波动率指数的演变。可以观察到，它在全球金融危机期间表现出极高的波动性，并在 2008 年 11 月 20 日达到最高水平。在经历了极度波动的时期之后，VIX 趋于稳定，之后处于相对较低的水平。

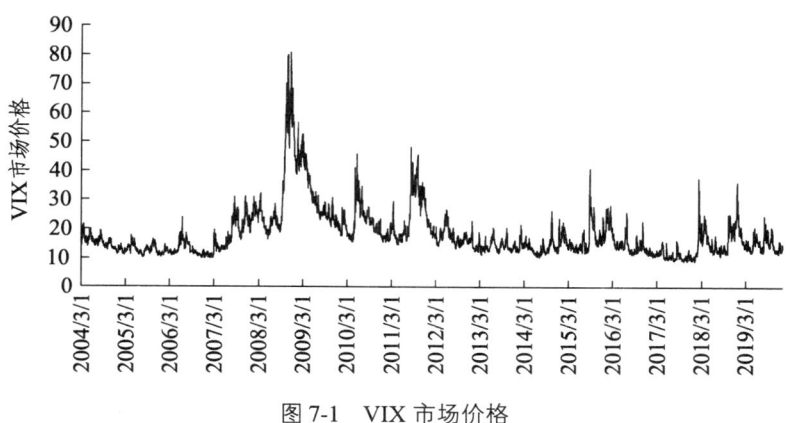

图 7-1 VIX 市场价格

表 7-1 描述性统计

	N	Mean	Std	Skew	Kurt	Min	Max	JB
收益率	3743	2.38E-04	0.01	-0.32	14.35	-0.10	0.11	2.01×10^4
VIX	3743	18.44	8.84	2.64	12.55	9.14	80.86	1.86×10^4
VIX 期货	26644	20.75	6.42	1.64	6.96	10.32	66.23	2.93×10^4
按 VIX 水平分组								
(0, 15]	11 412	16.23	2.25	0.59	4.53	10.32	27.65	1.77×10^3
(15, 20]	7544	20.42	3.16	0.61	2.87	13.50	31.00	4.74×10^2
>20	7688	27.79	6.73	1.36	5.54	16.71	66.23	4.45×10^3
按到期时间分组								
(0, 60]	6266	19.59	7.67	2.08	8.56	10.32	66.23	1.26×10^4
(60, 180]	13 039	21.26	6.47	1.41	5.37	12.13	59.77	7.40×10^3
>180	7339	20.82	4.84	1.32	4.78	13.52	45.00	3.09×10^3

注：给出了 S&P 500 指数收益率、VIX 和 VIX 期货价格的描述性统计。VIX 期货价格根据 VIX 或到期时间分为三组。

表 7-1 给出了 S&P 500 指数日收益率、VIX 和 VIX 期货价格的描述性统计，其中 VIX 期货价格分别根据到期时间和 VIX 水平进行划分。可以看出，VIX 期货平均价格随着 VIX 水平的上升而变高，说明 VIX 期货与 VIX 水平密切相关。VIX 平均值为 18.44，VIX 期货价格平均为 20.75，在 VIX 水平分组下三组 VIX 期货价格平均值分别为 16.23、20.42、27.79。根据到期时间分组，到期时间大于 60 的 VIX 期货平均价格高于 VIX 期货的总平均价格（20.75）。此外，与 VIX 期货相比，VIX 具有更高的偏度和峰度。Jarque-Bera 检验表明变量是非正态的。

7.4.2 参数估计结果

表 7-2 分别给出了三种模型下的参数估计和标准误差。样本内估计期为 2004 年 3 月 31 日至 2011 年 12 月 30 日。对于 HN-GARCH 模型，可以观察到其自回归系数较大，说明条件方差与其滞后项之间存在较强的自相关性，

并且持久性非常接近 1，这意味着风险中性测度下波动率表现出更高的持久性。对于 HAR 模型和 HAR-GARCH 模型，所有 VIX 滞后项的系数都是正的，并且在 VIX 和 Fut 两种方法下，两种 HAR 类模型的滞后 1 天 VIX 的系数均大于 0.8。相比之下，滞后 1 周和滞后 1 个月 VIX 的系数远低于滞后 1 天 VIX 的系数取值。由此可见，滞后一天的 VIX 信息在 VIX 预测和 VIX 期货定价中发挥着更重要的作用。

表 7-2 参数估计和标准误差

	VIX			Fut		
	HN-G	HAR	HAR-G	HN-G	HAR	HAR-G
β_0		0.1031	0.0177		0.0248	−0.0344
		(0.0075)	(0.0097)		(0.0012)	(0.0932)
β_1		0.9365	0.8645		0.8448	0.9710
		(0.0087)	(0.0220)		(0.0227)	(0.0514)
β_2		0.0283	0.0960		4.48×10^{-7}	1.21×10^{-7}
		(0.0096)	(0.0265)		(0.0178)	(0.0277)
β_3		0.0009	0.0325		0.1458	0.0269
		(0.0059)	(0.0131)		(0.0073)	(0.0090)
ω	1.00×10^{-10}		0.0002	4.41×10^{-7}		0.0023
	(0.0002)		(0.0002)	(0.0000)		(0.0001)
β	0.9689		0.8605	0.9928		0.6743
	(3.0515)		(0.0538)	(0.0439)		(0.0225)
α	4.35×10^{-6}		0.0005	6.74×10^{-7}		0.0011
	(0.0001)		(0.0001)	(0.0000)		(0.0001)
γ^*	26.6087		8.81×10^{-6}	56.3474		17.3041
	(143.8535)		(0.0325)	(576.4573)		(0.3937)
σ		0.0897			0.2029	
		(0.0016)			(0.0081)	
持久性	0.9856		0.8617	0.9949		0.9921

续表

	VIX			Fut		
	HN-G	HAR	HAR-G	HN-G	HAR	HAR-G
长期方差	2.85×10^{-6}		0.0043	0.0002		0.4298
对数似函数值	7.36×10^{3}	1.96×10^{3}	4.99×10^{3}	-3.29×10^{4}	-2.86×10^{4}	-2.43×10^{4}

注：分别列出了"VIX"和"Fut"两种方法下模型的参数估计结果，括号里面为标准误差，样本内估计期为2004年3月31日至2011年12月30日。HN-G表示HN-GARCH模型，HAR、HAR-G分别表示HAR模型和HAR-GARCH模型。

7.4.3　定价误差分析

表 7-3 分别给出了三种模型下的样本内和样本外定价误差。样本内估计期为 2004 年 3 月 31 日至 2011 年 12 月 30 日，样本外预测期为 2012 年 1 月 3 日至 2019 年 2 月 14 日。显然，"Fut"方法计算的定价误差要低于"VIX"方法下的误差，这可以归因于 VIX 期货价格比 VIX 包含更多信息。在"Fut"方法下，HAR-GARCH 模型在样本内和样本外的定价效果均优于 HN-GARCH 模型和 HAR 模型。但是，"VIX"方法的模型性能取决于样本内和样本外的样本期选择。对于样本内定价，HAR-GARCH 模型在 4 种损失函数下表现最好，而 HAR-GARCH 模型仅在 MAPE 下对样本外表现最好，在其他 3 个损失函数下 HAR 模型的误差最低。

表 7-3　总定价误差

模型	样本内				样本外			
	MAE	RMSE	MAPE	QLIKE	MAE	RMSE	MAPE	QLIKE
VIX								
HN-G	5.6633	7.2348	0.2271	4.1563	3.4265	4.0320	0.2024	3.9201
HAR	5.4275	7.2358	0.2272	4.1524	3.2897	3.7307	0.1899	3.9164
HAR-G	4.9057	6.2068	0.1880	4.1492	3.5613	4.3475	0.1823	3.9309

续表

模型	样本内				样本外			
	MAE	RMSE	MAPE	QLIKE	MAE	RMSE	MAPE	QLIKE
Fut								
HN-G	2.9035	3.9225	0.1274	4.1217	2.0716	2.5963	0.1116	3.9063
HAR	2.0614	2.7076	0.0899	4.1159	1.4189	2.0481	0.0712	3.9028
HAR-G	1.3850	1.8923	0.0602	4.1129	1.0996	1.5675	0.0559	3.9009

注：列出了"VIX"和"Fut"两种方法下 HN-GARCH 模型（HN-G）、HAR 模型（HAR）和 HAR-GARCH（HAR-G）模型的定价误差。误差度量包括平均绝对误差（MAE）、均方根误差（RMSE）、平均绝对百分比误差（MAPE）和高斯拟极大似然误差（QLIKE）。样本内估计期为 2004 年 3 月 31 日至 2011 年 12 月 30 日，样本外预测期为 2012 年 1 月 3 日至 2019 年 2 月 14 日。

表 7-4 显示了"VIX"方法下的定价误差，其中误差分别按到期时间和 VIX 水平划分的三组计算得到。对于样本内定价，当到期时间小于 180 天时，HAR-GARCH 模型更优，而当到期时间大于 180 天时，HAR 模型总体表现更好。然而，对于样本外定价，HAR-GARCH 模型仅在期货到期时间小于 60 天时表现良好，而 HN-GARCH 模型在其他情况下表现较好。这一结论表明随着到期时间的延长，VIX 期货更难定价。按 VIX 水平分组时，HAR 模型和 HAR-GARCH 模型在样本内和样本外总体上表现更好，这也与表 7-3 中的总定价误差一致。

表 7-4 "VIX"方法下的样本内和样本外定价误差

模型		样本内				样本外			
		MAE	RMSE	MAPE	QLIKE	MAE	RMSE	MAPE	QLIKE
按到期时间分组									
(0, 60]	HN-G	3.6868	4.9236	0.1640	4.0628	4.6563	5.2171	0.3147	3.8292
	HAR	4.1007	5.9284	0.1801	4.0687	2.6308	3.0195	0.1727	3.8039
	HAR-G	2.2034	3.0123	0.0885	4.0503	1.4609	1.8298	0.0869	3.7952
(60, 180]	HN-G	6.7126	7.3110	0.2564	4.2168	3.3414	3.8356	0.1944	3.9193
	HAR	6.2083	7.9766	0.2480	4.2097	3.6405	4.0506	0.2126	3.9212
	HAR-G	5.6765	6.7457	0.2115	4.2007	3.4933	4.0815	0.1822	3.9290

续表

模型		样本内				样本外			
		MAE	RMSE	MAPE	QLIKE	MAE	RMSE	MAPE	QLIKE
>180	HN-G	5.6570	6.9493	0.2359	4.1320	2.7272	3.3515	0.1390	3.9826
	HAR	5.2564	6.4342	0.2361	4.1239	3.1957	3.6520	0.1668	3.9850
	HAR-G	6.3481	7.5728	0.2516	4.1512	5.0833	5.7304	0.2469	4.0254
按 VIX 水平分组									
(0, 15]	HN-G	3.9902	4.1709	0.2767	3.7143	4.0731	4.5308	0.2628	3.8387
	HAR	5.3231	5.5523	0.3661	3.7309	3.8628	4.1635	0.2408	3.8334
	HAR-G	1.4703	1.8350	0.0950	3.6931	3.2085	3.6217	0.1834	3.8372
(15, 20)	HN-G	2.7552	3.3398	0.1292	4.0411	2.5882	3.1384	0.1287	4.0016
	HAR	2.2659	2.9214	0.1153	4.0380	2.5869	3.0166	0.1298	4.0006
	HAR-G	4.6435	5.5269	0.2062	4.0729	4.1750	5.2418	0.1916	4.0323
>20	HN-G	7.8876	9.4516	0.2502	4.4276	2.4829	3.5225	0.1016	4.1049
	HAR	7.0095	9.0135	0.2136	4.4134	2.3424	3.1621	0.0998	4.1022
	HAR-G	6.7082	7.7158	0.2245	4.4087	3.6482	4.9381	0.1513	4.1226

注：列出了"VIX"方法下 HN-GARCH 模型（HN-G）、HAR 模型（HAR）和 HAR-GARCH 模型（HAR-G）的样本内和样本外定价误差。误差度量包括平均绝对误差（MAE）、均方根误差（RMSE）、平均绝对百分比误差（MAPE）和高斯拟极大似然误差（QLIKE）。样本内估计期为 2004 年 3 月 31 日至 2011 年 12 月 30 日，样本外预测期为 2012 年 1 月 3 日至 2019 年 2 月 14 日。

为了更好地融入 VIX 期货价格中包含的信息，进一步采用"Fut"方法来估计参数并评估定价表现。表 7-5 列出了"Fut"方法下的样本内和样本外定价误差，是分别按到期时间和 VIX 水平划分的三组计算得出的。可以观察到，无论是样本内还是样本外定价，与"VIX"方法相比，"Fut"方法下的定价误差都大大降低，这进一步证实了 VIX 期货价格比 VIX 包含更多的信息。在大多数情况下，各个模型的定价误差随着到期时间和 VIX 水平的增加而增加，这也表明到期时间越长、VIX 水平越高的 VIX 期货定价难度越大。无论是按到期时间还是 VIX 水平来划分，HAR-GARCH 模型在所有 4 种损失函数下的样本内和样本外期间均优于 HAR 模型，这充分说明了结合 VIX 期货价格信息可以减少模型的定价误差。更重要的是，HAR 类模型的定价能力优于 HN-GARCH 模型，引入 GARCH 模型对 VIX 对数的条件方差建模后，进一步提高了模型的定价性能。

表 7-5 "Fut"方法下的样本内和样本外定价误差

模型		样本内				样本外			
		MAE	RMSE	MAPE	QLIKE	MAE	RMSE	MAPE	QLIKE
按到期时间分组									
(0, 60]	HN-G	1.7199	2.9517	0.0708	4.0471	0.9883	1.4519	0.0574	3.7914
	HAR	1.3689	2.0411	0.0595	4.0453	0.9345	1.3650	0.0531	3.7912
	HAR-G	1.1079	1.5051	0.0514	4.0447	0.7829	0.9773	0.0468	3.7901
(60, 180]	HN-G	3.1770	4.1547	0.1330	4.1693	2.0816	2.5447	0.1144	3.9080
	HAR	2.1662	2.8110	0.0898	4.1630	1.4198	1.9931	0.0719	3.9043
	HAR-G	1.4127	1.9722	0.0578	4.1600	1.0322	1.4424	0.0528	3.9021
>180	HN-G	3.6756	4.3598	0.1806	4.1040	2.7874	3.2055	0.1437	3.9814
	HAR	2.6336	3.1219	0.1254	4.0946	1.7445	2.4716	0.0823	3.9760
	HAR-G	1.6452	2.1044	0.0757	4.0888	1.4173	2.0125	0.0669	3.9738
按 VIX 水平分组									
(0, 15]	HN-G	2.6882	3.2911	0.1790	3.7018	1.8299	2.2317	0.1107	3.8164
	HAR	1.6189	2.0194	0.1086	3.6921	0.8157	1.1498	0.0471	3.8110
	HAR-G	0.9983	1.2580	0.0676	3.6882	0.6681	0.9340	0.0391	3.8103

模型		样本内				样本外			
		MAE	RMSE	MAPE	QLIKE	MAE	RMSE	MAPE	QLIKE
(15, 20)	HN-G	2.4350	2.9474	0.1186	4.0381	2.1238	2.6880	0.1019	3.9982
	HAR	1.9349	2.3747	0.0936	4.0343	2.0305	2.6873	0.0960	3.9981
	HAR-G	1.4362	1.7866	0.0701	4.0318	1.5048	1.9838	0.0716	3.9944
>20	HN-G	3.2354	4.5663	0.1064	4.3670	3.1404	3.7733	0.1424	4.1052
	HAR	2.3384	3.1204	0.0790	4.3621	2.7668	3.2091	0.1243	4.1022
	HAR-G	1.5488	2.1781	0.0519	4.3593	2.1534	2.5202	0.0977	4.0986

注：列出了"Fut"方法下 HN-GARCH 模型（HN-G）、HAR 模型（HAR）和 HAR-GARCH 模型（HAR-G）的样本内和样本外定价误差。误差度量包括平均绝对误差（MAE）、均方根误差（RMSE）、平均绝对百分比误差（MAPE）和高斯拟极大似然误差（QLIKE）。样本内估计期为 2004 年 3 月 31 日至 2011 年 12 月 30 日，样本外预测期为 2012 年 1 月 3 日至 2019 年 2 月 14 日。

7.4.4 稳健性检验

由于使用不同的预测窗口可能会导致不同的实证结果，预测窗口大小的选择在实证结果中起着非常重要的作用。同时，本章选取的总样本期涵盖了 2008 年左右的全球金融危机。金融市场在危机期间波动剧烈，波动性相对较高。危机时期衍生品定价更加困难。本节进一步选择 2008 年 1 月 2 日至 2011 年 12 月 30 日波动较大的时期作为稳健性检验期，其中 2008 年 1 月 2 日至 2010 年 12 月 31 日作为样本内估计，2011 年 1 月 3 日至 2011 年 12 月 30 日作为样本外预测窗口。

表 7-6 显示了稳健性检验的样本内和样本外（也称为危机时期）的三个模型的定价误差。对于"VIX"方法，无论是样本内还是样本外，HAR 模型都表现最优。在"Fut"方法下，HAR-GARCH 模型的定价效果最好，与前述结果一致。

表 7-6　总定价误差（稳健性检验）

模型	样本内				样本外			
	MAE	RMSE	MAPE	QLIKE	MAE	RMSE	MAPE	QLIKE
VIX								
HN-G	5.0691	7.4188	0.1540	4.3772	4.4311	4.9524	0.1791	4.2484
HAR	3.0171	4.0323	0.0951	4.3560	2.2358	2.5472	0.0872	4.2349
HAR-G	5.4836	6.4818	0.1801	4.3782	4.1154	4.8543	0.1530	4.2509
Fut								
HN-G	2.7996	3.6459	0.0948	4.3543	2.7409	3.1189	0.1136	4.2374
HAR	2.1001	2.6975	0.0723	4.3525	1.3652	1.7254	0.0535	4.2320
HAR-G	2.0684	2.6393	0.0717	4.3518	1.2946	1.6523	0.0509	4.2321

注：列出了"VIX"和"Fut"两种方法下 HN-GARCH 模型、HAR 模型和 HAR-GARCH 模型的定价误差。误差度量包括平均绝对误差（MAE）、均方根误差（RMSE）、平均绝对百分比误差（MAPE）和高斯拟极大似然误差（QLIKE）。样本内估计期为 2008 年 1 月 2 日至 2010 年 12 月 31 日，相关样本外预测期为 2011 年 1 月 3 日至 2011 年 12 月 30 日。

表 7-7 和表 7-8 分别给出了在"VIX"和"Fut"两种方法下按 VIX 期货到期时间或 VIX 水平划分的定价误差。很明显，"Fut"方法下的误差远低于"VIX"方法。特别地，在"VIX"方法下，无论是按到期时间分组还是按 VIX 水平分组，在所有 4 种损失函数下，HAR 模型在样本内和样本外期间均具有优势。在"Fut"方法下，除了样本内到期时间小于 60 天的组外，在 MAE 和 MAPE 下，HAR-GARCH 模型的误差略高于 HAR 模型，HAR-GARCH 模型在其他情况下都优于 HAR 模型和 HN-GARCH 模型。稳健性检验的结果也进一步说明了引入 VIX 期货价格信息并且考虑 VIX 条件方差的异方差效应可以提高模型的定价能力。

表 7-7 "VIX" 方法下的样本内和样本外定价误差（稳健性检验）

模型		样本内				样本外			
		MAE	RMSE	MAPE	QLIKE	MAE	RMSE	MAPE	QLIKE
按到期时间分组									
(0, 60]	HN-G	6.2747	9.4231	0.1871	4.3817	6.1547	6.7059	0.2703	4.2067
	HAR	**1.9864**	**2.9493**	**0.0596**	4.3408	**1.3827**	**1.7861**	**0.0568**	4.1742
	HAR-G	2.9451	3.7279	0.0965	4.3455	1.7002	2.1640	0.0657	4.1755
(60, 180]	HN-G	4.8942	7.0067	0.1466	4.3897	4.2344	4.5550	0.1677	4.2503
	HAR	**3.3204**	**4.3510**	**0.1029**	4.3721	**2.4019**	**2.6483**	**0.0947**	4.2403
	HAR-G	6.1819	6.9926	0.2009	4.3974	4.2387	4.7807	0.1586	4.2550
>180	HN-G	3.9381	5.1638	0.1310	4.3312	3.2374	3.6607	0.1183	4.2834
	HAR	**3.4992**	**4.2880**	**0.1201**	4.3258	**2.6822**	**2.9087**	**0.0998**	4.2801
	HAR-G	6.8250	7.7170	0.2313	4.3634	6.1192	6.5414	0.2229	4.3131
按 VIX 水平分组									
(0, 15]	HN-G					5.3638	5.7843	0.2696	4.0698
	HAR					**1.6947**	**1.9472**	**0.0778**	4.0437
	HAR-G					3.5121	3.7379	0.1622	4.0590
(15, 20)	HN-G	3.3513	3.8224	0.1523	4.1563	4.5252	4.9341	0.2178	4.1005
	HAR	**1.4267**	**1.8963**	**0.0608**	4.1471	**1.9170**	**2.1354**	**0.0874**	4.0836
	HAR-G	4.1410	4.6122	0.1712	4.1680	3.1245	3.4955	0.1378	4.0944
>20	HN-G	5.4610	8.0162	0.1544	4.4275	4.3286	4.9476	0.1437	4.3802
	HAR	**3.3798**	**4.3758**	**0.1029**	4.4035	**2.5233**	**2.8661**	**0.0873**	4.3698
	HAR-G	5.7899	6.8370	0.1822	4.4262	4.9897	5.8000	0.1660	4.3906

注：列出了 "VIX" 方法下 HN-GARCH 模型、HAR 模型和 HAR-GARCH 模型的样本内和样本外定价误差。误差度量包括平均绝对误差（MAE）、均方根误差（RMSE）、平均绝对百分比误差（MAPE）和高斯拟极大似然误差（QLIKE）。样本内估计期为 2008 年 1 月 2 日至 2010 年 12 月 31 日，样本外预测期为 2011 年 1 月 3 日至 2011 年 12 月 30 日。

表 7-8　"Fut" 方法下的样本内和样本外定价误差（稳健性检验）

模型		样本内				样本外			
		MAE	RMSE	MAPE	QLIKE	MAE	RMSE	MAPE	QLIKE
按到期时间分组									
(0, 60]	HN-G	2.2135	3.4698	0.0705	4.3418	1.8045	2.2986	0.0789	4.1759
	HAR	**1.6722**	2.3933	**0.0556**	4.3399	**1.3521**	**1.8263**	**0.0542**	**4.1741**
	HAR-G	1.6925	**2.3400**	0.0578	**4.3400**	1.4455	1.8734	0.0596	4.1744
(60, 180]	HN-G	2.8671	3.6425	0.0956	4.3694	2.9642	3.3108	0.1238	4.2434
	HAR	2.1119	2.6892	0.0719	4.36692	1.3903	1.7664	0.0543	4.2373
	HAR-G	**2.0723**	**2.6442**	**0.0711**	**4.36686**	**1.3131**	**1.6718**	**0.0514**	**4.2371**
>180	HN-G	3.4049	3.8884	0.1260	4.3245	3.1452	3.3587	0.1244	4.2822
	HAR	2.6493	3.0793	0.0969	4.3211	1.3147	1.5330	0.0506	4.2760
	HAR-G	**2.5810**	**2.9937**	**0.0931**	**4.3208**	**1.1176**	**1.3699**	**0.0418**	**4.2757**
按 VIX 水平分组									
(0, 15]	HN-G					3.4052	3.6002	0.1591	4.0513
	HAR					0.5829	0.7017	0.0279	4.04075
	HAR-G					**0.5551**	**0.6316**	**0.0277**	**4.0407**
(15, 20]	HN-G	2.0071	2.5095	0.0868	4.1493	3.2013	3.4198	0.1456	4.0893
	HAR	1.3349	1.7377	0.0572	4.14674	1.1083	1.3089	0.0511	4.0813
	HAR-G	**1.3166**	**1.7139**	**0.0566**	**4.14671**	**1.0324**	**1.2239**	**0.0484**	**4.0811**
>20	HN-G	2.9804	3.8585	0.0966	4.4011	2.3284	2.8206	0.0848	4.3696
	HAR	2.2722	2.8681	0.0758	4.3987	1.6001	2.0318	0.0559	4.3671
	HAR-G	**2.2399**	**2.8079**	**0.0752**	**4.3986**	**1.5390**	**1.9624**	**0.0535**	**4.3669**

注：列出了 "Fut" 方法下 HN-GARCH 模型、HAR 模型和 HAR-GARCH 模型的样本内和样本外定价误差。误差度量包括平均绝对误差（MAE）、均方根误差（RMSE）、平均绝对百分比误差（MAPE）和高斯拟极大似然误差（QLIKE）。样本内估计期为 2008 年 1 月 2 日至 2010 年 12 月 31 日，样本外预测期为 2011 年 1 月 3 日至 2011 年 12 月 30 日。

7.5 基于高频数据信息的期货定价实证分析[①]

表 7-9 给出了四个模型的"VIX"和"Fut"两种方法下的样本内和样本外定价误差。样本内估计期为 2004 年 3 月 31 日至 2014 年 12 月 31 日,样本外预测期为 2015 年 1 月 2 日到 2019 年 2 月 14 日。首先,"Fut"方法下计算的 VIX 期货定价误差在大多数情况下低于"VIX"方法下计算的定价误差,这表明了 VIX 期货价格信息在定价中的重要性。无论是在样本内还是样本外,HAR 类模型的定价能力都优于 HN-GARCH 模型。更重要的是,考虑 VIX 高频数据信息的 HAR-DJI-GARCH 模型优于其他 3 个模型。这些结果均表明,结合 VIX 期货价格信息和 VIX 高频数据信息,并将 VIX 自身的跳跃波动从已实现波动中分离出来建模对于获得更准确的定价结果非常重要。

表 7-9 基于高频数据信息的"VIX"期货总定价误差

模型	样本内				样本外			
	MAE	RMSE	MAPE	QLIKE	MAE	RMSE	MAPE	QLIKE
VIX								
HN-G	5.6438	7.7678	0.2316	4.1128	2.3616	2.9773	0.1498	3.8711
HAR-G	4.9349	6.4056	0.1962	4.1005	2.6099	2.9889	0.1433	3.8738
HAR-RV	4.1784	5.7796	0.1599	4.0869	1.4579	1.8816	0.0778	3.8626
HAR-DJI	3.7218	5.1134	0.1443	4.0797	1.4461	1.8285	0.0784	3.8625
Fut								
HN-G	2.6508	3.5179	0.1172	4.0657	1.5176	1.8989	0.0890	3.8620
HAR-G	1.8738	2.5267	0.0847	4.0607	1.3545	1.8031	0.0745	3.8608
HAR-RV	1.8831	2.5169	0.0852	4.0607	1.4268	1.8880	0.0790	3.8612
HAR-DJI	1.8495	2.4328	0.0845	4.0605	1.2044	1.5515	0.0667	3.8600

注:列出了"VIX"和"Fut"两种方法下样本内和样本外的总定价误差。误差度量包括平均绝对误差(MAE)、均方根误差(RMSE)、平均绝对百分比误差(MAPE)和高斯拟极大似然误差(QLIKE)。样本内估计期为 2004 年 3 月 31 日至 2014 年 12 月 31 日,样本外预测期为 2015 年 1 月 2 日至 2019 年 2 月 14 日。

[①] 加入 VIX 高频信息更丰富的结果见 Jiang 等(2022)。

表 7-10、表 7-11 分别给出了"VIX"方法下按照到期时间和 VIX 水平分组的结果。可以看出，随着到期时间增加或 VIX 上升，模型的定价误差也逐渐增大。总体来说，按到期时间分组时 HAR-DJI-GARCH 模型在样本内的表现均优于其他 3 个模型。在样本外，到期时间小于 60 天，HAR-RV-GARCH 模型时表现最优，到期时间介于(60,180]时，HAR-DJI-GARCH 模型误差最低。到期时间大于 180 天时，HN-GARCH 模型整体表现要好些，但是在三类 HAR 模型中，HAR-DJI-GARCH 模型仍然是最优的。由表 7-11 可知，当按 VIX 水平分组时，除第二组外，加入高频数据的模型均获得最低误差，特别是 HAR-DJI-GARCH 模型。

表 7-10　基于高频数据信息的定价误差（"VIX"方法，按到期时间分组）

模型		样本内				样本外			
		MAE	RMSE	MAPE	QLIKE	MAE	RMSE	MAPE	QLIKE
(0, 60]	HN-G	6.0343	8.6742	0.2712	4.0462	3.7192	4.3315	0.2602	3.7955
	HAR-G	2.2046	3.1543	0.0916	3.9847	1.2335	1.4888	0.0765	3.7685
	HAR-RV	2.0368	3.0976	0.0813	3.9833	0.8779	1.1351	0.0531	3.76624
	HAR-DJI	1.7172	2.5500	0.0707	3.9813	0.9016	1.1389	0.0554	3.7664
(60, 180]	HN-G	5.9892	8.0261	0.2348	4.1504	2.2282	2.7720	0.1383	3.8725
	HAR-G	5.5839	6.8957	0.2168	4.1381	2.6125	2.8978	0.1447	3.8766
	HAR-RV	4.8185	6.3597	0.1797	4.1257	1.4775	1.8718	0.0792	3.8663
	HAR-DJI	4.2279	5.5251	0.1598	4.1162	1.4552	1.8181	0.0794	3.8662
>180	HN-G	4.6272	6.2195	0.1885	4.1044	1.6215	1.9492	0.0907	3.9219
	HAR-G	6.2727	7.6092	0.2553	4.1383	3.5706	3.8067	0.1879	3.9430
	HAR-RV	4.9811	6.5166	0.1963	4.1109	1.8333	2.2755	0.0931	3.9243
	HAR-DJI	4.6481	6.0264	0.1843	4.1031	1.8133	2.1994	0.0931	3.9239

注：列出了"VIX"方法下按 VIX 水平分组的样本内和样本外定价误差。误差度量包括平均绝对误差（MAE）、均方根误差（RMSE）、平均绝对百分比误差（MAPE）和高斯拟极大似然误差（QLIKE）。样本内估计期为 2004 年 3 月 31 日至 2014 年 12 月 31 日，样本外预测期为 2015 年 1 月 2 日至 2019 年 2 月 14 日。

表 7-11　基于高频数据信息的定价误差（"VIX"方法，按 VIX 水平分组）

模型		样本内				样本外			
		MAE	RMSE	MAPE	QLIKE	MAE	RMSE	MAPE	QLIKE
(0, 15]	HN-G	3.3258	3.8130	0.2240	3.7925	2.9089	3.4730	0.1967	3.8077
	HAR-G	1.9918	2.6472	0.1132	3.7820	2.5454	2.8931	0.1480	3.8051
	HAR-RV	1.2139	1.7699	0.0692	3.7737	1.2993	1.7178	0.0737	3.7929
	HAR-DJI	1.2108	1.7562	0.0689	3.7736	1.4278	1.8033	0.0819	3.7935
(15, 20]	HN-G	3.1547	3.9373	0.1412	4.0555	1.1458	1.4241	0.0628	3.9324
	HAR-G	4.9438	5.9447	0.2160	4.0888	2.6600	3.0556	0.1378	3.9456
	HAR-RV	3.9780	4.9372	0.1722	4.0690	1.6015	1.9760	0.0822	3.9355
	HAR-DJI	3.7368	4.6812	0.1616	4.0651	1.4469	1.8276	0.0743	3.9346
>20	HN-G	10.0011	11.9488	0.3152	4.4735	2.1501	2.6620	0.0967	4.0575
	HAR-G	7.7968	8.8883	0.2603	4.4209	2.8244	3.2976	0.1314	4.0644
	HAR-RV	7.2375	8.3979	0.2380	4.4074	1.9432	2.3856	0.0892	4.0562
	HAR-DJI	6.1572	7.2248	0.2032	4.3903	1.5338	1.9487	0.0701	4.0536

注：列出了"VIX"方法下按到期时间分组的样本内和样本外定价误差。误差度量包括平均绝对误差（MAE）、均方根误差（RMSE）、平均绝对百分比误差（MAPE）和高斯拟极大似然误差（QLIKE）。样本内估计期为 2004 年 3 月 31 日至 2014 年 12 月 31 日，样本外预测期为 2015 年 1 月 2 日至 2019 年 2 月 14 日。

表 7-12 和表 7-13 分别给出了"Fut"方法下按到期时间和 VIX 水平分组的误差。很显然，结果与总的定价误差相似，"Fut"方法计算的定价误差远低于"VIX"方法下的误差，这进一步证实了 VIX 期货价格信息的重要性；定价误差随着到期时间或 VIX 水平的增加而上升，表明到期时间较长、VIX 水平较高的 VIX 期货定价难度越大。在大多数情况下，加入 VIX 自身的高频数据信息，并且将 VIX 的跳跃波动分解后的 HAR-DJI-GARCH 模型都是表现最优。

表 7-12 基于高频数据信息的定价误差（"Fut"方法，按到期时间分组）

模型		样本内				样本外			
		MAE	RMSE	MAPE	QLIKE	MAE	RMSE	MAPE	QLIKE
(0, 60]	HN-G	1.4718	2.3884	0.0652	3.9800	0.8424	1.1890	0.0504	**3.76574**
	HAR-G	1.1544	1.7464	0.0532	3.9785	0.9182	1.3140	0.0528	3.7661
	HAR-RV	1.2101	1.8030	0.0549	3.9787	1.0010	1.4046	0.0583	3.7666
	HAR-DJI	1.1906	1.7426	0.0560	3.9785	0.9043	1.2844	0.0524	3.7661
(60, 180]	HN-G	2.8006	3.7250	0.1186	4.1000	1.4384	1.7581	0.0845	3.8650
	HAR-G	1.9232	2.5408	0.0845	4.0945	1.4039	1.8641	0.0772	3.8646
	HAR-RV	1.9615	2.5583	0.0874	4.0947	1.5175	2.0038	0.0838	3.8652
	HAR-DJI	1.8897	2.4345	0.0841	4.0943	1.2442	1.5997	0.0688	3.8638
>180	HN-G	3.1813	3.9012	0.1464	4.0799	1.8273	2.1633	0.1037	3.9228
	HAR-G	2.4039	3.0082	0.1120	4.0740	1.5824	1.9918	0.0856	3.9211
	HAR-RV	2.3663	2.9715	0.1096	4.0737	1.5815	1.9914	0.0857	3.9212
	HAR-DJI	2.3916	2.9335	0.1121	4.0736	1.3515	1.6423	0.0733	3.9199

注：列出了"Fut"方法下按 VIX 水平分组的样本内和样本外定价误差。误差度量包括平均绝对误差（MAE）、均方根误差（RMSE）、平均绝对百分比误差（MAPE）和高斯拟极大似然误差（QLIKE）。样本内估计期为 2004 年 3 月 31 日至 2014 年 12 月 31 日，样本外预测期为 2015 年 1 月 2 日至 2019 年 2 月 14 日。

表 7-13 基于高频数据信息的定价误差（"Fut"方法，按 VIX 水平分组）

模型		样本内				样本外			
		MAE	RMSE	MAPE	QLIKE	MAE	RMSE	MAPE	QLIKE
(0, 15]	HN-G	1.7076	2.2550	0.1075	3.7765	1.3743	1.6844	0.0857	3.7923
	HAR-G	1.3454	1.8075	0.0844	3.7738	0.8613	1.0927	0.0521	3.7896
	HAR-RV	1.3994	1.8406	0.0878	3.7740	0.9360	1.1761	0.0571	3.7899
	HAR-DJI	1.4705	1.8612	0.0924	3.7742	0.8533	1.0758	0.0513	3.7895

续表

模型		样本内				样本外			
		MAE	RMSE	MAPE	QLIKE	MAE	RMSE	MAPE	QLIKE
(15, 20]	HN-G	2.6037	3.2292	0.1181	4.0489	1.2221	1.5400	0.0667	3.9326
	HAR-G	1.9414	2.5339	0.0893	4.0442	1.9051	2.2970	0.1026	3.9358
	HAR-RV	1.9067	2.4796	0.0878	4.0440	2.0220	2.4419	0.1088	3.9365
	HAR-DJI	1.8489	2.3363	0.0862	4.0433	1.6546	1.9694	0.0892	3.9343
>20	HN-G	3.3942	4.5489	0.1134	4.3606	2.1227	2.6063	0.1032	4.0554
	HAR-G	2.2941	3.0251	0.0791	4.3542	2.6540	3.0369	0.1275	4.0577
	HAR-RV	2.3347	3.0601	0.0806	4.3544	2.6229	3.0628	0.1257	4.0579
	HAR-DJI	2.2195	2.9495	0.0755	4.3540	2.0100	2.3541	0.0964	4.0545

注：列出了"Fut"方法下按到期时间分组的样本内和样本外定价误差。误差度量包括平均绝对误差（MAE）、均方根误差（RMSE）、平均绝对百分比误差（MAPE）和高斯拟极大似然误差（QLIKE）。样本内估计期为2004年3月31日至2014年12月31日，样本外预测期为2015年1月2日至2019年2月14日。

7.6 小　结

本章基于对数 VIX 构建 HAR 模型来研究 VIX 期货定价，并充分考虑模型的异方差效应，采用 HN-GARCH 模型对 VIX 对数的条件方差进行建模。进一步地，本章继续加入高频数据信息对 VIX 对数的异方差效应建模，借鉴对最底层标的资产建模的 DJI-GARCH 模型（见第 5 章）来刻画 VIX 的异方差。这种建模方式充分融合了 VIX 自身的高频数据信息，将 VIX 自身已实现方差分解的跳跃波动来刻画 VIX 的跳跃。通过推导对数 VIX 的向前迭代关系得到解析表达式，并利用最大似然估计得到风险中性测度下的参数。实证结果表明，"Fut"方法计算的误差低于"VIX"方法，表明 VIX 期货价格比 VIX 包含更多信息。更重要的是，HAR-DJI-GARCH 模型在样本内和样本外的大多数情形都优于其他 3 个模型。这些结果表明，为了获得更准确的 VIX 期货定价，需要结合 VIX 高频数据，尤其是将已实现跳跃变差与已实现方差分离。

附录 A：HN-GARCH 模型下的 VIX 期货定价

假设 $f(\phi;t,T,h_{t+1})$ 为风险中性测度下收益方差 h_{t+1} 的条件矩母函数，表示为

$$f(\phi;t,T,h_{t+1}) = E_t^Q[\exp(\phi h_{T+1})] \tag{A-1}$$

根据 HN-GARCH 模型下的期权定价（Heston 和 Nandi, 2000），假设矩母函数服从对数线性形式：

$$f(\phi;t,T,h_{t+1}) = \exp[A(t;T,\phi) + B(t;T,\phi)h_{t+1}] \tag{A-2}$$

令 $A_t = A(t;T,\phi)$，$B_t = B(t;T,\phi)$，终值条件满足 $A_T = 0$, $B_T = \phi$。

应用迭代期望定律：

$$\begin{aligned} f(\phi;t,T,h_{t+1}) &= E_t^Q[f(\phi;t+1,T,h_{t+2})] \\ &= E_t^Q[\exp(A_{t+1} + B_{t+1}h_{t+2})] \\ &= E_t^Q[\exp\{A_{t+1} + B_{t+1}[\omega + \beta h_{t+1} + \alpha(\varepsilon_{t+1}^* - \gamma^*\sqrt{h_{t+1}})^2]\}] \\ &= \exp[A_{t+1} + B_{t+1}(\omega + \beta h_{t+1})]E_t^Q[\exp[\alpha B_{t+1}(\varepsilon_{t+1}^* - \gamma^*\sqrt{h_{t+1}})^2]] \end{aligned}$$

$$\tag{A-3}$$

因此

$$E_t^Q[\exp[\alpha B_{t+1}(\varepsilon_{t+1}^* - \gamma^*\sqrt{h_{t+1}})^2]] = \exp\left[-0.5\ln(1-2\alpha B_{t+1}) + \frac{\alpha\gamma^{*2}B_{t+1}}{1-2\alpha B_{t+1}}h_{t+1}\right]$$

其中

$$f(\phi;t,T,h_{t+1}) = \exp\left[A_{t+1} + \omega B_{t+1} - 0.5\ln(1-2\alpha B_{t+1}) + \left(\beta B_{t+1} + \frac{\alpha\gamma^{*2}B_{t+1}}{1-2\alpha B_{t+1}}\right)h_{t+1}\right]$$

A_t 和 B_t 可以使用终端条件递归计算，即

$$A_t = A_{t+1} + \omega B_{t+1} - 0.5\ln(1-2\alpha B_{t+1}), \quad B_t = \beta B_{t+1} + \alpha\gamma^{*2}B_{t+1}/(1-2\alpha B_{t+1})$$

在 HN-GARCH 模型下，当前时刻 t、到期日为 T 的 VIX 期货价格可以表示为

$$F(t,T) = E_t^Q[VIX_T] = 100 E_t^Q[\sqrt{A + Bh_{T+1}}]\qquad\text{(A-4)}$$

使用平方根函数的期望公式（Schurger 等，2002）：

$$E(\sqrt{x}) = \frac{1}{2\sqrt{\pi}} \int_0^\infty \frac{1 - E[e^{-sx}]}{s^{3/2}} ds$$

有

$$F(t,T) = \frac{100}{2\sqrt{\pi}} \int_0^\infty \frac{1 - e^{-sA} f(-sB; t, T, h_{t+1})}{s^{3/2}} ds\qquad\text{(A-5)}$$

附录 B：HAR 模型下的 VIX 期货定价

假设 $F(t,T,y_{t+k})$ 是风险中性测度下 y_{t+k} 的条件矩母函数，其中 $k=T-t$。假设 VIX 期货在当前时刻 t、到期日为 T 时的价格为以下对数线性形式：

$$F(t,T,y_{t+k}) = \exp\left(C(t,T) + \sum_{s=1}^{22} \phi_s^{(t)} y_{t+1-s}\right) \quad \text{（B-1）}$$

令 $C_t = C(t,T)$，终值条件满足 $C_T = 0$，$\phi_1^{(T)} = 1$，当 $s>1$ 时，$\phi_s^{(T)} = 0$。

应用迭代期望定律：

$$\begin{aligned} F(t,T,y_{t+k}) &= E_t^Q[F(t+1,T,y_{t+k+1})] \\ &= E_t^Q\left[\exp\left(C_{t+1} + \sum_{s=1}^{22} \phi_s^{(t+1)} y_{t+2-s}\right)\right] \quad \text{（B-2）} \\ &= E_t^Q\left[\exp\left(C_{t+1} + \sum_{s=2}^{22} \phi_s^{(t+1)} y_{t+2-s} + \phi_1^{(t+1)} y_{t+1}\right)\right] \end{aligned}$$

$$\begin{aligned} &F(t,T,y_{t+k}) \\ &= E_t^Q\left[\exp\left(C_{t+1} + \sum_{s=1}^{21} \phi_{s+1}^{(t+1)} y_{t+1-s} + \phi_1^{(t+1)}\left(\beta_0 + \beta_d y_t + \frac{\beta_w}{4}\sum_{s=2}^{5} y_{t+1-s} + \frac{\beta_m}{17}\sum_{s=6}^{22} y_{t+1-s} + z_{t+1}\right)\right)\right] \\ &= \exp\left[C_{t+1} + \beta_0 \phi_1^{(t+1)} + \frac{(\phi_1^{(t+1)})^2 \sigma^2}{2} + (\phi_2^{(t+1)} + \beta_d \phi_1^{(t+1)}) y_t + \sum_{s=2}^{5}\left(\phi_{s+1}^{(t+1)} + \frac{\beta_w}{4}\phi_1^{(t+1)}\right) y_{t+1-s}\right] \cdot \\ &\quad \exp\left[\sum_{s=6}^{21}\left(\phi_{s+1}^{(t+1)} + \frac{\beta_m}{17}\phi_1^{(t+1)}\right) y_{t+1-s} + \frac{\beta_m}{17}\phi_1^{(t+1)} y_{t-21}\right] \\ &= \exp\left(C_t + \sum_{s=1}^{22} \phi_s^{(t)} y_{t+1-s}\right) \end{aligned}$$

因此

$$C_t = C_{t+1} + \beta_0 \phi_1^{(t+1)} + \frac{(\phi_1^{(t+1)})^2 \sigma^2}{2}, \quad \phi_s^{(t)} = \begin{cases} \phi_2^{(t+1)} + \beta_d \phi_1^{(t+1)}, s=1 \\ \phi_{s+1}^{(t+1)} + \dfrac{\beta_w}{4}\phi_1^{(t+1)}, 2 \leqslant s \leqslant 5 \\ \dfrac{\beta_m}{17}\phi_1^{(t+1)} + \phi_{s+1}^{(t+1)}, 6 \leqslant s \leqslant 21 \\ \dfrac{\beta_m}{17}\phi_1^{(t+1)}, s=22 \end{cases}$$

这些系数可以递归地使用终端条件来计算。

附录 C：HAR-GARCH 模型下的 VIX 期货定价

假设 VIX 期货在当前时刻 t、到期日为 T 时的价格为以下对数线性形式：

$$F(t,T,y_{t+k}) = \exp\left(C(t,T) + D(t,T)h_{t+1} + \sum_{s=1}^{22}\phi_s^{(t)} y_{t+1-s}\right) \quad (\text{C-1})$$

令 $C_t = C(t,T)$，$D_t = D(t,T)$，终值条件满足 $C_T = D_T = 0$，$\phi_1^{(T)} = 1$，当 $s > 1$ 时，$\phi_s^{(T)} = 0$。

应用迭代期望定律：

$$\begin{aligned}
F(t,T,y_{t+k}) &= E_t^Q[F(t+1,T,y_{t+k+1})] \\
&= E_t^Q\left[\exp\left(C_{t+1} + D_{t+1}h_{t+2} + \sum_{s=1}^{22}\phi_s^{(t+1)} y_{t+2-s}\right)\right] \\
&= E_t^Q\left[\exp\left\{C_{t+1} + \sum_{s=2}^{22}\phi_s^{(t+1)} y_{t+2-s} + \phi_1^{(t+1)} y_{t+1} + D_{t+1}\left[\omega + \beta h_{t+1} + \alpha\left(\varepsilon_{t+1}^* - \gamma^*\sqrt{h_{t+1}}\right)^2\right]\right\}\right]
\end{aligned}$$

$$(\text{C-2})$$

因此

$$\begin{aligned}
&F(t,T,y_{t+k}) \\
&= E_t^Q\left[\exp\left\{C_{t+1} + \sum_{s=1}^{21}\phi_{s+1}^{(t+1)} y_{t+1-s} + \phi_1^{(t+1)}\left(\beta_0 + \beta_d y_t + \frac{\beta_w}{4}\sum_{s=2}^{5} y_{t+1-s} + \frac{\beta_m}{17}\sum_{s=6}^{22} y_{t+1-s} + \sqrt{h_{t+1}}\varepsilon_{t+1}^*\right) \right.\right. \\
&\quad + \left.\left. D_{t+1}\left[\omega + \beta h_{t+1} + \alpha\left(\varepsilon_{t+1}^* - \gamma^*\sqrt{h_{t+1}}\right)^2\right]\right\}\right] \\
&= \exp\left[C_{t+1} + \beta_0\phi_1^{(t+1)} + D_{t+1}\omega + (\phi_2^{(t+1)} + \beta_d\phi_1^{(t+1)})y_t + \sum_{s=2}^{5}\left(\phi_{s+1}^{(t+1)} + \frac{\beta_w}{4}\phi_1^{(t+1)}\right)y_{t+1-s}\right] \cdot \\
&\quad \exp\left[\sum_{s=6}^{21}\left(\phi_{s+1}^{(t+1)} + \frac{\beta_m}{17}\phi_1^{(t+1)}\right)y_{t+1-s} + \frac{\beta_m}{17}\phi_1^{(t+1)} y_{t-21} + D_{t+1}\beta h_{t+1}\right] \cdot \\
&\quad E_t^Q[\exp(D_{t+1}\alpha(\varepsilon_{t+1}^* - \gamma^*\sqrt{h_{t+1}})^2 + \phi_1^{(t+1)}\sqrt{h_{t+1}}\varepsilon_{t+1}^*)]
\end{aligned}$$

其中

$$
\begin{aligned}
&E_t^Q\left[\exp\left[D_{t+1}\alpha(\varepsilon_{t+1}^*-\gamma^*\sqrt{h_{t+1}})^2+\phi_1^{(t+1)}\sqrt{h_{t+1}}\varepsilon_{t+1}^*\right]\right]\\
&=E_t^Q\left[\exp\left[D_{t+1}\alpha(\varepsilon_{t+1}^{*2}-2\gamma^*\sqrt{h_{t+1}}\varepsilon_{t+1}^*+\gamma^{*2}h_{t+1})+\phi_1^{(t+1)}\sqrt{h_{t+1}}\varepsilon_{t+1}^*\right]\right]\\
&=E_t^Q\left[\exp\left[(\phi_1^{(t+1)}\sqrt{h_{t+1}}-2D_{t+1}\alpha\gamma^*\sqrt{h_{t+1}})\varepsilon_{t+1}^*+D_{t+1}\alpha\varepsilon_{t+1}^{*2}+D_{t+1}\alpha\gamma^{*2}h_{t+1}\right]\right]\\
&=\frac{1}{\sqrt{1-2D_{t+1}\alpha}}\exp\left[\frac{\dfrac{1}{2}(\phi_1^{(t+1)}-2D_{t+1}\alpha\gamma^*)^2 h_{t+1}}{1-2D_{t+1}\alpha}+D_{t+1}\alpha\gamma^{*2}h_{t+1}\right]\\
&=\exp\left[-\frac{1}{2}\ln(1-2D_{t+1}\alpha)+\frac{D_{t+1}\alpha\gamma^*(\gamma^*-2\phi_1^{(t+1)})+\dfrac{1}{2}\phi_1^{(t+1)2}}{1-2D_{t+1}\alpha}h_{t+1}\right]
\end{aligned}
$$

因此

$$C_t=C_{t+1}+\beta_0\phi_1^{(t+1)}+D_{t+1}\omega-\frac{1}{2}\ln(1-2D_{t+1}\alpha),$$

$$
\begin{aligned}
D_t&=D_{t+1}\beta+\left(\gamma^*\phi_1^{(t+1)}-\frac{\phi_1^{(t+1)2}}{4D_{t+1}\alpha}\right)+\frac{D_{t+1}\alpha\left(\gamma^*-\dfrac{\phi_1^{(t+1)}}{2D_{t+1}\alpha}\right)^2}{1-2D_{t+1}\alpha}\\
&=D_{t+1}\beta+\frac{D_{t+1}\alpha\gamma^*(\gamma^*-2\phi_1^{(t+1)})+\dfrac{1}{2}\phi_1^{(t+1)2}}{1-2D_{t+1}\alpha},
\end{aligned}
$$

$$
\phi_s^{(t)}=\begin{cases}\phi_2^{(t+1)}+\beta_d\phi_1^{(t+1)},s=1\\ \phi_{s+1}^{(t+1)}+\dfrac{\beta_w}{4}\phi_1^{(t+1)},2\leqslant s\leqslant 5\\ \dfrac{\beta_m}{17}\phi_1^{(t+1)}+\phi_{s+1}^{(t+1)},6\leqslant s\leqslant 21\\ \dfrac{\beta_m}{17}\phi_1^{(t+1)},s=22\end{cases}
$$

这些系数可以递归地使用终端条件来计算。

附录D：HAR-RV-GARCH 模型下的 VIX 期货定价

假设 VIX 期货在当前时刻 t、到期日为 T 时的价格为以下对数线性形式：

$$F(t,T,y_{t+k}) = \exp\left(C(t,T) + D(t,T)h_t + \sum_{s=1}^{22} \phi_s^{(t)} y_{t+1-s}\right) \quad \text{(D-1)}$$

令 $C_t = C(t,T)$，$D_t = D(t,T)$，终值条件满足 $C_T = D_T = 0$，$\phi_1^{(T)} = 1$，当 $s > 1$ 时，$\phi_s^{(T)} = 0$。

应用迭代期望定律：

$$F(t,T,y_{t+k}) = E_t^Q[F(t+1,T,y_{t+k+1})] \quad \text{(D-2)}$$

$$= E_t^Q\left[\exp\left(C_{t+1} + D_{t+1}h_{t+1} + \sum_{s=1}^{22} \phi_s^{(t+1)} y_{t+2-s}\right)\right]$$

$$= E_t^Q\left[\exp\left(C_{t+1} + \sum_{s=2}^{22} \phi_s^{(t+1)} y_{t+2-s} + \phi_1^{(t+1)} y_{t+1} + D_{t+1}(\omega + \beta h_t + \alpha RV_{t+1})\right)\right]$$

$$= \exp\left[C_{t+1} + \beta_0 \phi_1^{(t+1)} + (\phi_2^{(t+1)} + \beta_d \phi_1^{(t+1)})y_t + \sum_{s=2}^{5}\left(\phi_{s+1}^{(t+1)} + \frac{\beta_w}{4}\phi_1^{(t+1)}\right)y_{t+1-s} + \right.$$

$$\left. \sum_{s=6}^{21}\left(\phi_{s+1}^{(t+1)} + \frac{\beta_m}{17}\phi_1^{(t+1)}\right)y_{t+1-s} + \frac{\beta_m}{17}\phi_1^{(t+1)}y_{t-21}\right]$$

$$E_t^Q\left[\exp\left\{\phi_1^{(t+1)}\sqrt{h_t}\varepsilon_{1,t+1}^* + D_{t+1}\omega + D_{t+1}\beta h_t + D_{t+1}\alpha \cdot \right.\right.$$

$$\left.\left. \{h_t + \sigma(\gamma^{*2} - \gamma^2)h_t + \sigma[(\varepsilon_{2,t+1}^* - \gamma^*\sqrt{h_t})^2 - (1+\gamma^{*2}h_t)]\}\right\}\right]$$

$$= \exp\left[C_{t+1} + \beta_0 \phi_1^{(t+1)} + (\phi_2^{(t+1)} + \beta_d \phi_1^{(t+1)})y_t + \sum_{s=2}^{5}\left(\phi_{s+1}^{(t+1)} + \frac{\beta_w}{4}\phi_1^{(t+1)}\right)y_{t+1-s} + \right.$$

$$\left. \sum_{s=6}^{21}\left(\phi_{s+1}^{(t+1)} + \frac{\beta_m}{17}\phi_1^{(t+1)}\right)y_{t+1-s} + \frac{\beta_m}{17}\phi_1^{(t+1)}y_{t-21}\right].$$

$$\exp\{D_{t+1}\omega - D_{t+1}\alpha\sigma + D_{t+1}[\beta + \alpha + \alpha\sigma(\gamma^{*2} - \gamma^2)]h_t\} \cdot$$

$$E_t^Q[\exp[D_{t+1}\alpha\sigma(\varepsilon_{2,t+1}^{*2} - 2\gamma^*\sqrt{h_t}\varepsilon_{2,t+1}^*) + \phi_1^{(t+1)}\sqrt{h_t}\varepsilon_{1,t+1}^*]]$$

其中

$$E_t^Q[\exp[D_{t+1}\alpha\sigma(\varepsilon_{2,t+1}^{*2} - 2\gamma^*\sqrt{h_t}\varepsilon_{2,t+1}^*) + \phi_1^{(t+1)}\sqrt{h_t}\varepsilon_{1,t+1}^*]]$$

$$= E_t^Q[\exp[\phi_1^{(t+1)}\sqrt{h_t}(\rho\varepsilon_{2,t+1}^* + \sqrt{1-\rho^2}\varepsilon_{3,t+1}^*) + D_{t+1}\alpha\sigma(\varepsilon_{2,t+1}^{*2} - 2\gamma^*\sqrt{h_t}\varepsilon_{2,t+1}^*)]]$$

$$= E_t^Q[\exp[(\phi_1^{(t+1)}\rho\sqrt{h_t} - 2D_{t+1}\alpha\sigma\gamma^*\sqrt{h_t})\varepsilon_{2,t+1}^* + D_{t+1}\alpha\sigma\varepsilon_{2,t+1}^{*2} + \phi_1^{(t+1)}\sqrt{1-\rho^2}\sqrt{h_t}\varepsilon_{3,t+1}^*]]$$

$$= \frac{1}{\sqrt{1-2D_{t+1}\alpha\sigma}}\exp\left[\frac{\frac{1}{2}(\phi_1^{(t+1)}\rho - 2D_{t+1}\alpha\sigma\gamma^*)^2}{1-2D_{t+1}\alpha\sigma}h_t\right]\exp\left[\frac{1}{2}(\phi_1^{(t+1)})^2\sqrt{1-\rho^2}h_t\right]$$

$$= \exp\left[-\frac{1}{2}\ln(1-2D_{t+1}\alpha\sigma) + \frac{\frac{1}{2}(\phi_1^{(t+1)})^2 + 2D_{t+1}\alpha\sigma\gamma^*(D_{t+1}\alpha\sigma\gamma^* - \rho\phi_1^{(t+1)}) - D_{t+1}\alpha\sigma(\phi_1^{(t+1)})^2(1-\rho^2)}{1-2D_{t+1}\alpha\sigma}h_t\right]$$

因此

$$C_t = C_{t+1} + \beta_0\phi_1^{(t+1)} + D_{t+1}(\omega - \alpha\sigma) - \frac{1}{2}\ln(1-2D_{t+1}\alpha\sigma),$$

$$D_t = D_{t+1}[\beta + \alpha + \alpha\sigma(\gamma^{*2} - \gamma^2)] + \frac{\frac{1}{2}(\phi_1^{(t+1)})^2 + 2D_{t+1}\alpha\sigma\gamma^*(D_{t+1}\alpha\sigma\gamma^* - \rho\phi_1^{(t+1)}) - D_{t+1}\alpha\sigma(\phi_1^{(t+1)})^2(1-\rho^2)}{1-2D_{t+1}\alpha\sigma},$$

$$\phi_s^{(t)} = \begin{cases} \phi_2^{(t+1)} + \beta_d\phi_1^{(t+1)}, s=1 \\ \phi_{s+1}^{(t+1)} + \frac{\beta_w}{4}\phi_1^{(t+1)}, 2\leqslant s\leqslant 5 \\ \frac{\beta_m}{17}\phi_1^{(t+1)} + \phi_{s+1}^{(t+1)}, 6\leqslant s\leqslant 21 \\ \frac{\beta_m}{17}\phi_1^{(t+1)}, s=22 \end{cases}$$

这些系数可以递归地使用终端条件来计算。

附录 E：HAR-DJI-GARCH 模型下的 VIX 期货定价

假设 VIX 期货在当前时刻 t、到期日为 T 时的价格为以下对数线性形式：

$$F(t,T,y_{t+k}) = \exp\left(C(t,T) + A(t,T)h_{z,t} + B(t,T)h_{J,t} + \sum_{s=1}^{22} \phi_s^{(t)} y_{t+1-s} \right) \quad \text{（E-1）}$$

令 $C_t = C(t,T)$，$A_t = A(t,T)$，$B_t = B(t,T)$，终值条件满足 $C_T = A_T = B_T = 0$，$\phi_1^{(T)} = 1$，当 $s > 1$ 时，$\phi_s^{(T)} = 0$。

应用迭代期望定律：

$$\begin{aligned}
F(t,T,y_{t+k}) &= E_t^Q[F(t+1,T,y_{t+k+1})] \\
&= E_t^Q\left[\exp\left(C_{t+1} + A_{t+1}h_{z,t+1} + B_{t+1}h_{J,t+1} + \sum_{s=1}^{22} \phi_s^{(t)} y_{t+2-s} \right) \right] \\
&= E_t^Q\left[\exp\left(C_{t+1} + \sum_{s=2}^{22} \phi_s^{(t+1)} y_{t+2-s} + \phi_1^{(t+1)} y_{t+1} + A_{t+1}h_{z,t+1} + B_{t+1}h_{J,t+1} \right) \right]
\end{aligned}$$

（E-2）

有

$$\begin{aligned}
&F(t,T,y_{t+k}) \\
&= \exp\left[C_{t+1} + \sum_{s=2}^{22} \phi_s^{(t+1)} y_{t+2-s} + \phi_1^{(t+1)} \cdot \right.\\
&\left. \left(\beta_0 + \beta_d y_t^{(d)} + \beta_w y_t^{(w)} + \beta_m y_t^{(m)} + \sqrt{h_{z,t}}\varepsilon_{1,t+1}^* + \sum_{j=0}^{n_{t+1}} x_{t+1}^j \right) + A_{t+1}h_{z,t+1} + B_{t+1}h_{J,t+1} \right] \\
&= \exp\{ C_{t+1} + \phi_1^{(t+1)}\beta_0 + A_{t+1}(w_z - a_z\sigma) + B_{t+1}w_J + A_{t+1}[b_z + a_z + a_z\sigma(\gamma^{*2} - \gamma^2)]h_{z,t} + \\
&\quad B_{t+1}b_J h_{J,t} + \text{const} \} \cdot E_t^Q\left[\exp\left(\phi_1^{(t+1)}\sqrt{h_{z,t}}\varepsilon_{1,t+1}^* + A_{t+1}a_z\sigma(\varepsilon_{2,t+1}^{*2} - 2\gamma^*\sqrt{h_{z,t}}\varepsilon_{2,t+1}^*) + \right.\right. \\
&\quad \left.\left. \phi_1^{(t+1)}\sum_{j=0}^{n_{t+1}} x_{t+1}^j + B_{t+1}a_J \sum_{j=0}^{n_{t+1}} (x_{t+1}^j)^2 \right) \right]
\end{aligned}$$

其中

$$\begin{aligned}
\text{const} &= (\phi_2^{(t+1)} + \beta_d \phi_1^{(t+1)})y_t + \sum_{s=2}^{5}\left(\phi_{s+1}^{(t+1)} + \frac{\beta_w}{4}\phi_1^{(t+1)} \right)y_{t+1-s} + \\
&\quad \sum_{s=6}^{21}\left(\phi_{s+1}^{(t+1)} + \frac{\beta_m}{17}\phi_1^{(t+1)} \right)y_{t+1-s} + \frac{\beta_m}{17}\phi_1^{(t+1)} y_{t-21}
\end{aligned}$$

$$E_t^Q\left[\exp\left[\phi_1^{(t+1)}\sum_{j=0}^{n_{t+1}}x_{t+1}^j+B_{t+1}a_J\sum_{j=0}^{n_{t+1}}(x_{t+1}^j)^2\right]\right]$$

$$=\sum_{k=0}^{\infty}E_t^Q\left[\exp\left[\phi_1^{(t+1)}\sum_{j=0}^{k}x_{t+1}^j+B_{t+1}a_J\sum_{j=0}^{k}(x_{t+1}^j)^2\right]\right]P(n_{t+1}=k)$$

$$=\sum_{k=0}^{\infty}E_t^Q[\exp[\phi_1^{(t+1)}x_{t+1}^j+B_{t+1}a_J(x_{t+1}^j)^2]]^k P(n_{t+1}=k)$$

$$=\sum_{k=0}^{\infty}\left\{\frac{1}{\sqrt{1-2B_{t+1}a_J\delta^2}}\exp\left[\frac{\frac{1}{2}\delta^2(\phi_1^{(t+1)}+2B_{t+1}a_J\theta^*)^2}{1-2B_{t+1}a_J\delta^2}+\phi_1^{(t+1)}\theta^*+B_{t+1}a_J\theta^{*2}\right]\right\}^k P(n_{t+1}=k)$$

$$=\sum_{k=0}^{\infty}e^{(kV)}\frac{h_{J,t}^k e^{-h_{J,t}}}{k!}=\exp[h_{J,t}(e^V-1)]$$

其中

$$V=-\frac{1}{2}\ln(1-2B_{t+1}a_J\delta^2)+\frac{\frac{1}{2}(\phi_1^{(t+1)})^2\delta^2+(\phi_1^{(t+1)}+B_{t+1}a_J)\theta^*}{1-2B_{t+1}a_J\delta^2}$$

因此

$$C_t=C_{t+1}+\beta_0\phi_1^{(t+1)}+A_{t+1}(w_z-a_z\sigma)+B_{t+1}w_J-\frac{1}{2}\ln(1-2A_{t+1}a_z\sigma),$$

$$A_t=A_{t+1}[b_z+a_z+a_z\sigma(\gamma^{*2}-\gamma^2)]+$$
$$\frac{\frac{1}{2}(\phi_1^{(t+1)})^2+2A_{t+1}a_z\sigma\gamma^*(A_{t+1}a_z\sigma\gamma^*-\rho\phi_1^{(t+1)})-A_{t+1}a_z\sigma(\phi_1^{(t+1)})^2(1-\rho^2)}{1-2A_{t+1}a_z\sigma},$$

$$B_t=B_{t+1}b_J+e^V-1,$$

$$\phi_s^{(t)}=\begin{cases}\phi_2^{(t+1)}+\beta_d\phi_1^{(t+1)},s=1\\ \phi_{s+1}^{(t+1)}+\dfrac{\beta_w}{4}\phi_1^{(t+1)},2\leqslant s\leqslant 5\\ \phi_{s+1}^{(t+1)}+\dfrac{\beta_m}{17}\phi_1^{(t+1)},6\leqslant s\leqslant 21\\ \dfrac{\beta_m}{17}\phi_1^{(t+1)},s=22\end{cases}$$

参考文献

[1] ACHARYA V, PEDERSEN L. Asset pricing with liquidity risk[J]. Journal of Financial Economics, 2005(77): 375-410.

[2] AMIHUD Y. Illiquidity and stock returns: cross-section and time-series effects[J]. Journal of Financial Markets, 2002, 5 (1): 31-56.

[3] AMIHUD Y, MENDELSON H. Dealership market: market-making with inventory[J]. Journal of Financial Economics, 1980, 8 (1): 31-53.

[4] ANDERSEN T G, BOLLERSLEV T. Answering the skeptics: yes, standard volatility models do provide accurate forecasts[J]. International Economic Review, 1998(39): 885-905.

[5] ANDERSEN T G, BOLLERSLEV T, HUANG X. A reduced form framework for modeling volatility of speculative prices based on realized variation measures[J]. Journal of Econometrics, 2011(169): 176-189.

[6] ANDERSEN T G, BOLLERSLEV T, DIEBOLD F X, et al. Modeling and forecasting realized volatility[J]. Econometrica, 2003(71): 529-626.

[7] ANDERSEN T G, BOLLERSLEV T, DIEBOLD F X, et al. Realtime price discovery in stock, bond, and foreign exchange markets[J]. Journal of International Econometrics, 2007(73): 251-277.

[8] ANDERSEN T G, BOLLERSLEV T, DIEBOLD F, et al. The Distribution of Realized Stock Return Volatility[J]. Journal of Financial Economics, 2001a (61): 43-76.

[9] ANDERSEN T G, BOLLERSLEV T, DIEBOLD F, et al. The Distribution of

Exchange Rate Volatility[J]. Journal of American Statistical Association, 2001b(96): 42-55.

[10] ASGHARIAN H, BENGTSSON C. Jump Sillover in International Equity Markets[J]. Journal of Financial Econometrics, 2006, 4(2): 167-203.

[11] AUDRINO F, KNAUS S D. Lassoing the HAR model: a model selection perspective on realized volatility dynamics[J]. Econometric Reviews, 2016 (35): 8-10, 1485-1521.

[12] AUDRINO F, HU Y J. Volatility forecasting: downside risk, jumps and leverage effect[J]. Econometrics, 2016, 4(1): 8.

[13] BANDI F M, RUSSELL J R. Separating Market Microstructure Noise from Volatility[J]. Journal of Financial Economics, 2006(79): 655-692.

[14] BANDI F M, RUSSELL J R. Microstructure Noise, Realized Variance, and Optimal Sampling[J]. Review of Economic Studies, 2008(75): 339-369.

[15] BARNDORFF-NIELSEN O E, SHEPHARD N. Power and bipower variation with stochastic volatility and jumps[J]. Journal of Financial Econometrics, 2004(2): 1-48.

[16] BARNDORFF-NIELSEN O E, SHEPHARD N. Econometrics of testing jumps in financial economic using bipower variation[J]. Journal of Financial Econometrics, 2006(4): 1-30.

[17] BARNDORFF-NIELSEN O E, HANSEN P R, LUNDE A, et al. Designing Realized Kernels to measure the ex-post variation of equity prices in the presence of noise[J]. Econometrica, 2008(76): 1481-1536.

[18] BARNDORFF-NIELSEN O E, KINNEBROCK S, SHEPHARD N. "Measuring downside risk: realised semi-variance." Volatility and Time Series Econometrics: Essays in Honor of Robert F. Engle (Edited by T. Bollerslev, J.

Russell, and M. Watson). Oxford, UK: Oxford University Press, 2010: 117-136.

[19] BARONE-ADESI G, R ENGLE, L MANCINI. A GARCH option pricing model with filtered historical simulation[J]. Review of Financial Studies, 2008(21): 1223-1258.

[20] BATES D. Jumps and stochastic Volatility: exchange rate processes implicit in deutsche market options[J]. Review of Financial Studies, 1996(1): 69-107.

[21] BATES D. Post-'87 crash fears in S&P 500 futures options[J]. Journal of Econometrics, 2000(94): 181-238.

[22] BECKER R, CLEMENTS A E, MCCLELLAND A. The jump component of S&P 500 volatility and the VIX index[J]. Journal of Banking and Finance, 2009, 33(6): 1033-1038.

[23] BEKAERT M G, HOEROVA.The VIX, the variance premium and stock market volatility[J]. Journal of Econometrics, 2014(183): 181-192.

[24] BEKIERMAN J, MANNER H. Forecasting realized variance measures using time-varying coefficient models[J]. International Journal of Forecasting, 2018(34): 276-287.

[25] BEZERRAL P C, ALBUQUERQUEL P M. Volatility forecasting via SVR-GARCH with mixture of Gaussian kernels[J]. Computer Management Science, 2017(14): 179-196.

[26] BLACK F, SCHOLES M. The Pricing of Options and Corporate Liabilities[J]. Journal of Political Economy, 1973(81): 637-659.

[27] BLACK F. Studies of Stock Market Volatility Changes[J]. Proceedings of the American Statistical Association, Business and Economic Statistics Section, 1976: 177-181.

[28] BOLLERSLEV T, TODOROV V, XU L. Tail risk premia and return predictability[J]. Journal of Financial Economics, 2015(118): 113-134.

[29] BOLLERSLEV T. Generalized autoregressive conditional heteroscedasticity [J]. Journal of Econometric, 1986(31): 307-327.

[30] BOLLERSLEV T, TODOROV V. Tails, fears, and risk premia[J]. Journal of Finance, 2011(66): 2165-2211.

[31] BOLLERSLEV T, KRETSCHMERB U, PIGORSCHC C, et al. A Discrete-time Model for Daily S&P 500 Returns and Realized Variations: Jumps and leverage effects[J]. Journal of Econometrics, 2009, 150(2): 151-166.

[32] BOLLERSLEV T, LI S, ZHAO B. Good volatility, bad volatility, and the cross-section of atock returns[J]. Journal of Financial and Quantitative Analysis, 2020, 55(3): 751-781.

[33] BRENNER M, GALAI D. New financial instruments to hedge changes in volatility[J]. Financial Analysts Journal, 1989, 45(4): 61-65.

[34] BROCKMAN P, CHUNG D Y, PÉRIGNON C. Commonality in liquidity: a global perspective[J]. Journal of Financial and Quantitative Analysis, 2009(44): 851-882.

[35] BRUNETTI C, CALDARERA A. Asset prices and asset correlations in illiquid markets[J]. Working Paper, 2006.

[36] BUNCIC D, GISLER K I. The role of jumps and leverage in forecasting volatility in international equity markets[J]. Journal of International Money and Finance, 2017(79): 1-19.

[37] BYUN S J, JEON B H, MIN B, YOON S. The role of the variance premium in Jump-GARCH option pricing models[J]. Journal of Banking and Finance

2015(59): 38-56.

[38] CAMPBELL J Y, GROSSMAN S J, WANG J. Trading volume and serial correlation in stock returns[J]. The Quarterly Journal of Economics, 1993(108): 905-39.

[39] CAMPOS I, CORTAZAR G, REYES T. Modeling and predicting oil VIX: Internet search volume versus traditional variables[J]. Energy Economics, 2017(66): 194-204.

[40] CAO J L, RUAN X F, ZHANG W. Inferring information from the S&P 500, CBOE VIX, and CBOE SKEW indices[J]. Journal of Futures Markets, 2020(40): 945-973.

[41] CAPPUCCIO N, LUBIAN D. MCMC Bayesian Estimation of a Skew-GED Stochastic Volatility Model[J]. Studies in nonlinear dynamics and econometrics, 2004, 8(2).

[42] CARR P, WU L. A tale of two indices[J]. Journal of Derivatives, 2006(13): 13-29.

[43] CAVALCANTE R C, BRASILEIRO R C, SOUZA V L, et al. Computational intelligence and financial markets: a survey and future directions[J]. Expert Systems with Applications, 2016(55): 194-211.

[44] CHANG K J, HUNG M W, WANG Y H, et al. Volatility information implied in the term structure of VIX[J]. Journal of Futures Markets, 2019(39): 56-71.

[45] CHEN H, HAN Q, LI Y, et al. Does index futures trading reduce volatility in the Chinese stock market? A panel data evaluation approach[J]. Journal of Futures Markets, 2013(33): 1167-1190.

[46] CHEN R, YANG L, HAFNER C. Nonparametric multistep-ahead forecasting in time series analysis[J]. Journal of the Royal Statistical Society, Series B,

2004(66): 669-686.

[47] CHEN S, HÄRDLE W, JEONG K. Forecasting volatility with support vector machine-based GARCH model[J]. Journal of Forecasting, 2010(29): 406-433.

[48] CHEN S L, GUAN T, LI Y J. Forecasting realized volatility of Chinese stock index futures based on jumps, good-dad volatility and Baidu index[J]. Systems Engineering-Theory & Practice, 2018, 38(2): 299-316.

[49] CHEN Y, EATON G, PAYE B. Micro (structure)before macro? The predictive power of aggregate illiquidity for stock returns and economic activity[J]. Journal of Financial Economics, 2018: 48-73.

[50] CHORDIA T, ROLL R, SUBRAHMANYAM A. Commonality in liquidity[J]. Journal of Financial Economics, 2000(56): 3-28.

[51] CHORDIA T, SAKAR A, SUBRAHMANYAM A. An empirical analysis of stock and bond market liquidity[J]. Review of Financial Studies, 2005(18): 85-130.

[52] CHOW K V, JIANG W J, LI B X, et al. Decomposing the VIX: Implications for the Predictability of Stock Returns[R]. working paper, 2018.

[53] CHRISTOFFERSEN P, FEUNOU B, JEON Y. Option valuation with observable volatility and jump dynamics[J]. Journal of Banking and Finance, 2015(61): 101-120.

[54] CHRISTOFFERSEN P, FEUNOU B, JACOBS K, et al. The economic value of realized volatility: using high-frequency returns for option valuation[J]. Journal of Financial and Quantitative Analysis, 2014(49): 663-697.

[55] CHRISTOFFERSEN P, FEUNOU B, JEON Y, et al. Time-varying crash risk embedded in index options: the role of stock market liquidity[R]. Working

paper, 2019.

[56] CHRISTOFFERSEN P, HESTON S, JACOBS K. Capturing option anomalies with a variance-dependent pricing kernel[J]. Review of Financial Studies, 2013(26): 1962-2006.

[57] CHRISTOFFERSEN P, JACOBS K, ORNTHANALAI C. Dynamic jump intensities and risk premiums: evidence from S&P500 returns and options[J]. Journal of Financial Economics, 2012, 106 (3): 447-472.

[58] CHRISTOFFERSEN P, HESTON S, JACOBS K. Capturing option anomalies with a variance-dependent pricing kernel[J]. Review of Financial Studies, 2013(26): 1962–2006.

[59] COMERTON F C, HENDERSHOTT T, JONES C M, et al. Time variation in liquidity: the role of market-maker inventories and revenues[J]. Journal of Finance, 2010, 65 (1): 295-331.

[60] CONT R, KOKHOLM T. A consistent pricing model for index options and derivatives[J]. Mathematical Finance 2013(23): 248-274.

[61] COPELAND T E, GALAI D. Information effects on the bid-ask spread[J]. Journal of Finance, 1983, 38 (5): 1457-1469.

[62] CORSI F. A simple long memory model of realized volatility[J]. Journal of Financial Econometric, 2009a(7): 174-196.

[63] CORSI F. HAR volatility modeling with heterogeneous leverage and jumps[EB/OL]. 2009b. http: //www.econ-pol.unisi.it/~reno/CorsiReno08LHAR.pdf.

[64] CORSI F, FUSARI N, VECCHIA D L. Realized smiles: options pricing with realized volatility[J]. Journal of Financial Economics, 2013(107): 284-304.

[65] CREMERS M, HALLING M, WEINBAUM D. Aggregate jump and

volatility risk in the cross-section of stock returns[J]. Journal of Finance, 2015(70): 577-614.

[66] CUBADDA G, GUARDABASCIO B, HECQ A. A vector heterogeneous autoregressive index model for realized volatility measures[J]. International Journal of Forecasting, 2017, 33 (2): 337-34.

[67] DAI Z, ZHU H. Stock return predictability from mixed model perspective[J]. Pacific-Basin Finance Journal, 2020(60): 101267.

[68] DEMETERFI K, DERMAN E, KAMAL M, et al. A guide to volatility and variance swaps[J]. Journal of Derivatives, 1999(6): 9-32.

[69] DUAN J. The GARCH option pricing model[J]. Mathematical Finance, 1995(5): 13-32.

[70] DUAN J, YEH C. Jump and volatility risk premiums implied by VIX[J]. Journal of Economic Dynamics and Control, 2010(34): 2232-2244.

[71] DUFFIE D, PAN J, SINGLETON K. Transform Analysis and Asset Pricing for Affine Jump-diffusions[J]. Econometrica, 2000(68): 1343-1376.

[72] ENGLE R F. Autoregressive Conditional Heteroskedasticity with Estimates of the Variance of UK Inflation[J]. Econometrica, 1982(50): 987-1008.

[73] ERAKER B. Do Stock Prices and Volatility Jump? Reconciling Evidence from Spot and Option Prices[J]. Journal of Finance, 2004(59): 1367-1404.

[74] ERAKER B, JOHANNES M, POLSON N. The Impact of Jumps in Volatility and Returns[J]. Journal of Finance, 2003(58): 1269-1300.

[75] FAN J. Design-adaptive nonparametric regression[J]. Journal of the American Statistical Association, 1992(87): 998-1004.

[76] FAN J. Local linear regression smoothers and their minimax efficiencies[J]. Annals of Statistics, 1993(21): 196-216.

[77] FAN J, GIJBELS I. Local polynomial modelling and its applications. Monographs on statistics and applied probability, 1996(66): CRC. Press: Boca Raton, FL.

[78] FENG S P, HUNG M W, WANG Y H. Option pricing with stochastic liquidity risk: theory and evidence[J]. Journal of Financial Markets, 2014(18): 77-95.

[79] FENG S P, HUNG M W, WANG Y H. The importance of stock liquidity on option pricing[J]. International Review of Economics and Finance, 2016(43): 457-467.

[80] FERNANDES M, MEDEIROS M C. Modeling and predicting the CBOE market volatility index[J]. Journal of Banking and Finance, 2014, 40(1): 1-10.

[81] FEUNOU B, OKOU C. Good volatility, bad volatility, and option pricing[J]. Journal of Financial and Quantitative Analysis, 2019, 54(2): 695-727.

[82] FEUNOU1 B, JAHAN-PARVAR M R, OKOU C. Downside variance risk premium[J]. Journal of Financial Econometrics, 2018, 16 (3): 341-383.

[83] FLEMING J, OSTDIEK B, WHALEY R E. Predicting stock market volatility: a new measure[J]. Journal of Futures Markets , 1995, 15(3): 265-302.

[84] FONG K Y L, HOLDEN C W, TRZCINKA C A. What are the best liquidity proxies for global research?[J]. Review of Finance, 2017, 21 (4): 1355-1401.

[85] FOSTER F D, VISWANATHAN S. A theory of the interday variations in volume, variance, and trading costs in securities markets[J]. Review of Financial Studies, 1990, 3 (4): 593-624.

[86] FRIJNS B, TALLAU C, RAD A T. The information content of implied volatility: evidence from Australia[J]. Journal of Futures Markets, 2010, 30

(2): 134-155.

[87] FU S B, LI Y W, SUN S L, et al. Evolutionary support vector machine for RMB exchange rate forecasting[J]. Physica A: Statistical Mechanics and its Applications, 2019(521): 692-704.

[88] GAO M, LIU Y J, WU W. Fat-finger trade and market quality: the first evidence from China[J]. Journal of Futures Markets, 2016, 36 (10): 1014-1025.

[89] GIOT P, LAURENT S. The information content of implied volatility in light of the jump/continuous decomposition of realized volatility[J]. Journal of Futures Markets, 2007(27): 337-359.

[90] GLOSTEN L, JAGANNATHAN R, RUNKLE D. On the relation between the expected value and the volatility of the nominal excessreturn on stocks[J]. Journal of Finance, 1993(48): 1779-1801.

[91] GOARD J, MAZUR M. Stochastic volatility models and the pricing of VIX options[J]. Mathematical Finance, 2013(23): 439-458.

[92] GONG X, LIN B Q. The incremental information content of investor fear gauge for volatility forecasting in the crude oil futures market[J]. Energy Economics, 2018(74): 370-386.

[93] GOYENKO R Y, HOLDEN C W, TRZCINKA C A. Do liquidity measures measure liquidity[J]? Journal of Financial Economics, 2009, 92 (2): 153-181.

[94] GRUNBICHLER A, LONGSTAFF F. Valuing futures and options on volatility[J]. Journal of Banking and Finance, 1996(20): 985-1001.

[95] GUO S X, LIU Q. Efficient out-of-sample pricing of VIX futures[J]. Journal of Derivatives, 2020, 27 (3): 126-139.

[96] HAN Q, LIANG J F. Index futures trading restrictions and spot market

quality: evidence from the recent Chinese stock market crash[J]. Journal of Futures Markets, 2017, 37 (4): 411-428.

[97] HANSEN P R, HUANG Z, WANG T Y. Realized EGARCH, CBOE VIX and variance risk premium[R]. Working paper, 2015.

[98] HANSEN P R, LUNDE A, NASON J M. The model confidence set[J]. Econometrica, 2011, 79(2): 453-497.

[99] HAO J, ZHANG J E. GARCH option pricing models, the CBOE VIX and variance risk premium[J]. Journal of Financial Econometircs, 2013(11): 556-580.

[100] HAUGOM E, RAY R. Heterogeneous traders, liquidity, and volatility in crude oil futures market[J]. Journal of Commodity Markets, 2017(5): 36-49.

[101] HEBER G, LUNDE A, SHEPHARD N, SHEPPARD K K. Oxford-Man institute's realized library, Technical Report 0.2, Oxford-Mann Institute, University of Oxford, Oxford, UK, 2009.

[102] HESTON S. A closed–form Solution for Options with Stochastic Volatility with Applications to Bond and Currency Options[J]. Review of Financial Studies, 1993(6): 327-343.

[103] HESTON S L, NANDI S. A closed-form GARCH option valuation model[J]. Review of Financial Studies, 2000, 13(3): 585-625.

[104] HUANG Z, TONG C, WANG T Y. VIX term structure and VIX futures pricing with realized volatility[J]. Journal of Futures Markets, 2019, 39(1): 72-93.

[105] HUANG Z, WANG T Y, HANSEN P R. Option pricing with the realized GARCH model: an analytical approximation approach[J]. Journal of Futures Markets, 2017, 37 (4): 328-358.

[106] HULL J C, WHITE A. The Pricing of Options Stochastic Volatilities[J]. Journal of Finance, 1987(42): 281–300.

[107] JACQUIER E, POLSON N, ROSSI P. Bayesian Analysis of Stochastic Volatility Models with Fat–tails and Correlated Errors[J]. Journal of Econometrics, 2004(122): 185-212.

[108] JIANG G J, TIAN Y S. The model-free implied volatility and its information content[J]. Review of Financial Studies, 2005(18): 1305-1342.

[109] JOHNSON T. Risk premia and the VIX term structure[J]. Journal of Financial and Quantitative Analysis, 2017, 52(6): 2461-2490.

[110] KAECK A, ALEXANDER C. Volatility dynamics for the S&P 500: Further evidence from non-affine, multi-factor jump diffusions[J]. Journal of Banking and Finance, 2012, 36(11): 3110-3121.

[111] KAECK A, ALEXANDER C. Continuous-time VIX dynamics: On the role of stochastic volatility of volatility[J]. International Review of Financial Analysis, 2013(28): 46-56.

[112] KAMBOUROUDIS D S, MCMILLAN D G, TSAKOU K. Forecasting stock return volatility: a comparison of GARCH, implied volatility, and realized volatility models[J]. Journal of Futures Markets, 2016(36): 1127-1163.

[113] KANNIAINEN J, LIN B, YANG H. Estimating and using GARCH models with VIX data for option valuation[J]. Journal of Banking and Finance, 2014(43): 200-211.

[114] KAROLYI G A, LEE K H, DIJK M A. Understanding commonality in liquidity around the world[J]. Journal of Financial Economics, 2012(105): 82-112.

[115] KILIC M, SHALIASTOVICH I. Good and bad variance premia and

expected returns[J]. Management Science, 2019: 1-23.

[116] KOKHOLM T, STISEN M. Joint pricing of VIX and SPX options with stochastic volatility and jump models[J]. Journal of Risk Finance, 2015(16): 27-48.

[117] KOURTIS A, MARKELLOS R N, SYMEONIDIS L. An international comparison of implied, realized, and garch volatility forecasts[J]. Journal of Futures Markets, 2016(36): 1164-1193.

[118] LALANCETTTE S, SIMONATO J G. The Role of the Conditional Skewness and Kurtosis in VIX Index Valuation[J]. European Financial Management, 2017, 23(2): 325-354

[119] LEE B S, RUI O M. The dynamic relationship between stock returns and trading volume: domestic and cross-country evidence[J]. Journal of Banking & Finance, 2002, 26 (1): 51-78.

[120] LI H, WU C, SHI J. Estimating liquidity premium of corporate bonds using the spread information in on-and off-the-run Treasury securities[J]. China Finance Review International, 2017, 7 (2): 134-162.

[121] LI J Y, ZINNA G. The variance risk premium: components, term structures, and stock return predictability[J]. Journal of Business and Economic Statistics, 2018(36): 411-425.

[122] LI Y, MA F, ZHANG Y J, et al. Economic policy uncertainty and the Chinese stock market volatility: new evidence[J]. Applied Economics, 2019, 51 (49): 5398-5410.

[123] LI Z, ZHANG W G, LIU Y J. European quanto option pricing in presence of liquidity risk[J]. The North American Journal of Economics and Finance, 2018a(45): 230-244.

[124] LI Z, ZHANG W G, LIU Y J, et al. Pricing discrete barrier options under jump-diffusion model with liquidity risk[J]. International Review of Economics and Finance, 2018b(59): 347-368.

[125] LIAN G, ZHU S. Pricing VIX options with stochastic volatility and random jumps[J]. Decisions in Economics and Finance, 2013(36): 71-88.

[126] LIN Y. VIX option pricing and CBOE VIX term structure: a new methodology for volatility derivatives valuation[J]. Journal of Banking and Finance, 2013(37): 4432-4446.

[127] LIN Y N. Pricing VIX futures: Evidence from integrated physical and risk-neutral probability measures[J]. Journal of Futures Markets, 2007, 27(12): 1175-1217.

[128] LIN Y, CHANG C. VIX option pricing[J]. Journal of Futures Markets, 2009(29): 523-543.

[129] LIU G Q, WEI Y, CHEN Y F, et al. Forecasting the value-at-risk of Chinese stock market using the HARQ model and extreme value theory[J]. Physica A: Statistical Mechanics and its Applications, 2018, 499(C): 288-297.

[130] LIU J Y, ZHONG R. Equity index futures trading and stock price crash risk: evidence from Chinese markets[J]. Journal of Futures Markets, 2018(38): 1313-1333.

[131] LIU Q, GUO S X, QIAO G X. VIX forecasting and variance risk premium: a new GARCH approach[J]. North American Journal of Economics and Finance, 2015, 34(1): 314-322.

[132] LUO X G, ZHANG J E. The term structure of VIX[J]. Journal of Futures Markets, 2012, 32(12): 1092-1123.

[133] MA F, YAO Y, ZHANG Y J, et al. Harnessing jump component for crude oil

volatility forecasting in the presence of extreme shocks[J]. Journal of Empirical Finance, 2019(52): 40-55.

[134] MAJEWSKI A A, BORMETTI G, CORSI F. Smile from the past: A general option pricing framework with multiple volatility and leverage components [J]. Journal of Econometrics, 2015, 187(2): 521-531.

[135] MCALEER M, MEDEIROS M. Realized volatility: A Review[J]. Econometric Reviews, 2006(27): 10-45.

[136] MERTON R C. Lifetime Portfolio Selection under Uncertainty: The Continuous-time Case[J]. Review of Economics and Statistics, 1969(51): 247-257.

[137] MERTON R C. Option Pricing when Underlying Stock Return are Discontinuous[J]. Journal of Economics, 1976(3): 125-144.

[138] MERTON R C. On Estimating the Expected Return on the Market: An Exploratory Investigation[J]. Journal of Financial Economics, 1980(8): 323–361.

[139] NELSON D. Conditional heteroskedasticity in asset returns: a new approach [J]. Econometrica, 1991(59): 347-370.

[140] OU P, WANG H. Financial volatility forecasting by least square support vector machine based on GARCH, EGARCH and GJR models: Evidence from ASEAN stock markets[J]. International Journal of Economics and Finance, 2010(2): 337-367.

[141] PAN Z Y, WANG Y D, LIU L, et al. Improving volatility prediction and option valuation using VIX information: A volatility spillover GARCH model[J]. Journal of futures market, 2019(39): 744-776.

[142] PARK Y H. The effects of asymmetric volatility and jumps on the pricing of

VIX derivatives[J]. Journal of Econometrics, 2016, 192(1): 313-328.

[143] PATI P C, BARAI P, RAJIB P. Forecasting stock market volatility and information content of implied volatility index[J]. Applied Economics, 2018(50): 23, 2552-2568.

[144] PATTON A J, SHEPPARD K. Good volatility, bad volatility: signed jumps and the persistence of volatility[J]. Review of Economics and Statistics, 2015, 97 (3): 683-697.

[145] PENG Y, ALBUQUERQUE P H M, SÁ J M C D, et al. The best of two worlds: Forecasting high frequency volatility for cryptocurrencies and traditional currencies with support vector regression[J]. Expert Systems with Applications, 2018(97): 177-192.

[146] PÉREZ-CRUZ F, AFONSO-RODRÍGUEZ J, GINER J. Estimating GARCH models using support vector machines[J]. Quantitative Finance, 2003(3): 163-172.

[147] PROKOPCZUK M, SYMEONIDIS L. Do jumps matter for volatility forecasting? Evidence from energy markets[J]. Journal of Futures Markets, 2016, 36 (8): 758-792.

[148] PSYCHOYIOS D, DOTSIS G, MARKELLOS R. A jump diffusion model for VIX volatility options and futures[J]. Review of Quantitative Finance and Accounting 2010, 35(3): 245-269.

[149] QIAO G X, TENG Y X, LI W P, et al. Improving volatility forecasting based on Chinese volatility index information: Evidence from CSI 300 index and futures markets[J]. North American Journal of Economics and Finance, 2019(49): 133-151.

[150] QIAO G X, TENG Y X, XU Y Y, et al. The cross-market dynamic effects of

liquidity on volatility: evidence from Chinese stock index and futures markets[J]. Applied Economics. 2020a, 52 (1): 85-99.

[151] QIAO G X, YANG J Y, LI W P. VIX forecasting based on GARCH-type model with observable dynamic jumps: a new perspective[J]. North American Journal of Economics and Finance, 2020b(53)：101186.

[152] RAPACH D E, STRAUSS J K, ZHOU G F. Out-of-sample equity premium prediction: Combination forecast and links to the real economy[J]. Review of Financial Studies, 2010, 23(2): 821-862.

[153] SAPANKEVYCH N I, SANKAR R. Time series prediction using support vector machines: a survey[J]. IEEE Computational Intelligence Magazine, 2009, 4(2): 24-38.

[154] SCHÜRGER K. Laplace transforms and suprema of stochastic processes[J]. Advances in Finance and Stochastics, 2002(5): 285-294.

[155] SEO S W, KIM J S. The information content of option-implied information for volatility forecasting with investor sentiment[J]. Journal of Banking and Finance, 2015(50): 106-120.

[156] SEPP A. VIX option pricing in a Jump-diffusion model[J]. Risk Magazine, 2008a(4): 84-89.

[157] SEPP A. Pricing options on realized variance in the Heston model with jumps in returns and volatility[J]. Journal of Computational Finance, 2008b(11): 33-70.

[158] SÉVI B. Forecasting the volatility of crude oil futures using intraday data[J]. European Journal of Operational Research, 2014(235): 643-659.

[159] SHEPHARD P N, SHEPPARD K. Realising the future: forecasting with high- frequency-based volatility (HEAVY) models[J]. Journal of Applied

Econometrics, 2010, 25(2): 197-231.

[160] SONG Z G, XIU D C. A tale of two option markets: pricing kernels and volatility risk[J]. Journal of Econometrics, 2016(190): 176-196.

[161] STOLL H R. The supply of dealer services in securities markets[J]. Journal of Finance, 1978, 33 (4): 1133-1151.

[162] SUN H, YU B. Forecasting Financial Returns Volatility: A GARCH-SVR Model[J]. Computational Economics, 2020(55): 451-471.

[163] TAUCHEN G, PITTS M. The Price Variability-Volume Relationship on Speculative Markets[J]. Econometrica, 1983(51): 485-505.

[164] TAYLOR S J. Modelling Financial Time Series[J]. Chichester: Wiley, 1986.

[165] TIAN F P, YANG K, CHEN L N. Realized volatility forecasting of agricultural commodity futures using the HAR model with time-varying sparsity[J]. International Journal of Forecasting, 2017(33): 132-152.

[166] TIBSHIRANI R. Regression shrinkage and selection via the LASSO[J]. Journal of the Royal Statistical Society (Series B), 1996, 58 (1): 267-288.

[167] TODOROV V, TAUCHEN G. Volatility jumps[J]. Journal of Business and Economic Statistics, 2011(29): 356-371.

[168] VAPNIK V N. The nature of statistical learning theory[J]. Springer, Berlin, 1995.

[169] WANG T Y, SHEN Y W, JIANG Y T, et al. Pricing CBOE VIX futures with the Heston-Nandi GARCH model[J]. Journal of Futures Markets, 2017(37): 641-659.

[170] WANG Y D, MA F, WEI Y, et al. Forecasting realized volatility in a changing world: A dynamic model averaging approach[J]. Journal of Banking and Finance, 2016(64): 136-149.

[171] WANG Y D, LIU L, MA F, et al. Momentum of return predictability[J]. Journal of Empirical Finance, 2018(45): 141-156.

[172] WANG Y D, PAN Z Y, WU C F. Time-varying parameter realized volatility models[J]. Journal of Forecasting, 2017(36): 566-580.

[173] WANG Y H, YEN K C. The information content of the implied volatility term structure on future returns[J]. European Financial Management, 2018: 1-27.

[174] WEN F H, ZHAO Y P, ZHANG M Z, et al. Forecasting realized volatility of crude oil futures with equity market uncertainty[J]. Applied Economics, 2019, 51(59): 6411-6427.

[175] WHALEY R E. Derivatives on market volatility: hedging tools on market long overdue[J]. Journal of Derivatives, 1993, 1(1): 71-84.

[176] WHALEY R E. Understanding the VIX[J]. Journal of Portfolio Management, 2009(35): 98-105.

[177] WU F, MYERS R J, GUAN Z F, et al. Risk-adjusted implied volatility and its performance in forecasting realized volatility in corn futures prices[J]. Journal of Empirical Finance, 2015(34): 260-274.

[178] WU L, ZENG H C. The impact of liquidity constraints on the cash-futures basis dynamics: Evidence from the Chinese market[J]. Economic modelling, 2019(83): 96-110.

[179] XIE S, MO T. Market volatility in China: A Difference-in-Difference approach[J]. Journal of Futures Markets, 2014(34): 282-297.

[180] XU Y D, TAYLOR N, LU W. Illiquidity and volatility spillover effects in equity markets during and after the global financial crisis: an MEM approach[J]. International Review of Financial Analysis, 2018(56): 208-220.

[181] XU Y Y, HUANG D S, MA F, et al. The heterogeneous impact of liquidity on volatility in Chinese stock index futures market[J]. Physica A: Statistical Mechanics and its Applications, 2019a(517): 73-85.

[182] XU Y Y, HUANG D S, MA F, et al. Liquidity and realized range-based volatility forecasting: Evidence from China[J]. Physica A: Statistical Mechanics and its Applications, 2019b(525): 1102-1113.

[183] YANG X, WANG P. VIX futures pricing with conditional skewness[J]. Journal of futures market, 2018(38): 1126-1151.

[184] YANG X L, CHEN J. VIX term structure: The role of jump propagation risks[J]. Journal of Futures Markets, 2021, 41(6): 785-810.

[185] YANG X L, WANG P, CHEN J. VIX futures pricing with affine jump-garch dynamics and variance-dependent pricing kernels[J]. Journal of Derivatives, 2019, 27 (1): 110-127.

[186] YIN F S, BIAN Y, WANG T Y. A short cut: Directly pricing VIX futures with discrete-time long memory model and asymmetric jumps[J]. Journal of Futures Markets, 2021, 41(4): 458-477.

[187] ZANG X, NI J, HUANG J Z, et al. Double-jump diffusion model for VIX: evidence from VVIX[J]. Quantitative Finance, 2017, 17(2): 227-240.

[188] ZHANG H W, HE Q, JACOBSEN B, et al. Forecasting stock returns with model uncertainty and parameter instability[J]. Journal of Applied Econometrics, 2020: 1-16.

[189] ZHANG J E, ZHU Y Z. VIX futures[J]. Journal of Futures Markets, 2006(26): 521-531.

[190] ZHANG J E, SHU J H, BRENNER M. The new market for volatility trading[J]. Journal of Futures Markets, 2010(30): 809-833.

[191] ZHANG J, HUANG Y. The CBOE S&P 500 three month variance futures[J]. Journal of Futures Markets, 2010(30): 48-70.

[192] ZHANG Y M, DING S S. Return and volatility co-movement in commodity futures markets: the effects of liquidity risk[J]. Quantitative Finance, 2018, 18 (9): 1471-1486.

[193] ZHANG Y M, DING S S, SCHEFFEL E. Policy impact on volatility dynamics in commodity futures markets: evidence from China[J]. Journal of Futures Markets, 2018, 38 (10): 1227-1245.

[194] ZHANG G X, QIAO G X. Out-of-sample realized volatility forecasting: does the support vector regression compete combination methods[J]. Applied Economics, 2021, 53(19): 2192-2205.

[195] ZHANG H W, HE Q, JACOBSEN B, et al. Forecasting stock returns with model uncertainty and parameter instability[J]. Journal of Applied Econometrics, 2020, 35(5): 629-644.

[196] ZHENG Z L, JIANG Z Y, CHEN R. AVIX: an improved VIX based on stochastic interest rates and an adaptive screening mechanism[J]. Journal of Futures Markets, 2017, 37(4): 374-410.

[197] ZHU S P, LIAN G H. An analytical formula for VIX futures and its applications[J]. Journal of Futures Markets, 2012, 32(2): 1096-9934.

[198] ZHANG J, ZHU Y. VIX futures[J]. Journal of Futures Markets, 2006(26): 521-531.

[199] ZHU Y Z, ZHANG J E. Variance term structure and VIX futures pricing[J]. International Journal of Theoretical and Applied Finance, 2007(10): 111-127.

[200] ZHANG Y J, WEI Y, ZHANG Y, et al. Forecasting oil price volatility:

Forecast combination versus shrinkage method[J]. Energy Economics, 2019(80): 423-433.

[201] 鲍群芳. 基于对数均值回复模型的 VIX 建模[D]. 杭州：浙江大学，2013.

[202] 鲍群芳，陈思，李胜宏. VIX 期权定价与校正[J]. 金融理论与实践，2012（4）：67-70.

[203] 曾敏. VIX 期权定价研究参数与非参数方法的比较[D]. 南京：南京理工大学，2017.

[204] 陈浪南，孙坚强. 股票市场资产收益的跳跃行为研究[J]. 经济研究，2010（4）：54-66.

[205] 丁一. 标的资产流动性调整的期权定价研究[D]. 南京：南京大学，2012.

[206] 杜琨，顾桂定，马俊美. 随机波动模型下定价方差互换的一类控制变量[J]. 数量经济技术经济研究，2012（7）：148-160.

[207] 侯瑞琪. VIX 及其衍生品的创新之路[J]. 中国证券期货，2019（5）：47-58.

[208] 黄苒，唐齐鸣. 基于可变强度跳跃 GARCH 模型的资产价格跳跃行为分析：以中国上市公司股票市场数据为例[J]. 中国管理科学，2014（6）：9.

[209] 贾兆丽. 波动率指数衍生品定价及相关问题研究[D]. 合肥：中国科学技术大学，2014.

[210] 李超. 高频数据下基于已实现波动率的上证 50ETF 期权定价研究[D]. 北京：首都经济贸易大学，2018.

[211] 李雪飞，霍仕胤，赵林. 期权波动率指数在中美市场上运用的效果比较[J]. 证券市场导报，2018（1）：40-45.

[212] 李延军，索吾林，李翠香，等. Heston 模型下的方差互换定价研究[J]. 经济数学，2012（3）：90-95.

[213] 李哲. 具有流动性风险因素影响的期权定价研究[D]. 广州：华南理工大学，2018.

[214] 林炜. 基于随机波动率模型的 VIX 衍生品定价研究[D]. 杭州：浙江大学，2018.

[215] 刘希玉. 波动率及波动率指数期权定价研究[D]. 武汉：武汉大学，2017.

[216] 柳向东，杨飞，彭智. 随机波动率模型下的 VIX 期权定价[J]. 应用数学学报，2015（2）：285-292.

[217] 罗海月. 利用 VIX 指数估计非高斯 GARCH 模型并应用于套期保值[D]. 天津：河北工业大学，2015.

[218] 马长福，许威. 常方差弹性系数模型下波动率指数期权定价[J]. 同济大学学报（自然科学版），2019，47（11）：1664-1669.

[219] 梅长林，王宁. 近代回归分析方法[M]. 北京：科学出版社，2015.

[220] 屈满学，王鹏飞. 我国波动率指数预测能力研究——基于隐含波动率的信息比较[J]. 经济问题，2017（1）：60-66.

[221] 瞿慧,何佳诺. 基于已实现波动率的 50ETF 期权定价研究[J]. 管理科学，2019，32（3）：148-160.

[222] 沙楠. VIX 期限结构及投资者情绪分析[J]. 投资研究，2015（6）：4-22。

[223] 史昊坤. 流动性非完美条件下的期权定价模型及其实证研究[D]. 南京：南京大学，2015.

[224] 王骋翔，李胜宏，胡文彬，等. VIX 期权的状态转换随机波动率定价模型[J]. 高校应用数学学报，2015（3）：347-354.

[225] 吴鑫丞. 流动性调整下的期权定价研究[D]. 武汉：华中师范大学，2019.

[226] 吴鑫育，李心丹，马超群. 考虑微观结构噪声的非仿射期权定价研究：基于上证 50ETF 期权高频数据的实证分析[J]. 中国管理科学，2017，25（12）：99-108.

[227] 夏艺恒. 基于对数均值回复模型的 VIX 建模[D]. 杭州：浙江大学，2017.

[228] 闫沁雪. 利用 MCMC 对波动率指数期货定价模型的参数估计[D]. 北

京：清华大学，2009.

[229] 郑惠民. 基于已实现波动率的期权定价研究[D]. 福州：福州大学，2016.

[230] 郑振龙，黄薏舟. 波动率预测：GARCH 模型与隐含波动率[J]. 数量经济技术经济研究，2010（1）：140-150.

[231] 周海林，吴鑫育. 基于 VIX 的波动率风险溢价估计[J]. 中国管理科学，2013（A1）：365-374.

[232] GU S H, KELLY B, XIU D C. Empirical asset pricing via machine learning[J]. The Review of Financial Studies, 2020, 33(5): 2223-2273.

[233] QIAO G X, JIANG G Y, YANG J Y. VIX term structure forecasting: new evidence based on the realized semi-variances[J]. International Review of Financial Analysis, 2022, 82 (6): 102-199.

[234] JIANG G Y, QIAO G X, MA F, et al. Directly pricing VIX futures with observable dynamic jumps based on high-frequency VIX[J]. Journal of Futures Markets, 2022, 42 (8): 1518-1548.